Gloria Bürsgens, Araceli Vicente Álvarez

Español
Profesional ¡hoy!

Vokabeltrainer-App

Verfügbar für: iOS, Android und Windows Phone

Dieses Buch gibt es auch auf
www.scook.de/eb

Es kann dort nach Bestätigung der Allgemeinen Geschäftsbedingungen genutzt werden.

Buchcode: **2nwvq-x6c4q**

Cornelsen

Im Auftrag des Verlages erarbeitet von: Gloria Bürsgens, Araceli Vicente Álvarez

Beratende Mitwirkung: Anne Arheiliger, Isabel Campos Aguilera, Paula Gómez Hernández, Rainer Jahn, Gertrud Renn, Belén del Valle Ruiz

Außenredaktion: Maria Larscheid

Verlagsredaktion: Roxana Carmona Viveros

Redaktionelle Mitarbeit: Ana Calle Fernández, Oliver Busch (Wörterverzeichnisse)

Bildredaktion: Anna Koltermann, Rebecca Syme, Nicole Abt

Projektleitung: Andreas Goebel

Illustrationen und Karten: Joaquín González Dorao

Karten: U2, U3, S. 14, S. 31: Cornelsen Schulverlage / Dr. Volkhard Binder

Umschlaggestaltung: Sergio Vitale, vitaledesign, Berlin

Layout und technische Umsetzung: graphitecture book & edition

Weitere Kursmaterialien:
Arbeitsbuch: ISBN 978-3-06-020115-0
Handreichungen für den Unterricht: ISBN 978-3-06-020116-7
Unterrichtsmanager (DVD): ISBN 978-3-46-420894-6
Unterrichtsmanager (Download): ISBN 978-3-46-420572-3
Vokabeltrainer App

Symbole und Verweise

🎧 1 Hörverstehen/Tracknummern

👥 Partnerarbeit

👥 Gruppenarbeit

 2 Verweis auf eine Übung in *Para practicar más*

 6 Verweis auf eine Übung im Hauptteil

www.cornelsen.de

Soweit in diesem Lehrwerk Personen fotografisch abgebildet sind und ihnen von der Redaktion fiktive Namen, Berufe, Dialoge und Ähnliches zugeordnet oder diese Personen in bestimmte Kontexte gesetzt werden, dienen diese Zuordnungen und Darstellungen ausschließlich der Veranschaulichung und dem besseren Verständnis des Inhalts.

Die Webseiten Dritter, deren Internetadressen in diesem Lehrwerk angegeben sind, wurden vor Drucklegung sorgfältig geprüft. Der Verlag übernimmt keine Gewähr für die Aktualität und den Inhalt dieser Seiten oder solcher, die mit ihnen verlinkt sind.

1. Auflage, 1. Druck 2015

Alle Drucke dieser Auflage sind inhaltlich unverändert und können im Unterricht nebeneinander verwendet werden.

Druck: Firmengruppe APPL, aprinta Druck, Wemding

ISBN 978-3-06-020113-6

PEFC zertifiziert
Dieses Produkt stammt aus nachhaltig bewirtschafteten Wäldern und kontrollierten Quellen
PEFC/04-32-0928   www.pefc.de

Das Wichtigste auf einen Blick

Español Profesional ¡hoy! ist ein modernes kommunikatives Spanisch-Lehrwerk für die berufliche Bildung. Es führt vom Anfängerniveau zur Niveaustufe A2 des *Gemeinsamen europäischen Referenzrahmens*.

Das Kursbuch

Das Kursbuch enthält zwölf *Unidades* + eine *Introducción*. Daneben gibt es vier „Magazine" (*Español profesional PLUS*), eine zusätzliche Seite zu jeder Einheit im Anhang, die den Stoff auf höherem Niveau vertieft (*Para avanzar más*), einen systematischen Grammatiküberblick sowie ein chronologisches und alphabetisches Wörterverzeichnis.

Die zwölf *Unidades* umfassen jeweils zehn Seiten und sind nach dem gleichen Prinzip aufgebaut:

- **die Auftaktseite:** Sie zeigt die Lernziele der *Unidad* im Überblick, führt mit vielen Bildern ins (meist berufsbezogene) Thema der Einheit ein, ist oft an eine Hörübung angebunden und lädt zum freien Sprechen ein.
- **zwei themenbezogene Doppelseiten:** Sie enthalten lebendige Dialoge, verschiedene Textsorten, Übungen und Aktivitäten zum Thema Beruf & Alltag sowie in einer klar strukturierten Randspalte Hinweise zur Grammatik, Aussprache, Landeskunde und Lerntipps.
- *Para practicar más*: Hier werden zusätzliche Übungen zum Stoff der Einheit angeboten.
- **die Panorama-Seite:** Es werden kulturelle und wirtschaftliche Themen zur spanischsprachigen Welt mit einem interkulturellen Schwerpunkt vermittelt.
- *Proyecto*: Die Lerner gestalten Porträts, ein landeskundliches Profil, gründen eine Firma, strukturieren einen Arbeitstag, organisieren ein Wochenende für ausländische Besucher ... Mit *Desafío* und *Para muy curiosos* wird die Thematik auf anspruchsvollerem Niveau vertieft.
- *Repaso*: Hier wird die Grammatik jeder Einheit auf klare und übersichtliche Weise präsentiert.
- *Comunicación*: Auf dieser Seite erhalten Sie noch einmal einen Überblick über die wichtigsten Redemittel.

In den abwechslungsreichen Magazinen *Español profesional PLUS 1–4* gibt es Übungen zu insgesamt acht unterhaltsamen Videos, interkulturelle Tipps sowie Lernstrategien. *Español profesional PLUS 2 & 4* schließen jeweils mit einem Test zum A1- bzw. A2-Niveau ab. Die Zusatzseiten *Para avanzar más* im Anhang bieten Ihnen die Möglichkeit zu weiteren Lernfortschritten über das Niveau der *Unidades* hinaus.

Die eingelegten Begleitmedien
Die Audio-CD

Die CD enthält die Hörtexte der einzelnen *Unidades*.

Die DVD

Auf der DVD werden für jedes *Español profesional PLUS* zwei 3–5-minütige Videos angeboten, an die sich interkulturelle Übungen anschließen.

Das Lösungsheft

In dieser separat eingelegten Beilage sind die Lösungen der Übungen im Kursbuch enthalten sowie die Hör- und Videotexte.

Weitere Begleitmaterialen
Das Arbeitsbuch

bietet viele zusätzliche Übungen zum Stoff der einzelnen *Unidades*.

Die Handreichungen für den Unterricht

beinhalten Tipps, Vorschläge, landeskundliche Hinweise und Kopiervorlagen für die Unterrichtsgestaltung.

Der digitale Unterrichtsmanager

ist ein „cleverer Assistent" für eine zeitsparende Unterrichtsvorbereitung und eine abwechslungsreiche Präsentation am Whiteboard oder Beamer.

Die Vokabeltrainer App

Mit dieser App für Smartphones kann der richtige Wortschatz passend zu Español Profesional ¡hoy! jederzeit und überall geübt werden.

Viel Spaß und Erfolg beim Spanischlernen mit Español Profesional ¡hoy! wünscht Ihnen Ihr Cornelsen-Team!

Panorama	Gramática	Proyecto
El español: • un idioma global	• Substantive und Artikel • die Subjektpronomen • das Verb *ser* • regelmäßige Verben auf *-ar* • Aussprache • Zahlen bis 30	
Marca España: • el foro de las empresas españolas	• das Verb *estar* • erste Kontrastierung von *ser* und *estar* • regelmäßige Verben auf *-ir* • Zahlen bis 100	• ein Porträt einer Person erstellen und im Kurs präsentieren
Un mundo fascinante – América Latina: • lengua, cultura, economía, política	• regelmäßige Verben auf *-er* • *hacer, creer* • Kontrastierung von *ser – estar – hay* • *esto – eso* • Adjektive auf *-o, -a, -e* und Konsonant • Zahlen ab 101	• Informationen zu lateinamerikanischen Ländern recherchieren • eine Ausstellung vorbereiten und einen kleinen Atlas erstellen
Los horarios en España: • hora central europea y hora occidental • jornadas partidas e intensivas	• Verben mit vokalischer Verschiebung: *querer, preferir – e → ie, poder – o → ue* • Modalverben: *poder, querer, tener que* + Infinitiv • doppelte Verneinung	• eine Firma „gründen" und vorstellen: Namen, Logo und Slogan entwerfen. • Verantwortungsbereiche in einem Organigramm präsentieren.
Productos piratas: • consecuencias económicas	• Verben + indirekte Objektpronomen: *gustar, interesar, quedar* • Komparativ und Superlativ • *demasiado*	• eine Produktpräsentation vorbereiten und durchführen
Megaciudades en América Latina: • Buenos Aires	• das Verb *ir* • nahe Zukunft mit *ir + a* + Infinitiv • *ir, venir, subir, bajar* • Demonstrativbegleiter: *este, esta, ... ese, esa, esto, eso* • direkte Objektpronomen: *lo, la, los, las*	Visita de estudiantes extranjeros: • einen Aufenthalt in Deutschland für einen Freund oder eine Freundin aus Lateinamerika vorbereiten
Viajar: • cadenas españolas de hoteles	• reflexive Verben • *acabar de* + Infinitiv • Possessivbegleiter • Prozentzahlen	¿Cómo viaja usted? • eine Umfrage in der Klasse durchführen und eine Grafik mit den Ergebnissen präsentieren.

Panorama	Gramática	Proyecto
Salir por la noche: • los fines de semana en España	• *estar* + Gerundium • Unterschied *poder* und *saber* + Infinitiv • Verben mit indirekten Objektpronomen: *parecer, recomendar*	**Un fin de semana muy divertido:** • Organisation eines Programmes für ausländische Besucher. • eine Website mit einem Wochenendprogramm erstellen.
Jóvenes en España: • cualificación y empleo	• *pretérito indefinido*: regelmäßige und unregelmäßige Formen	**Todos a bordo:** • geeignete Kandidaten für eine Arbeitsstelle aussuchen
Empresas ejemplares: • estándares sociales en empresas	• bejahter Imperativ • das *pretérito perfecto* • Kontrastierung *pretérito indefinido* und *pretérito perfecto*	**Un blog: ¿buscas trabajo?** • ein Blog zum Thema „Arbeitssuche" schreiben
España y su historia árabe: • un abrazo entre dos culturas	• *imperfecto* • Kontrastierung von *imperfecto* und *indefinido* • *cuando* • Indefinitpronomen	**Organizar una comida de negocios:** • wichtige Schritte bei der Organisation eines Arbeitsessens
Un proyecto ambicioso: • el nuevo canal de Nicaragua	• *condicional simple* • *futuro simple*	**Un día de trabajo:** • einen Arbeitstag in einem Land Ihrer Wahl gestalten
Acuerdos económicos regionales: • Mercosur • NAFTA • Alianza del Pacífico	• *presente de subjuntivo*	**Preparar una feria:** • Ratschläge für Organisatoren und Besucher zusammenstellen

¡Y ahora ...
a pasarlo bien!

Bienvenidos todos

- sich begrüßen und sich vorstellen
- Herkunft, Beruf, Alter und Vorlieben angeben
- das Alphabet und die Zahlen bis 30
- regelmäßige Verben auf -ar
- das Verb ser
- bestimmter und unbestimmter Artikel

¡Bienvenidos!

¡Hola!

CONFERENCIA INTERNACIONAL
de márquetin y publicidad

~

en el Hotel Solymar de la ciudad de San José Costa Rica

~

¡Buenas noches!

1 Mire las fotos e imagine. Schauen Sie die Fotos an. Hören Sie zu und verbinden Sie die Fotos mit den Dialogen.

2–4

2 ¡En español! Sie kennen schon einige spanische Wörter. Ordnen Sie sie in ♂ und ♀ ein. Suchen Sie nach weiteren Wörtern, die Sie kennen.

> el márquetin • la publicidad • los señores • el momento • la conferencia •
> los amigos • el hotel • el director • la reserva • las señoras

3 Saludar y presentarse Stellen Sie sich jetzt anderen Kursteilnehmern vor.

– Me llamo Paul. ¿Y tú? + Soy Annette. ¿Y tú? Δ Mi nombre es Britta, soy de Holanda.

Un cava de bienvenida

Regelmäßige Verben
auf -ar
tomar
yo tom**o**
tú tom**as**
él / ella / usted tom**a**
nosotros/-as tom**amos**
vosotros/-as tom**áis**
ellos/-as / ustedes tom**an**

4 **¿Quiénes son?** Hören Sie den Dialog und ergänzen Sie die Daten.

5

La chica se llama _____

Ella es de _____

Es _____

Trabaja en _____

Tiene _____ años.

El chico se llama _____

Estudia en _____

---

5 **¿Y usted?** Lesen Sie zu zweit den Dialog. Suchen Sie die Fragen nach Namen und Herkunft und beantworten Sie sie. Fragen Sie Ihre Nachbarn.

¿Cómo te llamas?

Ramiro: ¡Hola! Yo soy Ramiro. Y tú, ¿cómo te llamas? ¿De dónde eres?
Britta: ¡Hola! ¿Qué tal? Me llamo Britta. Soy de Holanda. ¿Tú eres de aquí?
Ramiro: No, soy de Argentina. Estudio un año en Costa Rica. ¿Tú también eres estudiante?
Britta: No, no soy estudiante. Trabajo en el hotel. Soy programadora.
Ramiro: ¡Oh! ¿Programadora? ¿Cuántos años tienes?
Britta: Tengo veinte años. ¿Y tú?
Ramiro: Yo tengo diecinueve.

– _____ + Me llamo _____

– _____ + Soy de _____

– ¿Estudias o trabajas? + Yo _____ en _____

llamarse
yo me llamo
tú te llamas
él / ella / usted se llama

Das Alter
– ¿Cuántos años tienes?
+ Tengo 20.

---

6 **Escuche y complete.** Hören Sie zu und ergänzen Sie die Getränke: *un café, un cava, unas tapas, (un) zumo, una cerveza sin alcohol.*

¿Tomamos algo?

Camarero: ¿Qué toman, señores? ¿_____ de bienvenida?

Ramiro: Sí, gracias.

Britta: Mmm ... El cava no me gusta. ¿Hay _____?

Camarero: ¿Zumo? Sí, claro. ¿_____ de mango y maracuyá?

Britta: Vale. ¡Salud, chicos! ¿Tomáis algo con nosotros?

Hugo: Sí, _____ y _____

Paula: Yo necesito _____

Ramiro: ¿Britta, te gusta la música?

Britta: Sí, y me gusta bailar. ¿Te gusta bailar también100?

CULTURA
In Spanien sagt man **zumo** und in Lateinamerika **jugo** für das deutsche Wort *Saft*.

¿Te gusta? *Magst du es? Gefällt es dir?*
Me gusta la música. *Ich mag die Musik.* ☺
No me gusta bailar. *Ich tanze nicht gerne.* ☹

7 **Ahora usted** Markieren Sie, was Sie mögen bzw. gerne tun und was nicht. Fragen Sie Ihre Nachbarn.

☐ el zumo de naranja ☐ el agua sin gas ☐ tomar algo con los amigos
☐ el café con leche ☐ estudiar español ☐ bailar

---

8 **En una fiesta** Sie sind auf einer Party. Sprechen Sie andere Gäste an. Entwerfen Sie neue Dialoge.

> Hola, yo soy ... • ¿Cómo te llamas? • ¿De dónde eres? • ¿Te gusta ...?

---

9 **Profesiones** Ergänzen Sie die Liste und bilden Sie den Plural.

♂	♀	♀	♂
el profesor		la programadora	
el mecánico		la fotógrafa	
un biólogo		una taxista	
un periodista		una cantante	

> **Berufsbezeichnungen** auf -ista, -ante, -ente sind für Frauen und Männer gleich:
> **el taxista – la taxista**
> **el estudiante – la estudiante**
> **el asistente – la asistente**
> Auch: **el policía, la policía**

---

10 **¿Sí o no?** Wählen Sie einen Beruf. Ihr Partner / Ihre Partnerin muss ihn erraten. Finden Sie Kollegen und stellen Sie ihn oder sie dann vor.

– ¿Tú eres profesora? + No, soy fotógrafa. – ¿Usted es biólogo? + Sí, soy biólogo.

---

11 **Mi perfil profesional** Schauen Sie das Profil an und berichten Sie.

● ● ●
◄ ► + www.fotografossur.com

MI   PERFIL   PROFESIONAL

Nombre: Eva María
Apellidos: Roca Solano
Edad: 20 años
Profesión: Fotógrafa
Ciudad: Arequipa
País: Perú

> *¿Cómo se llama?*
> *¿Y de apellido?*

> *¿Cuántos años tiene Eva?*
> *¿Qué profesión tiene?*

> *¿De qué país es?*
> *¿Es de la capital?*

---

12 **El verbo *ser*** Verbinden Sie beide Spalten und bilden Sie Sätze.

1 Yo
2 Eva y Paula
3 ¿Vosotras
4 ¿Tú
5 Usted

A es fotógrafa, ¿verdad?
B sois de Madrid?
C son periodistas.
D soy de San José.
E eres de Alemania, Alex?

> **ser**
> yo **soy**
> tú **eres**
> él / ella / usted **es**
> nosotros/-as **somos**
> vosotros/-as **sois**
> ellos / ellas / ustedes **son**

Alfabeto: ¿Cómo se pronuncia?

13 Escuche. Hören Sie das Alphabet und sprechen Sie nach.

A a	F efe	K ka	O o	S ese	W uve
B be	G ge	L ele	P pe	T te	doble
C ce	H hache	M eme	Q cu	U u	X equis
D de	I i	N ene	R erre	V uve	Y i griega
E e	J jota	Ñ eñe			Z zeta

14 ¿Qué país es? ¿Cómo se escribe? Schauen Sie die Karte auf der Umschlagsseite an und buchstabieren Sie den Namen eines Landes. Ihr/e Partner/in schreibt ihn auf.

15 Sonidos típicos Hören Sie die Wörter. Sprechen Sie sie nach. Achten Sie auf die Aussprache.

b = v [b]	ch [ʧ]	h [–]	j [χ]	ll [ʎ]	ñ [ɲ]	rr [rr]
Barcelona	Chile	el hotel	jamón	Mallorca	España	radio
Valencia	Chávez	la habitación	Juan José	paella	señores	sierra

16 Letras con dos sonidos Hören Sie zu und sprechen Sie nach. Welche Unterschiede hören Sie? Was glauben Sie – wann spricht man was wie aus?

C (ce)	G (ge)	G (ge)	R (erre)	Y (i griega)
Carmen	Santiago	Argentina	por favor	y
cruz	Granada	Gibraltar	Teresa	soy
centro	guitarra	Gijón	Navarro	yo
ciudad	Miguel	geografía	Rodríguez	yerno

b = v: In den meisten spanischsprachigen Ländern gibt es keinen Unterschied bei der Aussprache zwischen **b** und **v**: **bar** – **Valencia**, **vino** – **Bilbao**.
C spricht man [k] in **ca**, **co**, **cu** und vor einem Konsonanten. **C** spricht man [θ] in **ce** und **ci**, ähnlich wie das englische *th*.
G spricht man [g] in **ga**, **go**, **gu**, **gue**, **gui** und vor einem Konsonanten. **G** spricht man [χ] vor **e** und **i**, ähnlich wie auf Deutsch *Kuchen, ach*.

0	cero
1	uno
2	dos
3	tres
4	cuatro
5	cinco
6	seis
7	siete
8	ocho
9	nueve
10	diez
11	once
12	doce

17 Los números Hören Sie zu und ergänzen Sie die Zahlen. Hören Sie noch einmal und zählen Sie laut.

0 _____ro	4 _____tro	7 siete	10 _____
1 uno	5 _____co	8 _____	11 on___
2 _____	6 seis	9 _____	12 do___
3 tres			

Comunicación en clase

18 **Escuchar** Hören Sie den Spanischunterricht einer Sprachschule in Málaga.

🎧 11

— Buenos días. El tema de hoy son los números. Yo leo y ustedes repiten, ¿vale?
+ No comprendo. ¿Qué significa «repiten»?
— Yo hablo y después ustedes: 10, 11, 12, 13, 14.
+ ¿Puede hablar más despacio, por favor?
— Sí, claro, 15, 16, 17, ...
+ ¿Puede hablar más alto, por favor?
— Claro que sí: 15, 16, 17, 18, 19, 20.

> ¿Cómo se escribe 18? ¿Diez y ocho?

> No. Dieciocho con «c». Una sola palabra con una «i» entre «diec» y «ocho».

> ¿Cómo se escribe 21? ¿Veinte y uno?

> No. Veintiuno. Una sola palabra con una «i» entre «veint» y «uno».

> Perdón. ¿Cómo se dice «dreißig»?

> Treinta. Bueno, repito: uno, dos, tres, cuatro ...

19 **Contar** Zählen Sie gemeinsam. Achten Sie auf die Aussprache.

20 **Recursos** Suchen Sie die passenden Redemittel.

¿Puede repetir, por favor?

_____

_____

Ich verstehe nicht. Was bedeutet ...?

_____

¿Puede hablar más alto, por favor?

_____

¿Puede hablar más despacio?

_____

_____

Wie schreibt man das?

_____

¿Cómo se pronuncia ...?

_____

_____

Wie sagt man das auf Spanisch?

_____

¿Cómo se dice ... en español?

_____

13 trece
14 catorce
15 quince
16 dieciséis
17 diecisiete
18 dieciocho
19 diecinueve
20 veinte
21 veintiuno
22 veintidós
23 veintitrés
24 veinticuatro
25 veinticinco
26 veintiséis
27 veintisiete
28 veintiocho
29 veintinueve
30 treinta

Panorama sociocultural

EL ESPAÑOL – UN IDIOMA GLOBAL

Más de 495 millones de personas hablan español en el mundo y cada día son más. El español es un idioma muy vivo, siempre en expansión.

No sólo se habla en España y en la mayoría de los países de América Latina. También en algunas regiones del Norte de África como el Sahara Occidental y Marruecos es posible comunicarse en español. En Guinea Ecuatorial es incluso idioma oficial.

En los Estados Unidos, el español es la segunda lengua después del inglés. Actualmente hay unos 50 millones de hispanohablantes. Y en las Islas Filipinas tres millones de personas hablan español.

Según un informe del Instituto Cervantes, el español es la segunda lengua del mundo por número de hablantes después del chino mandarín. Actualmente hay unos 18 millones de personas que estudian español como lengua extranjera. España es el primer país receptor de estudiantes del programa Erasmus. Claro, la gente es simpática y el país es atractivo, con playas y montañas, islas fascinantes y ciudades históricas.

En Latinoamérica, el español se habla en 18 países y es la lengua franca de todo el continente. En Brasil, es el idioma más estudiado, porque es la lengua del Mercosur.

21 Estrategias de lectura

a **Título e ilustraciones** Achten Sie auf Titel und Illustrationen. Sie verraten Ihnen, worum es geht. Stellen Sie Vermutungen über den Inhalt an.

b **Marcar** Lesen Sie schnell den Text und markieren Sie alles, was Sie verstehen.

c **Explicar** Erklären Sie, wie Sie die Bedeutung der Wörter erschließen:

Aus dem Kontext: lengua extranjera = Fremdsprache ☐
Durch Fremdwörter im Deutschen: la región = die Region ☐
Durch bekannte Fremdsprachen: el mundo = le monde (französisch) ☐
Durch Ableitungen eines Wortes: el país / los países ☐

d **¿Qué significa?** Fragen Sie bei wichtigen Wörtern nach, schauen Sie ins Wörterbuch oder recherchieren Sie im Internet.

– ¿Qué significa «después»? + Después significa «nach».

22 **Mediación** Versuchen Sie, die wichtigsten Informationen mit eigenen Worten ins Deutsche zu übertragen – auch wenn Sie nicht alles verstehen.

23 **Informar** Schauen Sie sich die Karte auf der hinteren Umschlagsseite an und machen Sie eine Liste mit den Ländern, in denen man Spanisch spricht. Ergänzen Sie die Liste mit Informationen aus dem Text.

Repaso

A Satzzeichen

¿Cómo se llama usted?
¡Hola!

Frage- und Ausrufezeichen stehen auch am Satzanfang, und zwar in umgekehrter Form. Das hilft, die richtige Intonation zu treffen.

B Substantive + bestimmter Artikel

Singular
el vino, el señor, el hotel
la señora, la ciudad

Plural
los vinos, los señores, los hoteles
las señoras, las ciudades

Substantive sind entweder maskulin oder feminin.
Die Endungen **-o**, **-or** und **-ón** sind meist maskulin.
Die Endungen **-a**, **-dad**, **-ción/-sión** sind meist feminin.
Aber: el problema, la foto, la moto
Ausnahmen bestätigen die Regel!
Substantive, die auf Vokal enden, bilden den Plural mit **-s**. Substantive, die auf Konsonant enden, bilden den Plural mit **-es**.

C Bestimmter und unbestimmter Artikel

el hotel, la tapa, un hotel, una tapa
los hoteles, las tapas, unos hoteles, unas tapas

Der unbestimmte Artikel im Plural wird für ungefähre Mengenangaben verwendet:
unas tapas = (einige / mehrere Tapas)

D Subjektpronomen

yo
tú
él, ella
nosotros/-as
vosotros/-as
ellos, ellas

Formelle Anrede
usted: ¿Cómo se llama usted?
ustedes: ¿De dónde son ustedes?

Die Subjektpronomen lässt man oft weg.
Man verwendet sie nur, um eine Person hervorzuheben oder um Missverständnisse zu vermeiden.
– ¿De dónde eres? + Soy de Austria.
– Él es de Alemania y ella es de Suiza.

Achtung: Die Subjektpronomen haben im Plural je eine maskuline und eine feminine Form.
Auch die formelle Anrede hat zwei Formen:
Bei einer Person verwenden wir: **usted** + das Verb in der 3. Person Singular.
Bei mehreren Personen verwenden wir: **ustedes** + das Verb in der 3. Person Plural.

E Verben

	ser	**Regelmäßige Verben auf -ar**	
		tomar	llamarse*
yo	soy	tomo	me llamo
tú	eres	tomas	te llamas
él / ella / usted	es	toma	se llama
nosotros/-as	somos	tomamos	nos llamamos
vosotros/-as	sois	tomáis	os llamáis
ellos / ellas / ustedes	son	toman	se llaman

* Das Verb **llamarse** ist reflexiv, vgl. „sich nennen".

Comunicación

Begrüßungen

¡Hola!
¡Buenos días!
¡Buenas tardes!
¡Buenas noches!
¡Bienvenido/-a!
¡Bienvenidos/-as!

Vorstellung

(Yo) soy ...
Me llamo ...
Mi nombre es ...
¿Cómo te llamas?
¿Cómo se llama usted?
Soy programadora.
Soy fotógrafo.

Sein Alter sagen

— Tengo veinte años. ¿Y tú?
+ Yo tengo diecinueve.

Nach der Herkunft fragen

¿De dónde eres?
¿De dónde es usted?
¿Es usted de Alemania?
¿De qué ciudad?

Etwas anbieten

¿Qué toma usted?
¿Qué toman ustedes?
¿Tomáis algo con nosotros?
¿Tomamos un café?

Sagen, was man (nicht) mag

El cava no me gusta. Me gusta el café con leche.
— ¿Te gusta la música?
+ Sí, y me gusta bailar.

Primeros contactos

- förmliche Begrüßung und Vorstellung
- sich verabschieden
- nach dem Befinden fragen
- telefonieren und E-Mails schreiben
- Wochentage und Uhrzeiten angeben
- erste Kontrastierung von **ser** und **estar**
- regelmäßige Verben auf -ir
- Zahlen bis **100**

Cristina Díaz

María   Alba

La señora Rodríguez

Leonardo y Maribel

1 ¿Quién ... Schauen Sie die Fotos an und sagen Sie, wer was macht. Hören Sie dann die Texte und vergleichen Sie.

🎧 12

> ... mira fotos? • ... recibe un paquete? • ... escribe un correo (electrónico)? •
> ... habla por teléfono? • ... manda un mensaje? • ... habla personalmente?

2 Ordene. Ordnen Sie das Vokabular.

> cartas • correos (electrónicos) • facebook • fotos • el móvil • paquetes •
> postales • Skype • SMS • teléfono fijo • vídeos • WhatsApp

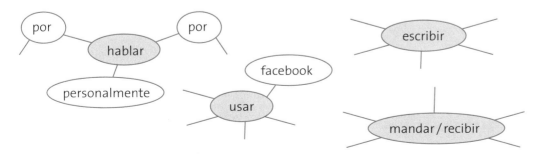

por — hablar — por

personalmente

facebook

usar

escribir

mandar / recibir

¿Qué tal todo?

Alicia Alonso está sola en la oficina. Escribe informes y cartas, manda catálogos, recibe las llamadas de los clientes. Las compañeras de trabajo no están. Montserrat está en Lisboa, en un seminario, y Ana María trabaja en casa. Por la tarde llega el Sr. Torres, el jefe.

Alicia

Montserrat

Ana María

Das Verb estar
Ortsangabe
Montserrat no está.
Está en un seminario.

¿Qué tal?
Hola, ¿qué tal?
¿Qué tal? ¿Cómo estás?
¿Qué tal el hotel?
¿Qué tal todo?

---

3 **¿Con quién habla?** **Hören Sie die Gespräche. Mit wem spricht Alicia?**

13–14 Habla por teléfono con _____ y habla con _____.

---

4 **Recursos** **Lesen Sie die Texte und den Chat. Hören Sie noch einmal. Markieren Sie a) die Fragen nach dem Befinden und b) die Abschiedsfloskeln.**

13–14

1
2

¿Cómo está usted?
Alicia: Empresa Torres. Buenos días. ¡Dígame!
Sr. Gutiérrez: Hola. Soy Gustavo Gutiérrez.
Alicia: ¡Ah! ¿Cómo está, señor Gutiérrez?
Sr. Gutiérrez: Bien, bien, como siempre.
¿Está Ana María, por favor?
Alicia: No. Hoy trabaja en casa.
Sr. Gutiérrez: Entonces llamo mañana.
Adiós y gracias.
Alicia: De nada. ¡Hasta mañana!

¿Qué tal todo?
Sr. Torres: Hola, Alicia, ¿qué tal?
¿Qué tal todo?
Alicia: Bien. Hay un correo de Alemania, de Marz & Pan.
Sr. Torres: ¡Qué bien!
Alicia: Sí, los clientes llegan mañana.
Sr. Torres: ¿Mañanaaaa? ...
¡Estupendo!

casa
contacto

☺ **¿Y tú? ¿Qué tal?**

¡Hola, Juanjo! ¿Qué tal? ¿Cómo estás?

Muy bien, ¿y tú?

Regular.

¡Mm! ¿Qué tal el trabajo?

¡Fatal! Estoy sola y hay un estrés terrible.

¡Oye! Hoy es la fiesta de Miguel en el bar La Vaca Paca.

¡Uff! Estoy cansada. Después hablamos, ¿vale?

Vale. Chau. Hasta luego.

5 **Un correo de Alemania** Lesen Sie die beiden E-Mails. Füllen Sie dann das Formular aus.

 3 4

De: Marz & Pan
Asunto: RE: Invitación   9 de mayo, 19:05

Estimada señora Alonso:
Muchas gracias por la invitación.
El señor Schulte y yo vamos a Barcelona el martes 13. Estamos un día en Barcelona y después vamos a Madrid. Llegamos a las 9.00.
El número del vuelo es: Iberia 3451.
Muchos saludos,
Stefan Meyer

De: Torres y Compañía
Asunto: ¡Bienvenidos!   12 de mayo, 14:02

Buenos días, señor Meyer:

Muchas gracias por el correo del 9 de mayo.
A las 9.00 estamos en el aeropuerto.
Bienvenidos a Barcelona.

Saludos,

Alicia Alonso
Torres y Compañía
E–08180 Flores
Móvil: +34 633 47 25 69

Los números 31–100
31 treinta **y** uno
32 treinta y dos
33 treinta y tres
34 treinta y cuatro
35 treinta y cinco
36 treinta y seis
37 treinta y siete
38 treinta y ocho
39 treinta y nueve
40 **cuarenta**
41 cuarenta **y** uno
50 **cincuenta**
60 **sesenta**
70 **setenta**
80 **ochenta**
90 **noventa**
100 **cien**

VISITAS

Nombre del cliente: _____   Empresa: _____

Día: _____   Hora: 9.00 Lugar: _____

---

6 **Los números** Hören Sie und lesen Sie die Zahlen. Diktieren Sie sich gegenseitig Zahlen von 0–100.

15

---

7 **¿Cuándo es?** Hören Sie zu. Wann findet was statt? Vergleichen Sie mit Ihren Partnern.

16
 5

el seminario ● la fiesta ● el curso de inglés ● la boda ● el concierto ●
el cumpleaños

Das Verb ser
El seminario es en Lisboa.
La cita es en el aeropuerto.
La fiesta es en el bar.
La fiesta es el sábado, a las 8 de la noche.

	lunes	martes	miércoles	jueves	viernes	sábado	domingo
evento		clientes aeropuerto			boda		cumpleaños
hora				15.30			

– ¿Cuándo es …? + Es el … – ¿A qué hora …? + A las … – ¿Qué día …?

En el aeropuerto

8 Imagine. Versetzen Sie sich in die Lage von Alicia. Kreuzen Sie an:

Alicia está ☐ tranquila ☐ enferma ☐ estresada ☐ cansada.

---

9 Relacione. Hören Sie die zwei Dialoge. Ordnen Sie sie den Illustrationen zu.

🎧 17–18

Hoy es martes 13. Son las nueve de la mañana y Alicia Alonso está en el aeropuerto. Espera a los clientes y está un poco nerviosa. El avión de Hamburgo ya está allí, pero ... ¿dónde están los clientes? ¿Quiénes son?

---

10 Informe. Hören Sie nochmals zu. Kreuzen Sie die richtige Antwort an.

🎧 17–18

¿Dónde está el aparcamiento?	☐ abajo	☐ arriba	☐ cerca
¿Cómo es el coche?	☐ pequeño	☐ grande	☐ rápido
¿De quién es el coche?	☐ de Alicia	☐ de la empresa	☐ del jefe
¿Dónde están los catálogos?	☐ en el bolso	☐ en la maleta	☐ en la mochila

---

Sich vorstellen
– Soy Alicia Alonso.
+ ¡Encantado/-a!
– Soy Stefan Meyer.
+ ¡Mucho gusto!
– ¡Igualmente!

11 Recursos Lesen Sie zu dritt den Dialog. Unterstreichen Sie typische Redemittel bei der Begrüßung. Lesen Sie ihn noch einmal. Achten Sie auf die Intonation!

¡Buenos días!
Alicia: ¡Perdón! ¿Es usted el señor Meyer?
Sr. Meyer: Sí, soy yo, Stefan Meyer. ¡Buenos días!
Alicia: Encantada. Mi nombre es Alicia Alonso. ¡Bienvenido a España!
Sr. Meyer: Gracias, muy amable. El señor Schulte, un compañero de trabajo.
Sr. Schulte: Tim Schulte. ¡Mucho gusto!
Alicia: Igualmente. Bienvenido.

---

12 En un seminario Sie sind in einer Fortbildung. Gehen Sie auf andere Teilnehmer zu und begrüßen Sie sie. Machen Sie alle miteinander bekannt.

– Perdón, ¿es usted la señora Acosta? + Sí, soy yo. Mucho gusto. – Encantado/-a.
– ¿Tú eres ...? + Sí, soy yo.

13 **Juego de roles** Lesen Sie den Dialog. Spielen Sie dann die gesamte
Situation nach.

¿Vamos?
Alicia: Bueno, ¿vamos?
Sr. Meyer: Sí, claro, vamos.
Alicia: El aparcamiento está abajo. Allí está el ascensor.
Sr. Schulte: ¡Hombre, qué coche!
Alicia: Pues, es el coche de la empresa ...
Sr. Schulte: ¡No está mal!
Alicia: Bueno, ¿está todo? ¿Algo más?
Sr. Meyer: Sí, el bolso con los catálogos.
Alicia: ¿La mochila también?
Sr. Meyer: No, nada más, gracias.

---

14 **¿Dónde está/n?** Verbinden Sie die Spalten und bilden Sie Sätze.

Nosotros	estás	la oficina.
El jefe	estamos	el aeropuerto.
Tú	estoy	casa.
Yo	no estáis en	la empresa.
Los clientes	están	la fiesta.
Vosotros	está	el hotel.

> **Das Verb estar**
> ¿Cómo está?
> Alicia está nerviosa.
> El vuelo está cancelado.
> ¿Está ...?
> − ¿Está Ana?
> + No, no está.
> − ¿Dónde está el avión?
> + El avión está allí.

---

15 **¿Ser o estar?** Unterstreichen Sie die richtige Verbform.

1. Nosotros [somos/estamos] en el hotel. [Es/Está] un hotel estupendo.

2. El hotel [es/está] en la Plaza Cataluña. Los clientes también [son/están] aquí.

3. Ellos [son/están] de Alemania. [Son/Están] nerviosos y hablan por teléfono.

4. ¿Y tú, dónde [eres/estás]? Yo [soy/estoy] en La Vaca Paca. [Somos/Estamos] todos aquí.

5. − ¿Dónde [sois/estáis] todos? ¿Qué [es/está] La Vaca Paca? + [Es/Está] un bar.

6. − ¿María [es/está] también allí? + No, ella [es/está] en casa.

> **Das Verb ser**
> − ¿Qué es esto?
> + Es un correo de Alemania.
> − ¿Quién es?
> + Es el Sr. Meyer. Es un cliente.
> − ¿De dónde es?
> + Él es de Hamburgo.
> − ¿De quién es?
> + El coche es de la empresa.
> − ¿Cuándo y dónde es?
> + La fiesta es hoy. Es en el bar.

---

16 **¿De quién es?** Verbinden Sie die Spalten. Bilden Sie Sätze. Stellen Sie dann
Fragen.

− ¿De quién son las maletas? + Las maletas son de los clientes. − ¿De quién es ...?

los bolsos	del	jefe
la mochila	de la	empresa
los catálogos	de los	Alicia
las maletas	de	clientes
el coche		Sr. Meyer

> **¿De quién es?**
> de + el = del
> El coche es del jefe.

---

17 **Ahora ustedes** Bereiten Sie zu viert eine Abholsituation vor. Duzen Sie sich.

Para practicar más

1 **¿Cómo está?** Ordnen Sie jetzt die Angaben, und zwar von ☺☺ bis ☹☹.

← 4

☺☺ _____   ☺ _____   ☺ _____

☹ _____   ☹☹ _____

---

2 **¿Qué tal …?** Fragen Sie Ihre Partner, wie es ihnen geht, wie ihnen etwas

← 4 gefällt, usw.

> la familia ● el trabajo ● el hotel ● los clientes ● el español ● las tapas ●
> el día ● todo

– *¿Qué tal, cómo estás? + Bien, gracias. – ¿Y tú, qué tal?*
– *¿Qué tal el trabajo? ¿Qué tal todo? + Como siempre. Todo bien, gracias.*

---

3 **¿Cuándo?** Lesen Sie die Texte in 4 und 5 und ergänzen Sie die Zeitangaben.

← 5

El jefe llega _____ . La fiesta es _____ .

Los clientes llegan _____ . Juanjo y Alicia hablan

_____ .

---

4 **Saludos y despedidas** Lesen Sie nochmals die Texte in 4 und 5. Ergänzen Sie

← 5 die Begrüßungen sowie die Abschiedsfloskeln.

	Formell		Informell	
	Begrüßung	Abschied	Begrüßung	Abschied
Am Telefon	*¡Diga!*			
In einer E-Mail	*Estimada señora …*			

---

5 **Escribir** Schreiben Sie eine E-Mail. Nennen Sie Ort und Zeit eines Events in

← 7 Ihrer Stadt. Überlegen Sie, ob Sie die Adressaten duzen oder siezen.

---

6 **Pantomima** Entwerfen Sie zu zweit einen neuen Dialog und stellen Sie ihn

← 13 zunächst pantomimisch dar. Ihre Mitschüler müssen erraten: *¿Quiénes son?*
¿Dónde están? ¿Qué hacen? ¿Qué dicen?

Panorama socioeconómico

18 Lea y marque. Lesen Sie und markieren Sie alles, was Sie verstehen.

Marca España

España es un país moderno, muy industrializado y con una excelente infraestructura. Ya es líder en muchos sectores económicos como tecnología, medio ambiente, infraestructura, deporte, turismo, industria textil.

«Marca España» es un foro de instituciones y empresas. Su objetivo es mejorar la imagen de los productos españoles y potenciar el país a nivel internacional. En un mundo global, una buena imagen del país es importante para posicionarse internacionalmente.

Marca España beneficia a todos, en los ámbitos económico, cultural, social, científico y tecnológico. En este momento, la meta principal es producir más, exportar más, incrementar el turismo, crear más trabajo.

19 **En resumen** Welche Aussage passt am besten zum Text?

1. ☐ Spanien ist ein „Globalplayer" und hat keine Konjunkturprobleme.

2. ☐ Spanien hat sehr gute Produkte, ist aber als Hightech-Land international noch nicht bekannt genug.

3. ☐ Das Ziel von Marca España ist es, die spanischen Produkte zu verbessern.

4. ☐ Das Ziel von Marca España ist es, Spanien in allen Bereichen konkurrenzfähig zu machen.

Vicente del Bosque

20 **¿Marca España?** Schauen Sie sich die Markennamen an und überlegen Sie, welche Firmen für „Marca España" stehen. Hören Sie dann den Text und vergleichen Sie. 🎧 19

> Telefónica de España ● Hoteles Meliá ● Imaginarium ● Camper ●
> LAN Airlines ● Pikolinos ● Real Madrid ● Seat ● Zara ● Desigual ●
> Juan Valdez Café ● Banco Santander ● Latin Flores

21 **¿De dónde son?** Hören Sie zu und markieren Sie die spanischen Firmen mit einem E und die lateinamerikanischen mit LA. Weiterführende Fragen: 🎧 19

> ¿Cuál es el tema del día? ● ¿Quiénes están invitados? ● ¿Cuántas salas hay? ●
> ¿Dónde está cada uno? ● ¿Qué sala prefiere visitar usted?

1 a Nuestro equipo de trabajo

Denken Sie sich Situationen aus, in denen Unbekannte in Kontakt miteinander treten, sich begrüßen und einander vorstellen, z. B.:

> en un seminario ● en el aeropuerto ● en una fiesta ● en la oficina ●
> en un avión ● al teléfono

b «Tú» o «usted»?

Überlegen Sie, ob sich die Leute duzen oder siezen sollen. Überprüfen Sie, ob Ihnen die typischen Wendungen für eine Begrüßung und Vorstellung bekannt sind.

2 Perfiles

- Gehen Sie auf andere Kursteilnehmer zu, begrüßen Sie sie und bilden Sie eine Gruppe von vier bis sechs Personen.
- Skizzieren oder schreiben Sie dann ein Porträt von jedem Gruppenteilnehmer und jeder Teilnehmerin und entwerfen Sie ein Poster mit Informationen zu den einzelnen Mitgliedern. Sie können zusätzliche Infos in Sprechblasen schreiben.
- Stellen Sie die Mitglieder Ihrer Arbeitsgruppe im Plenum vor.

Para muy curiosos

Guapos y famosos

Wählen Sie eine berühmte Person aus der spanischsprachigen Welt aus. Recherchieren Sie und stellen Sie die Person vor: mit Namen, Beruf, Alter, Herkunft, usw. Erstellen Sie im Kurs ein „Who ist who" Spaniens und Lateinamerikas.

Nombre _____

Apellido _____

Lugar de nacimiento _____

Fecha de nacimiento _____

Profesión _____

Residencia _____

Página web _____

Frida Kahlo

Pedro Almodóvar

Repaso

A Estar

Das Verb **estar** beschreibt:

¿Cómo ...? ¿Cómo **estás**? Ana **está** enferma. El jefe **está** nervioso.	das Befinden: wie es jemandem geht und wie er / sie sich fühlt.
El coche **está** roto. La mesa **está** reservada.	Zustände (die vorübergehend sind und sich ändern können).
¿Dónde está? La empresa **está** en Barcelona. **Estoy** en la oficina.	Orte: wo jemand oder etwas ist – zeitweise oder ständig.
¿Está o no está? – ¿**Está** el jefe? + Sí, **está**. – ¿**Está** todo? + No, las maletas no **están**.	**Estar** gibt auch an, ob jemand oder etwas da ist.
¿Con quién ...? Alicia **está** sola en la oficina. Los clientes **están** con el Sr. Torres. Roberto **está** con Daniela.	**Estar** definiert, bei wem oder mit wem jemand (gerade) zusammen ist. Das kann sich auch auf die Situation als Paar beziehen.

B Ser

¿Quién **es** Ana? ¿Qué **es** esto?	**Ser** definiert, wer jemand oder was etwas ist.
¿De dónde **eres**? El coche **es** del jefe.	**Ser** gibt an, woher jemand ist und wem etwas gehört.
¿Dónde y cuándo **es** la conferencia?	**Ser** beschreibt, wann und wo etwas stattfindet.

C Verben

	estar	**Regelmäßige Verben auf -ir** recibir
yo	**estoy**	recib**o**
tú	**estás**	recib**es**
él / ella / usted	**está**	recib**e**
nosotros/-as	**estamos**	recib**imos**
vosotros/-as	**estáis**	recib**ís**
ellos / ellas / ustedes	**están**	recib**en**

Es gibt drei große Gruppen von Verben:
Verben auf **-ar** (siehe **Introducción**)
Verben auf **-er** (siehe **Unidad 2**).
Nur wenige Verben enden auf **-ir**, wie z. B.:
recibir (= erhalten, bekommen), **vivir** (leben, wohnen), **repetir** (= wiederholen).

Alle Verben einer Gruppe haben die gleichen Endungen.

Comunicación

Über Kommunikation sprechen

– ¿Hablas mucho por teléfono?
+ Sí, con mi madre.
– ¿Y con los amigos?
+ Con ellos uso WhatsApp.
– ¿Recibes muchos mensajes?
+ Sí, recibo muchos mensajes y muchas fotos.

Nach dem Befinden fragen

– ¿Qué tal, cómo estás?
+ Muy bien, gracias.
– ¿Y la familia, cómo está?
+ Bien, bien.
– ¿Qué tal el trabajo?
+ Como siempre.
– ¿Qué tal el hotel?
+ Pues, regular.
– ¿Qué tal todo?
+ Todo bien, gracias. Y tú, ¿qué tal?

Telefonieren

– ¡Dígame! ¿Con quién hablo?
+ Soy yo. Soy María.
– ¿Dónde estás?
+ Estoy en la oficina.
– Oye, ¿estás sola allí?
+ No, estoy con una compañera.

– Hola. Soy Mariano López. ¿Está Belén, por favor?
+ No, hoy no está. Hoy trabaja en casa.
– Entonces llamo mañana.
+ ¡Gracias y adiós!

Sich verabschieden

Adiós.
Hasta luego.
Hasta pronto.

Hasta mañana.
Hasta la próxima.

Einen Brief / Eine E-Mail schreiben

Estimados señores:
Gracias por el correo.
A las once de la mañana estamos en el aeropuerto.
Muchos saludos, ...

Estimadas señoras:
Llegamos el jueves 14.
Saludos cordiales, ...

Über Veranstaltungen sprechen

– ¿Dónde es la fiesta?
+ La fiesta es en el bar Tomate.
– ¿Dónde es el seminario?
+ En la empresa, sala 1.

¡En español, por favor!

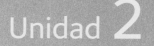

- Vermutungen mit **creo que ...** regelmäßige Verben auf -er
- erfragen / angeben, welche Sprachen man spricht
- Orts- bzw. Entfernungs-angaben machen
- eine Region bzw. ein Land beschreiben
- Adjektive

Kemal

Marie-Noëlle

Cristina

1 **¿Qué idiomas hablan?** Hier sehen Sie drei Mitarbeiter der internationalen Firma *Xpandex & Co*. Was vermuten Sie: Woher kommen sie und welche Sprachen sprechen sie?

– Creo que Cristina habla español. + Yo creo que es de Costa Rica.

---

2 a **Un reportaje** Hören Sie eine Reportage aus einer internationalen Fir-menzentrale in London. Markieren Sie die Sprachen, die genannt werden.

20

☐ español ☐ francés ☐ inglés ☐ árabe ☐ japonés
☐ turco ☐ ruso ☐ chino ☐ polaco ☐ alemán

20 b **Tome notas.** Hören Sie nochmals zu und machen Sie sich Notizen.

2, 3 ¿Quién ...?

> vive en un piso compartido • vive con el novio / la novia • gana poco •
> hace prácticas • trabaja en el extranjero • es hijo de extranjeros

Para romper el hielo …

Herr Schulte
Herr Meyer

3 **Lea y conteste.** Lesen Sie den Text und berichten Sie.

¿Dónde está Alicia? • ¿Con quién? • ¿De qué hablan? • ¿Qué hacen los clientes?

La fábrica está en Flores, un pequeño pueblo cerca de Barcelona. Alicia está en el coche con los clientes alemanes. Hablan de todo un poco: la familia, el trabajo, el tráfico, el tiempo. Los clientes hacen mil preguntas.

4 **Escuche.** Hören Sie die Dialoge und kreuzen Sie die richtigen Antworten an.
21

| La fábrica | ☐ está lejos | ☐ está cerca | ☐ está en Barcelona |
| Alicia | ☐ estudia alemán | ☐ comprende bastante | ☐ lee y escribe |

5 **¿Cómo es?** Hören und lesen Sie die Dialoge. Setzen Sie sieben passende Adjektive ein. Lesen Sie danach die Dialoge zu dritt.
21

fácil – difícil • moderna – antigua • nueva – vieja • comercial – industrial • terrible – fantástico • bonito – feo

¿Todo bien?

Alicia: ¿Vamos? ¿Alles in Ordnung, Herr Meyer?

Sr. Meyer: Sí, gracias pero, ¿usted habla bien alemán?

Alicia: No, no. Estudio alemán en la universidad. Comprendo un poco, pero no hablo casi nada …

Sr. Meyer: Hablar es muy _____

¡Qué tráfico!

Sr. Meyer: ¡Dios mío! ¡Qué tráfico!

Alicia: Sí, en el centro el tráfico es _____ Por suerte, la fábrica _____ está en el polígono _____

¿Está lejos?

Sr. Meyer: ¿Usted es de Barcelona?

Alicia: No, pero soy catalana. Vivo en una urbanización _____ a unos 20 km de aquí. Mi padre es catalán y mi madre es de Granada.

Sr. Meyer: Ah. Bueno. ¿Ya estamos cerca?

Alicia: Sí, en cinco minutos estamos en la empresa.

LERNTIPP
Lernen Sie die Wörter paarweise:
cerca – lejos
aquí – allí
fácil – difícil
moderno/-a – antiguo/-a

Adjektive
Endung auf -o und -a
un pueblo antiguo
una ciudad antigua
los pueblos antiguos
las ciudades antiguas

Endung auf -e und Konsonant
un cliente importante
unos clientes importantes
una empresa interesante
unas empresas interesantes
una empresa internacional
unas empresas internacionales

Flores industrial

Sr. Meyer: ¿Qué es eso? ¿Una torre de agua?

Alicia: Sí, es muy antigua. Es el símbolo de Flores Industrial.

Sr. Meyer: ¡Qué _____! Oh, y allí está la empresa Torres. ¡Qué edificio!

Sr. Schulte: _____ Es supermoderno.

Sr. Meyer: ¡Uff! ¡Qué calor hace!

Alicia: Sí. ¡Casi treinta grados!

---

6 La empresa Sammeln Sie Vokabular rund um die Firma.

empresa

---

7 Resumen Was haben Sie über folgende Themen erfahren? Bilden Sie kurze Sätze.

> Alicia ● su familia ● el tráfico ● la empresa ● el tiempo ☀

Alicia es catalana. Vive en ...

---

8 a Adjetivos Ordnen Sie die Adjektive: positiv +, negativ – und neutral 0. Bilden Sie mindestens vier Gegensatzpaare.

> antiguo ● feo ● pequeño ● difícil ● terrible ● nuevo ● bueno ● moderno ● bonito ● viejo ● fantástico ● grande ● fácil ● industrial

b ¿Cómo son los edificios? Wie sind die Gebäude? Finden Sie passende Adjektive. Achten Sie auf die richtigen Endungen. Bilden Sie dann den Plural.

un museo moderno – unos museos modernos – una torre moderna

---

9 Juego de roles Zwei Kunden Ihrer Firma bzw. Schüler möchten Sie besuchen. Holen Sie sie vom Flughafen ab. Entwerfen Sie zuerst Dialoge für ein Rollenspiel. Spielen Sie dann die Situation.

1. Machen Sie Smalltalk.
2. Beschreiben Sie alles, was Sie sehen.
3. Stellen Sie selbst Fragen.

> ¿Está lejos / cerca? ● ¿A cuántos kilómetros está? ● ¿Qué es eso? ¿Y eso? ● ¿De dónde es usted / son ustedes? ● ¿Dónde está la empresa / el instituto? ● En ... minutos / horas estamos allí. ● Está a unos ... kilómetros. ● Es un centro comercial. Es un cine. ● Yo soy de ... ● Está al lado de ... Allí a la izquierda.

España y sus idiomas

10 **¿Qué sabe de España?** Was wissen Sie über Spanien? Sammeln Sie Informationen. Lesen Sie den Text und vergleichen Sie.

¿Dónde está? ● ¿Cómo es? ● ¿Es un país pequeño? ● ¿Cómo es el clima?			

ESPAÑA

España está situada en la península Ibérica, entre Francia y Portugal. Es uno de los cuatro países más grandes de Europa. También es el más montañoso después de Suiza. Es un país muy poco poblado, pero con mucho turismo, especialmente en las costas.

Desde 1978, España es una monarquía parlamentaria. El Rey Felipe VI de Borbón, hijo de Juan Carlos I es el jefe de estado. Las Cortes Generales representan al pueblo y eligen al Presidente del Gobierno. El presidente y sus ministros gobiernan el país.

Ubicación: Península Ibérica
Fronteras: Portugal en el Oeste, Francia en el Norte
Superficie: 504.645 km²
Clima: mediterráneo, atlántico, subtropical, continental

Población: 46,5 millones de habitantes (2014)
Densidad: 92 habitantes / km²
Idioma oficial: español
Idiomas cooficiales: gallego, catalán, vasco
Capital: Madrid

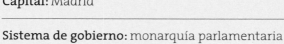

Sistema de gobierno: monarquía parlamentaria
Rey: Felipe VI
Presidente del gobierno: Mariano Rajoy del Partido Popular
Desde 1986 es miembro de la Unión Europea.
Desde 2002 el Euro es la moneda oficial.

Los números

100 cien
101 ciento uno
200 doscientos
300 trescientos
400 cuatrocientos
500 quinientos
600 seiscientos
700 setecientos
800 ochocientos
900 novecientos
1000 mil
2000 dos mil
100.000 cien mil
504.645 quinientos cuatro mil seiscientos cuarenta y cinco
1.000.000 un millón
46.500.000 cuarenta y seis millones quinientos mil habitantes

---

11 **Compare.** Vergleichen Sie die beiden Regierungssysteme und ergänzen Sie
⇨ 4 die Tabelle. Schreiben Sie einen Text über Deutschland.

Función	España	Alemania
Jefe de estado		el Presidente Federal
Gobierna el país	el Presidente del Gobierno	
Representa al pueblo		el parlamento (Bundestag)

Alemania es una República Federal. La capital ... Está en el centro de Europa, entre ...

12 Escuche. Hören Sie zu und suchen Sie auf der Karte, wo die genannten Orte liegen. Sagen Sie, aus welcher Stadt die Leute kommen, wo sie liegt und was es dort zu sehen gibt.

🎧 22
➡ 5

Iñaki es de _____ .

Está en _____ .

Allí hay _____ .

Montse es de _____ .

Está en _____ .

Allí hay _____ .

Santiago es de _____ .

Está en _____ .

Allí hay _____ .

---

13 Comunidades bilingües Hören Sie nochmals zu. Welche Regionen sind zweisprachig? Was spricht man dort?

🎧 22

Comunidad bilingüe	Idiomas
	español +
	español +
	español +

---

14 Confirme. Lesen Sie den Text. Berichten Sie über regionale Sprachen.

〉 6, 7

¿Por qué son importantes? ● ¿Dónde se usan? ● ¿Son difíciles?

En España hay 17 comunidades autónomas. Dos de ellas son archipiélagos: las Canarias y las Baleares. También hay dos ciudades autónomas en el Norte de África: Ceuta y Melilla.

El castellano o español es la lengua oficial en todo el país, pero también se hablan otras lenguas que son cooficiales. Hay seis comunidades autónomas bilingües con dos idiomas oficiales.

Se habla vasco (o euskera) en el País Vasco y parte de Navarra, gallego en Galicia, catalán en Cataluña y variedades del catalán en la Comunidad Valenciana (valenciano) y Baleares (por ejemplo el mallorquí en Mallorca).

El vasco es un idioma muy difícil porque no es de origen latino como el castellano, el gallego y el catalán. Las lenguas regionales son símbolo de identidad cultural.

Se hablan en los colegios y universidades, en muchas empresas y oficinas estatales – y también en casa y en la calle.

> **se + Verb im Singular/ Plural**
> En Barcelona **se habla** catalán.
> En España **se hablan** cuatro lenguas.

Para practicar más

1 **¿Qué idiomas son?** Schauen Sie sich die Grafik auf S. 27 an. Welche
Sprachen erkennen Sie?

– *Esto es chino, ¿no?* + *No sé, creo que sí.*
–*¿Qué significa «obrigado» en español?* + *Creo que significa «gracias».*

---

2 **Informe.** Stellen Sie jetzt eine Person aus dem Interview vor.

¿Cómo se llama? ● ¿De dónde es? ● ¿Dónde vive? ● ¿Con quién vive? ● ¿Qué idiomas habla?

---

3 **¿Y tú?** Fragen Sie Ihre Partner.

¿Dónde vives? ● ¿Vives solo / sola? ● ¿Qué idioma hablas? ● ¿Estudias ...? ● ¿Comprendes ...? ● Depende. En casa, con mi padre / madre hablo ... ● Con mis amigos ... ● En el trabajo hablo ...

---

4 **Los números** Lesen Sie folgenden Zahlen. Dann arbeiten Sie zu zweit.
Diktieren Sie sich gegenseitig weitere Zahlen und schreiben Sie sie auf:

155　378　569　863　**949**　856　**2.980**　5.683　15.000　20.000　**690.000**

---

5 **Mediación** Lesen Sie den folgenden kurzen Text und geben Sie ihn auf
Deutsch wieder.

Yo soy de Andalucía. Andalucía es una región muy turística. Hay pueblos blancos
y ciudades bonitas, con mucha historia: Córdoba, Sevilla, Granada. ¡Ah! me llamo
Rosario Díaz, vivo en Córdoba y hablo español. Bueno, buenos días, amigos,
¡bienvenidos todos!

---

6 **Infórmese e informe.** Suchen Sie weitere Informationen über eine
Regionalsprache und präsentieren Sie sie.

---

7 **¿Qué idiomas se hablan?** Erklären Sie, welche Sprachen und Dialekte
spricht man in:

Suiza ● Bélgica ● Canadá ● en su país ...

En Suiza se hablan cuatro idiomas. Se habla alemán. Pero también ...

Panorama sociocultural

Un mundo fascinante – América Latina

15 **Países y capitales** Wie viele Länder Lateinamerikas kennen Sie? Schlagen Sie die Umschlagsseite hinten auf. Betrachten Sie die Karte und arbeiten Sie mit einem/einer Partner/in.

– ¿Dónde está Paraguay? + Está en América del Sur entre ...

– ¿Cómo se llama la capital? + Se llama ...

16 **Prelectura** Schauen Sie sich die Titel an. Worum geht es? Lesen Sie dann die Artikel und ordnen Sie ihnen die passenden Titel zu.

> Gran diversidad cultural ● En Latinoamérica hay de todo ●
> El idioma de la economía ● Made in Latinoamérica

1

En Latinoamérica hay paisajes fantásticos: altas montañas y grandes pampas, selvas y desiertos, ríos y lagos, mar y playas, pueblos típicos y ciudades modernas.

2

América Latina es la región del mundo con mayor diversidad cultural. Allí viven más de 500 grupos étnicos. Se hablan 420 lenguas indígenas. Las más importantes son el nahuátl, el maya, el quechua y el guaraní – verdaderas «lenguas francas» en grandes regiones.

3

Muchas palabras españolas tienen su origen en Latinoamérica, especialmente nombres de productos típicos: chocolate, tabaco, tequila. También: puma, pampa, caníbal.

4

Latinoamérica también es un mercado muy interesante. Por eso, muchas personas estudian español. En Europa principalmente para trabajar en importación-exportación. En Brasil, para comunicarse con gente de los otros países del Mercosur y en los Estados Unidos para comunicarse con los cincuenta millones de hispanos que viven en el país.

17 **Búsqueda de información**

a **¿En qué países se hablan las lenguas indígenas?**

el quechua _____ el guaraní _____

el náhuatl _____ el mapuche _____

b **¿Qué países forman el Mercosur?**

Preparar una exposición

1 Preparación

a Se forman varios grupos en clase. Cada grupo elige un país y busca información en Internet. Es muy importante buscar en español.

b El grupo prepara un póster con mapa e información sobre el país elegido:

> la ubicación del país • la capital y las ciudades importantes •
> la superficie • el clima • la población • los idiomas • el gobierno •
> unas personas famosas • unos productos típicos, etc.

---

2 Presentación

1. Se prepara una exposición, tipo «museo».
2. Una persona del grupo presenta el país.
3. El «público» mira las distintas exposiciones, lee la información, hace preguntas y comentarios, hace fotos.
4. Pueden traer música, comida u objetos típicos del país.

Santiago de Chile

¡Qué bonita la exposición de Chile!

La de Ecuador, también.

Sí, muy interesante.

 Desafío

- Suchen Sie nach weiteren wichtigen Kriterien für die Beschreibung eines Landes, wie z. B. Lebenserwartung, Geburtenrate, durchschnittliches Pro-Kopf-Einkommen.
- Bereiten Sie dann einen Atlas vor: Drucken Sie die Fotos mit den Informationen über die verschiedenen Länder aus.
- Ergänzen Sie die Infos nach und nach im Laufe des Kurses – so entsteht ein Nachschlagewerk, in dem Sie immer wieder wichtige Fakten nachschauen können.

Repaso

A Ser, estar, hay

ser
El Guggenheim **es** un museo.
Madrid **es** la capital.
Beatriz **es** una fotógrafa joven.

Ser definiert Personen und Dinge.
Ser + Adjektiv beschreibt wesentliche Eigenschaften.

estar
El museo **está** en el centro de Madrid.
Ana **está** en Barcelona ahora.
El museo **está** cerrado hoy.

Mit **estar** macht man Ortsangaben – auch solche, die nur vorübergehend sind.
Estar + Adjektiv beschreibt momentane Zustände.

hay
– ¿Qué **hay**?
+ **Hay** una exposición de Dalí.
+ **Hay** cuadros fantásticos.
– ¿Cuántos turistas **hay**?
+ En el museo **hay** 300 turistas.

Hay gibt an, was einem Ort vorhanden ist.
Vor unbestimmten Artikeln + Substantiv, Substantiven ohne Artikel sowie Mengenangaben muss man **hay** verwenden.

B Adjektive

Endung auf -o/-a
El aeropuerto es modern**o**.
Los aeropuertos son modern**os**.
La fábrica es modern**a**.
Las fábricas son modern**as**.

Das Adjektiv stimmt in Geschlecht und Zahl immer mit dem Substantiv überein.
Die meisten Adjektive enden auf **-o** (maskulin) bzw. auf **-a** (feminin).

Endung auf -e und Konsonant
un católogo interesant**e**
unos católogos interesant**es**
la calle principa**l**
las calles principa**les**

Adjektive, die auf **-e** oder einen Konsonanten enden, sind in der maskulinen und femininen Form gleich.

C Verben

	Regelmäßige Verben auf -er		Regelmäßige Verben auf -er mit unregelmäßiger 1. Person Singular
	comprender	**leer**	**hacer**
yo	comprend**o**	le**o**	**hago**
tú	comprend**es**	le**es**	hac**es**
él/ella/usted	comprend**e**	le**e**	hac**e**
nosotros/-as	comprend**emos**	le**emos**	hac**emos**
vosotros/-as	comprend**éis**	le**éis**	hac**éis**
ellos/ellas/ustedes	comprend**en**	le**en**	hac**en**

Comunicación

Vermutungen ausdrücken

Creo que Cristina habla español.
Yo creo que habla alemán.

Über Sprachkenntnisse sprechen

¿Usted habla alemán?
Estudio alemán en la universidad.
Comprendo un poco.
No hablo casi nada.

Ortsangaben machen

¿A cuántos kilómetros está?
Vivo en una urbanización, a unos 20 km de aquí.
Allí está la empresa Torres.
¿De dónde es usted / son ustedes?
¿Dónde está la empresa / el instituto?
Yo soy de ...
Está al lado de ...
Allí a la izquierda / derecha.
¿Está lejos? ¿Está cerca?
En cinco minutos estamos allí.

Über ein Land / eine Region sprechen

España está situada entre Francia y Portugal.
Es uno de los paises más grandes de Europa.
En España hay 17 comunidades autónomas.
El castellano o español es la lengua oficial en todo el país.
También se hablan catalán, gallego y vasco o euskera.
El vasco es un idioma muy difícil.
En Latinoamérica hay paisajes fantásticos.
América Latina es la región del mundo con mayor diversidad cultural.
América Latina también es un mercado muy interesante.

Visita en la empresa

- Gespräche in der Firma führen
- Meinungen äußern
- etwas anbieten
- Verben: e → ie, o → ue
- Modalverben: **poder, querer, tener que** + Infinitiv
- doppelte Verneinung

GRANDES FÁBRICAS DE CHOCOLATES
Torres & Compañía S. L.

Propietarios

 Rogelio Torres Moreno

gerente general, _____

socio, jefe de ventas

Administración

 Montserrat Li

_____

Alicia Alonso Arrieta

_____

Contacto

Ana María Pérez Valls

_____

 _____
portero, recepción

Producción

_____
logística & control de calidad

---

1 **Organigrama** Schauen Sie die Fotos auf dem Organigramm an. Wie stellen Sie sich die Mitarbeiter der Firma Torres vor? Mit wem möchten Sie (nicht) gerne arbeiten. Warum?

- [X] nervioso/-a
- [ ] amable
- [ ] responsable
- [ ] competente
- [ ] simpático/-a
- [ ] dinámico/-a
- [ ] correcto/-a
- [ ] caótico/-a
- [ ] exigente
- [ ] elegante
- [ ] terrible
- [ ] arrogante

– ¿Con quién quieres trabajar? ¿Por qué? + Con Alicia, porque creo que es muy simpática.
Δ Yo prefiero trabajar con ... porque ... Pienso que es ...

---

2 **¿Qué hacen?** Stellen Sie sich gegenseitig Fragen. Ihr Partner / Ihre Partnerin schaut auf die Seite 150.

> ¿Quién es responsable de ...? ● ¿En qué departamento trabaja ...? ●
> ¿Qué hace ...? ● ¿Cómo se llama el / la ...?

---

3 **Escuche.** Hören Sie das Interview und vergleichen Sie mit Ihren Vermutungen von Aufgabe 1. Suchen Sie sich drei Personen aus und erstellen Sie ein Profil.

23

¡Adelante, por favor!

4 **Cortesía** Hören Sie die Dialoge und unterstreichen Sie die Höflichkeitsfloskeln. Können Sie sie aus dem Kontext verstehen? Erstellen Sie ein Poster.

24

5 **Informe.** Lesen Sie die Dialoge und beantworten Sie die folgenden Fragen:

> ¿Dónde está la oficina del jefe? • ¿Cómo es la vista? • ¿Qué toman? • ¿Por qué? •
> ¿Hablan en inglés? • ¿Por qué / no? • ¿Qué tal el español de los clientes?

Un momento, por favor

Ana María: Buenos días y bienvenidos a la Casa Torres. El señor Torres viene enseguida.
Un momento, por favor. ¿Quieren un café? ¡Ah, ya está aquí!
Don Rogelio: Rogelio Torres. Encantado.
Sr. Meyer: Igualmente. Mucho gusto.
Don Rogelio: ¿Qué tal el viaje?
Sr. Meyer: Todo bien, gracias.
Don Rogelio: Oh, ustedes hablan español, ¡qué suerte! Mi inglés es fatal, ¿saben?
Sr. Meyer: Mi español tampoco es bueno y Tim no habla nada ...
Sr. Schulte: ¡Casi nada! Y entiendo bastante.
Don Rogelio: Bueno, por aquí, por favor. Mi oficina está arriba.

¡Qué vista!

Don Rogelio: ¡Adelante, por favor!
Sr. Meyer: Gracias. ¡Oh, qué vista!
Don Rogelio: Sí, desde aquí la vista es muy bonita. ¿Un cava de bienvenida?
Sr. Meyer: No, gracias, muy amable, pero no bebo nunca en el trabajo.
Don Rogelio: Claro, claro, yo tampoco. ¿Prefiere un café?
Sr. Meyer: Eso sí, por favor, con mucho gusto.
Sr. Schulte: Para mí, no. Muchas gracias.

6 **No, gracias.** Ihnen wird etwas angeboten. Verbinden Sie die Spalten.

1 ¿Un cava de bienvenida?	A No tomo nada, gracias.
2 ¿Un café?	B Tampoco, gracias.
3 ¿Un agua mineral?	C Para mí, tampoco.
4 ¿Qué quiere tomar?	D No, gracias, yo no tomo café.
5 ¿Y para ti?	E No, gracias, para mí no.

7 **¿Qué quieren?** Ergänzen Sie die Fragen mit den folgenden Verben und beantworten Sie sie: *entender, preferir, querer, tener.*

1. ¿Los clientes ———————————————— cava?

2. ¿Qué ———————————————— el Sr. Meyer?

3. ¿El Sr. Schulte ———————————————— bien español?

4. ¿Vosotros ———————————————— tiempo mañana?

5. Yo no ———————————————— nada. ¿Y tú?

Verneinung
No steht immer vor dem Verb:
El jefe no habla bien inglés.

Die doppelte Verneinung
Tim no habla (casi) nada.
No bebo nunca ...
  Yo tampoco.

Verben mit Stamm-vokalwechsel: e → ie
Manche Verben ändern die Vokale **e → ie** im Singular und in der 3. Person Plural.
querer
qui**e**ro
qui**e**res
qui**e**re
queremos
queréis
qui**e**ren

Achtung: 1. Person mit Endung auf **-go**
venir: ven**go**, vi**e**nes vi**e**ne
tener: ten**go**, ti**e**nes, ti**e**ne

8 Complete. Schauen Sie sich die Visitenkarten an. Hören Sie den Dialog. Ergänzen Sie die fehlenden Angaben.

25

MARZ & PAN GmbH

Empresa importadora –
exportadora de mazapán

Stefan Meyer

Jefe de _____

Hansastraße 76 –

_____

Empresa Torres S.L.

Rogelio Torres
Gerente general

C/ Arenales s/n
Flores – España
Correo electrónico:

_____

MARZ & PAN GmbH

Empresa importadora –
exportadora de mazapán

Tim Schulte

Jefe de _____

Tel: +49/40/76688-0

Correo: marz@pan.de

---

9 Datos personales Fragen Sie Ihre Partner und machen Sie eine Liste mit persönlichen Daten: *nombre, dirección, teléfono, correo electrónico*.

---

10 ¿Qué hora es? Schauen Sie die Uhrzeiten an. Fragen Sie Ihre Partner, wie spät es ist.

en punto
menos cinco
y diez
y cuarto
menos veinte
y veinticinco
y media

11.45 ● 8.20 ● 19.30 ● 12.00 ● 15.15 ● 23.10 ● 24.00 ● 9.25 ● 16.40 ●
17.55 ● 0.30

¿Qué hora es?
Son las ...
de la mañana.
del mediodía.
de la tarde.
de la noche.

Pero:
Es la una del mediodía.

+ ¿A qué hora comemos?
– A las dos.
+ ¿A qué hora es la
  reunión?
– A las 10.30 (a las diez y
  media).

---

11 ¿A qué hora? Schauen Sie die Zeittafel an. Geben Sie Auskunft über den Tagesablauf.

3

Orden del día

10.00: llegada a la empresa

10.30: reunión con el Sr. Torres.

14.00: comida en El Molino

16.00: visita de la planta

17.30: documental

*Los clientes llegan a la empresa a
las ... Tienen una reunión ...*

En la planta de producción

¿Cuánto/-a? *Wie viel?*
¿Cuánto cuesta el cacao?
¿Cuánta experiencia tiene?

¿Cuántos / Cuántas?
Wie viele?
¿Cuántos días trabajan?
¿Cuántas horas?

12 **¿Cuánto? Lesen Sie die Webseite der Firma Torres. Ergänzen Sie die Fragewörter. Beantworten Sie die Fragen.**

¿Cuánto ...? ● ¿Cuánta ...? ● ¿Cuántos ...? ● ¿Cuántas ...?

Una planta de producción totalmente automática

La empresa Torres produce unos 5.000 kilos de chocolate por mes, siempre *just in time*. Ramón Romero es el responsable de la nueva planta de producción, en el polígono industrial de Flores. Tiene 15 años de experiencia en el sector.

La nueva planta tiene tres modernas calles de producción, totalmente automáticas. Entran el cacao, la leche y el azúcar y salen los productos terminados.

Allí trabajan unas veinte personas, en dos turnos de ocho horas, cinco días a la semana. Todo el personal está altamente cualificado y muy comprometido. La mayoría son obreros especializados.

¿Cuánt_____ personas trabajan en la planta? ¿Cuánt_____ horas por día trabajan?

¿Cuánt_____ días por semana trabajan? ¿Cuánt_____ chocolate produce?

¿Cuánt_____ experiencia tiene Ramón Romero?

---

mucho/poco *viel, wenig*
+ Substantiv
Hay mucho ruido.
Tengo poca experiencia.

mucho/poco **+ Verb**
Javier trabaja mucho, pero gana poco.

muchos/muchas *viele*
Hay muchas máquinas y pocos trabajadores.

13 **Impresiones Die Kunden betreten die Produktionsanlage. Was nehmen sie dabei wahr? Hören Sie den Dialog und ergänzen Sie die Sätze.**

26

máquinas ● olor ● ruido ● servicios

En la planta hay muchas _____. Hay un _____ muy rico.

Los _____ están arriba. Hay mucho _____.

---

14 **La comunicación es difícil. Es gibt Probleme bei der Kommunikation. Was sagt man?**

Wie bitte? _____ Können Sie das bitte wiederholen?

Entschuldigung. _____ Ich verstehe nicht. _____

Können Sie lauter sprechen? _____

15 Informe. Hören Sie die Dialoge im Büro. Berichten Sie.

🎧 27 ¿Hasta qué hora trabajan? ¿A qué hora sale el avión? ¿El aeropuerto, está cerca? ¿Por qué quieren hacer una pausa? ¿Qué toman? ¿Por qué? ¿Qué hacen después?

¿A qué hora sale el avión?

Don Rogelio: ¿A qué hora tienen que tomar el avión?
Sr. Meyer: A las 20.25, pero tenemos que estar en el aeropuerto una hora antes.
Don Rogelio: Sí, claro. Entonces no tenemos mucho tiempo.
Sr. Meyer: ¿A qué hora tenemos que salir de aquí?
Don Rogelio: A las siete. En media hora estamos en el aeropuerto.
Sr. Schulte: Pues, queremos salir con tiempo y viajar tranquilos.
Don Rogelio: Podemos terminar a las seis y media. ¿Está bien?
Sr. Meyer: Sí, vale. A las seis y media está muy bien.

¿Podemos hacer una pausa?

Don Rogelio: ¿Quieren tomar algo?
Sr. Schulte: Sí, agua, por favor. En la planta el calor es terrible.
Don Rogelio: Pues, tenemos aire acondicionado, pero las máquinas ...
Sr. Meyer: Yo tengo que llamar a casa. ¿Podemos hacer una pausa?
Don Rogelio: Por supuesto. Puede llamar desde aquí. Aquí tiene el teléfono.
Sr. Meyer: Gracias, muy amable. ¿Qué número tengo que marcar?
Don Rogelio: 00 49. Y después, ¿quieren ver el documental? Son solo diez minutos.
Sr. Meyer: Sí, claro, con mucho gusto.

---

16 Descubrir Lesen Sie die Dialoge. Ergänzen Sie die Tabelle. Suchen Sie weitere Beispiele.

poder	können / dürfen	¿Puede hablar más alto?	
	möchten / wollen		¿Quieren ver el documental?
tener que		Tengo que llamar a casa.	

---

17 Regla Welches Verb wird konjugiert? Welches verändert sich nicht?

Das Hilfsverb _____

Das Hauptverb _____

---

18 Haga el diálogo. Übersetzen Sie sinngemäß. Entwerfen Sie einen Dialog.

1 ¿Qué quieres hacer hoy?
2 ¿Tienes tiempo mañana?
3 ¿A qué hora, al mediodía?
4 Puedo llegar a las 9 de la noche.

A Ich muss lernen.
B Ja, wir können Tapas essen gehen.
C Gut, um 2 Uhr kann ich kommen!
D Schön. Bis dann!

Verben mit Stammvokal-wechsel: o → ue
Manche Verben ändern die Vokale o → ue im Singular und in der 3. Person Plural.

poder
puedo
puedes
puede
podemos
podéis
pueden

Ebenso:
costar → cuesta/n

Modalverben:
¿Quieren tomar algo?
¿Podemos hacer una pausa?

Pero:
Tengo que llamar a casa.

Para practicar más

1 **Juego de roles** Lesen Sie wieder die Dialoge und spielen Sie die Situation
← 6 nach. Bewirten Sie Ihre Gäste, beruflich oder privat. Entwerfen Sie auch
eigene Dialoge.

---

2 **¿Cuál es el motivo de la visita?** Hören Sie nochmals den Dialog. Kreuzen
← 8 Sie die richtigen Aussagen an. Korrigieren Sie die falschen.

🎧
25

	correcto	falso
1. Marz & Pan es una empresa de Lübeck.	☐	☐
2. El Sr. Meyer y el Sr. Schulte son socios.	☐	☐
3. El Sr. Meyer es el jefe de producción.	☐	☐
4. La dirección electrónica es choco arroba punto España.	☐	☐
5. El motivo de la visita es vender mazapán.	☐	☐
6. La empresa Torres exporta mucho chocolate.	☐	☐
7. Pyme significa «Pequeña y Mediana Empresa».	☐	☐
8. El restaurante no es grande, pero es bueno.	☐	☐

---

3 **¿A qué hora?** Hören Sie zu und tragen Sie die Zeitangaben ein.
← 11

🎧
28

1. a _____ b _____   3. a _____ b _____

2. a _____ b _____   4. a _____ b _____

---

4 **Para socializar** Lesen Sie die Dialoge in der Lektion zu zweit und suchen Sie
← 18 darin die richtigen Floskeln zum „Miteinander-Warm-Werden". Entwerfen
Sie ein kleines Rollenspiel.

Willkommen! _____

Sehr erfreut! *¡Encantado/-a!* _____

Sehr gerne! _____

Herein, bitte! _____

Hier entlang. _____

Wie war die Reise? _____

Alles in Ordnung. _____

Was für ein Glück! _____

Was für eine Aussicht! _____

Wie schön! _____

Panorama sociocultural

19 **Zonas horarias** Überlegen Sie und schauen Sie sich die Karte an.

> ¿Cuántas zonas hay en Europa? ● ¿Qué países están en cada zona? ● ¿Y España?

20 **Subtítulos** Lesen Sie den Text. Suchen Sie für jeden Abschnitt einen Untertitel.

1 _____

España utiliza la Hora Central Europea. Eso tiene ventajas para viajar y comunicarse con el resto de Europa. Pero las Islas Canarias tienen una hora diferente.

2 _____

Con la hora central, los españoles viven una hora adelantados respecto a la hora solar, y en verano incluso dos horas. Eso no siempre es bueno para el biorritmo. La gente se acuesta tarde y muchas veces está cansada al día siguiente. Por otro lado en invierno hay mucha luz por la tarde.

3 _____

En España, los horarios de trabajo tradicionales son de «jornada partida». Los empleados tienen dos o tres horas de pausa al mediodía. Vuelven a casa, comen con la familia o en un restaurante. Con este ritmo algunas personas salen de trabajar a las nueve de la noche y no cenan antes de las nueve y media.

4 _____

Muchas empresas cambian los horarios tradicionales por los horarios europeos, de «jornada intensiva». Los empleados empiezan y terminan antes. Al mediodía a veces tienen solo 45 minutos para comer y vuelven a casa más temprano como los trabajadores de Francia, Inglaterra y Alemania. Pero, ¿son más felices ahora?

21 **Pro y contra** Lesen Sie nochmals den Text. Ergänzen Sie die Tabelle.

	Hora central	Jornada partida	Jornada intensiva
Pro			
Contra			

22 **Compare.** Schauen Sie sich die Tageseinteilung der Spanier an. Vergleichen Sie sie mit Ihrer eigenen. Fragen Sie Ihre Partner.

España:

Montar una empresa

1 Comprensión Schauen Sie die Broschüre an, ergänzen Sie die Daten und berichten Sie.

Empresa: _____

Logo: _____

Eslogan: _____

Sector: _____

Producto: _____

Característica: *ecológica*

---

sol☉sol S. L., Zaragoza

Todo con sol

Construimos los mejores paneles solares

---

2 En grupos: proyectar una nueva empresa

Los grupos:
- deciden en qué sector económico quieren trabajar, por ejemplo: turismo, moda, tecnología, deporte, infraestructura.
- piensan un nombre para la nueva empresa y diseñan un logotipo.
- escriben un eslógan o una frase de presentación.

---

3 Organizar las actividades y repartir responsabilidades

Cada grupo:
- decide qué función tiene cada persona en la empresa.
- prepara el organigrama con los departamentos y sus responsables.
- decide quiénes pueden ser los proveedores, quiénes los clientes.

---

4 Presentar la nueva empresa

Los grupos:
- preparan una presentación (con el ordenador o un póster).
- presentan la empresa y contestan a las preguntas del público.

☆ **Desafío**

Crear un folleto
Cada grupo:
- prepara un folleto de presentación de la empresa.
- indica lugares de producción, estrategias de venta, filosofía empresarial …

Proyecto

Repaso

A Verben

Verben mit Stammvokalwechsel e → ie

	querer
yo	qu**ie**ro
tú	qu**ie**res
él / ella / usted	qu**ie**re
nosotros/-as	queremos
vosotros/-as	queréis
ellos / ellas / ustedes	qu**ie**ren

	preferir
yo	pref**ie**ro
tú	pref**ie**res
él / ella / usted	pref**ie**re
nosotros/-as	preferimos
vosotros/-as	preferís
ellos / ellas / ustedes	pref**ie**ren

Einige Verben verändern den Stammvokal, und zwar immer in der 1., 2. und 3. Person Singular sowie in der 3. Person Plural.

Bei Verben wie **querer**, **preferir** und **entender** wird das **-e** im Stamm zu **-ie**.

Aber:
venir: ven**go**, vienes, viene …
tener: ten**go**, tienes, tiene …

Die Formen von **nosotros** und **vosotros** sind grundsätzlich regelmäßig.

Verben mit Stammvokalwechsel o → ue

	poder
yo	p**ue**do
tú	p**ue**des
él / ella / usted	p**ue**de
nosotros/-as	podemos
vosotros/-as	podéis
ellos / ellas / ustedes	p**ue**den

Bei Verben wie **poder** und **costar** wird das **-o** im Stamm zu **-ue**.

costar: c**ue**sta, c**ue**stan

B Modalverben

Quiero estudiar español. ¿Quieres tomar algo?	**querer** + Infinitiv: wollen, möchten
¿Puede repetir, por favor? Podemos hacer una pausa. Pueden visitar la fábrica.	**poder** + Infinitiv: können, dürfen
El sábado tengo que trabajar. Tienes que contestar el SMS. Tienen que esperar un momento.	**tener que** + Infinitiv: müssen, sollen

Konjugiert wird immer das Modalverb in der entsprechenden Person. Das Hauptverb steht im Infinitiv.

Comunicación

Etwas verneinen

No steht immer vor dem Verb:
El jefe no habla bien inglés.

Die doppelte Verneinung:
Tim no habla (casi) nada.
No bebo nunca.
Yo no bebo tampoco.

Die Uhrzeit

– ¿Qué hora es?
+ Son las tres y cuarto.
– ¿A qué hora es?
+ A la una y media.

– ¿A qué hora empiezas a trabajar?
+ A las dos tengo que estar en la oficina.

Meinungen äußern und begründen

– ¿Con quién quieres trabajar?
+ Con Alicia.
– ¿Por qué?
+ Porque es muy simpática.

+ Prefiero trabajar con Ana María porque es muy
  competente.
+ Yo no, porque creo que es un poco arrogante.

„Miteinander warm werden"

¡Encantado/-a!
¡Con mucho gusto!
¡Enhorabuena!
¡Adelante!
¡Por aquí, por favor!

– ¿Qué tal el viaje?
+ Todo bien, gracias.

Überraschung ausdrücken

¡Qué coche!
¡Qué vista!
Ustedes hablan español, ¡qué suerte!

Etwas annehmen oder ablehnen

– ¿Quiere beber algo? ¿Un agua mineral?
+ No, gracias.
– ¿De verdad, no quiere nada?
+ Nada, gracias.

– ¿Prefiere un café?
+ Eso sí, con mucho gusto.
+ Para mí no, muchas gracias.
+ Para mí tampoco.

Wenn man etwas nicht versteht

Perdón.
¿Cómo?
¿Puede repetir, por favor?

No entiendo.
¿Puede hablar más alto, por favor?

Über Reisepläne sprechen

– ¿A qué hora sale el avión?
+ A las 20.30. Tenemos que estar en el aeropuerto
  una hora antes.

– ¿A qué hora tenemos que salir de aquí?
+ A las 7. En media hora estamos en el aeropuerto.

V E R Y C O M P R E N D E R
V Í D E O

1 a Mire los fotogramas y diga: ¿Dónde están las personas? ¿Se conocen? ¿Quién toma la iniciativa?

b Vea ahora el vídeo sin sonido. ¿Qué dicen los ojos y los gestos? ¿Hay un «mensaje secreto»? ¿Cuál?

2 Vea de nuevo el vídeo, ahora con sonido, y compruebe sus suposiciones. Luego vea el vídeo otra vez y diga: ¿Cómo se llaman las personas? ¿De dónde son? ¿Y la música? Complete.

3 a Mire ahora la segunda secuencia del vídeo y compare: ¿La situación es formal o informal?

b Vea la segunda secuencia otra vez y conteste: ¿Dónde están las personas? ¿Cómo se llaman? ¿De dónde son?

4 Vean de nuevo las dos secuencias del vídeo. Apunten las expresiones y hagan juegos de roles.

ESPAÑA INTERCULTURAL

El tuteo y los saludos

Los españoles y también muchos hispanoamericanos (por ejemplo los argentinos) se tutean en muchas situaciones. En el trabajo y en la universidad es normal tutearse, también a los jefes y a los profesores los hablan de tú. Pero en las tiendas o cuando se habla con personas mayores se usa más «usted».

El saludo con un beso es muy frecuente, también en la vida profesional. Y en la correspondencia menos formal, por ejemplo en los correos electrónicos, la despedida es muchas veces «besos» o «un abrazo».

Ahora le toca a usted. Hable con sus compañeros: ¿A quién tutea usted y a quién no? ¿Cómo saluda a sus compañeros de trabajo?

Nombres, apellidos y tratamiento

Los españoles y muchos hispanoamericanos tienen oficialmente dos apellidos: el primero del padre y el primero de la madre. Así, el escritor Gabriel García Márquez: hijo de Gabriel García Martínez y de Luisa Márquez Iguarán. Desde 1999 la ley española permite registrar primero el apellido de la madre y luego el del padre.

Tratamiento: Señor y señora se usan con el apellido, don y doña se usan con el nombre. Actualmente don/doña se utiliza poco: para hablar con personas mayores o en documentos oficiales y cartas formales.

ESTRATEGIAS PARA COMPRENDER MEJOR

A Lesen Sie die Lerntipps des Ratgebers und vergleichen Sie sie mit Ihren Ergebnissen.

1. Lernen Sie **Substantive** stets mit dem Artikel zusammen: **el libro, la música, el perfume** ...
2. **Adjektive** dekliniert man immer, auch nach **ser** und **estar: Los clientes están satisfechos.**
3. **Verben**: Schreiben Sie Unregelmäßigkeiten auf: **tener (-ie)** → **tengo.**
4. **Kleine Wörter**: Diese muss man im Kontext lernen. Und pauken! Schreiben Sie sie groß auf. Kleben Sie überallhin kleine Zettel: pero tampoco ya todavía
5. **„Im Zusammenhang lernen"**
   a) Wörter stehen nie alleine. Sie bilden Wortgefüge, die wiederholt im Zusammenhang verwendet werden: **chili con carne, una tapa muy rica, un zumo de manzana** ...
   b) **„Bekanntes behält man besser"**. Denken Sie immer an konkrete Beispiele aus Ihrer Umgebung: **La escuela está lejos. Mi hermano se llama Hugo. Vivo en la ciudad de Arnsberg.**
6. **„Wörter knacken"**. Man kann sich oft Wörter aus dem Kontext, durch andere Sprachen oder durch andere Formen des Wortes erschließen: **el aeropuerto** – **airport**, **reunión** – **reunirse.**

B Otros ejemplos Suchen Sie weitere Beispiele für jede Rubrik.

Diseñado con amor

- über Mode und Kleidung sprechen
- Kleidung einkaufen
- über das Wetter sprechen
- sich über Vorlieben und Abneigungen austauschen
- indirekte Objektpronomen
- Komparativ und Superlativ

Mujer sentada en un sillón

Los relojes blandos

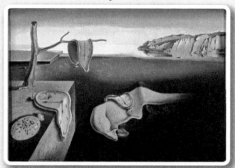

El sol

El auditorio de Tenerife

En el Parque Güell de Barcelona

---

1 ¿De quién es? Schauen Sie die Kunstwerke an. Fragen Sie Ihre Partner, von wem sie sind. Dann hören Sie zu und überprüfen Sie.

29

> ¿De quién es / son ...?

> No sé, creo que es / son de ...

---

2 Mediación Lesen Sie den Text und kreuzen Sie an, wodurch das Design beeinflusst wird. Lesen Sie ihn nochmals und fassen Sie den Artikel auf Deutsch zusammen.

☐ la técnica ☐ la informática ☐ el arte ☐ la literatura ☐ la música

El diseño español es famoso en todo el mundo. Los diseñadores españoles buscan formas prácticas y alegres. Hacen ropa y accesorios, arquitectura y muebles, productos técnicos y hasta comida. Es un diseño simpático y positivo, lleno de fuerza, color y fantasía. Pero, ¿cuál es el secreto? – En España, el diseño es arte y el arte es diseño.

Estrategias de venta

3 ¿Qué prefiere usted? Intercambie opiniones con sus compañeros.

> comprar en una tienda o en Internet • alta calidad o precios competitivos

4 Prelectura Lesen Sie die Titel. Ordnen Sie sie den Texten zu.

> comunidades virtuales • siempre algo nuevo • el secreto del éxito •
> una buena estrategia: la venta virtual

1

Las empresas españolas conquistan el mundo con alegres textiles, zapatos y simpáticos accesorios. Tienen tiendas en todas las grandes ciudades, en los mejores lugares. Estas tiendas son menos exclusivas pero más competitivas que las tiendas de lujo y venden más.

2

El gran éxito de las empresas textiles españolas no es solo por el buen diseño y los precios atractivos. En las tiendas de *Zara* o de *Mango*, por ejemplo, todas las semanas hay nuevas colecciones, siempre bonitas y siempre diferentes.

3

El diseñador *Custo*, de Barcelona, es famoso por sus diseños. No es tan grande como *Zara*, pero tiene tanto o más éxito. Las camisetas y los perfumes son los productos más importantes. *Custo* utiliza una moderna estrategia de venta: tiene tiendas reales y tiendas virtuales.

4

Muchas empresas están en contacto directo con los clientes – en las redes sociales. Por ejemplo, *Desigual* tiene su comunidad en facebook y hace muchos concursos. Los clientes comparten allí sus *looks*. Las empresas ven qué gusta y qué no. Es el mejor método y el menos costoso.

5 Informe. Entscheiden Sie ob *correcto* oder *falso* und korrigieren Sie die falschen Sätze.

	correcto	falso
1. Las tiendas españolas tienen tanto éxito porque siempre tienen algo nuevo.	☐	☐
2. Los diseños de *Mango* son menos atractivos que los de las marcas caras.	☐	☐
3. Para algunas empresas el comercio virtual es muy importante.	☐	☐
4. *Custo* es más grande que *Zara*.	☐	☐
5. La empresa *Desigual* tiene una comunidad virtual.	☐	☐
6. Las empresas de moda no buscan el contacto directo con los clientes.	☐	☐

Gleichheit

Verb + tanto
Trabajo tanto como tú.

tanto/-a/-s + Substantiv
Tengo tantos amigos como tú.

tan + Adjektiv
Zara es tan famosa como *Mango*.

Ungleichheit
Trabajo menos que tú.
La marca *Zara* es más famosa que ...
Es menos famosa que ...

6 **Comparación** Unterstreichen Sie die Vergleichsformen in den Texten und
ordnen Sie sie.

Gleichheit	Ungleichheit
... no es tan grande como Zara	Son menos exclusivas que ...

7 **a** **En una comunidad** Schauen Sie sich die Bilder an und lesen die Aussagen
in einem Internetforum. Wer ist wer?

2
3
4

b **¿Qué llevan?** Ordnen Sie jetzt die Kleidungsstücke den Personen zu.
Wer trägt was?

Isabel lleva ...

Isabel: Me gusta estar a la moda, pero sin pagar mucho. Muchas veces voy de
tiendas con mi hermana. Somos muy diferentes. Para mí, lo mejor son las
blusas, las faldas y los zapatos de tacón. Son los más sexis, pero, ¡a Lucía
no le gustan! Ella casi siempre lleva vaqueros y camisetas o jerseys. Eso
sí, le encantan los pañuelos grandes de muchos colores: rojos, verdes,
amarillos ...

Rosa: A mí me gusta la ropa clásica. La calidad es más importante que el precio.
En verano generalmente llevo vestidos. En invierno falda y chaqueta. Mi
prenda favorita es un jersey de lana azul. A Jorge, mi marido, la ropa no le
interesa. En el trabajo lleva traje negro y camisa blanca, a veces con
corbata y otras veces sin ella. En casa usa siempre un horrible chándal
gris y unas pantuflas viejas.

Beto: Para mí la ropa tiene que ser cómoda y práctica, porque hago mucho
deporte. Tengo bañadores de microfibra, pantalones de deporte y
camisetas de algodón. Me encantan las zapatillas, las gafas de sol y los
relojes grandes. Nunca uso traje, pero tengo un abrigo superguay para el
frío y el mal tiempo.

A mí me gusta/n ...
A ti te gusta/n ...
A él / ella / usted le
   gusta/n ...
A nosotros/-as nos
   gusta/n ...
A vosotros/-as os
   gusta/n ...
A ellos / ellas / ustedes les
   gusta/n ...

Ebenso:
encantar, interesar,
   molestar

Superlativ
el producto más conocido
la marca más conocida
los productos más
   conocidos
los mejores productos
las mejores marcas

¿Vamos de tiendas?

8 **¿Le gusta ir de tiendas?** Fragen Sie sich gegenseitig, ob Sie gerne shoppen gehen.

— Yo odio ir de tiendas.
+ A mí, me encanta.
— ¿Y a ti?
+ Pues, más o menos. Depende.

Los colores

blanco ☼
negro ⬤
rojo ⬤
amarillo ⬤
verde ⬤
azul ⬤
gris ⬤
marrón ⬤
rosa ⬤
naranja ⬤

---

9 **¿Qué compran?** Hören Sie zu. Was kaufen Luis und Marta? Hören Sie nochmals zu und unterstreichen Sie die hier erwähnten Fragen im Dialog:

🎧
30

> Wie viel kostet das? ● Wie steht mir das? ● Gibt es auch kleinere Größen? ●
> Gibt es das auch in anderen Farben? ● Kann ich mit Karte zahlen?

Luis: ¡Hola! ¿Cuánto cuestan las gafas de sol?
Vendedora: Las negras 12, las verdes 28 euros.
Luis: ¡Vale! ¿Puedo ver las verdes, por favor?
Marta: ¡Oh! ¡Qué guapo estás! ¡Como Brad Pitt!
Vendedora: ¿Quieren ver algo más?
Luis: Vale. Mira, Marta. ¡Qué bonitos bañadores!
Marta: ¡15 euros! Pero son todos XL. ¡Qué lástima!

Luis: ¿Los jerseys, son de algodón?
Vendedora: Sí, de puro algodón. Allí está el probador.
Luis: ¿Y? ¿Qué tal me queda?
Marta: Demasiado grande. ¿Hay una talla más pequeña?
Vendedora: Sí, un momento, por favor. Aquí tiene la M.
Luis: ¡Oh, amarillo! ¿No hay de otro color?
Vendedora: Sí, aquí tiene.
Marta: El azul te queda perfecto y cuesta sólo 30 euros.
Luis: Está bien. ¿Puedo pagar con tarjeta?
Vendedora: Por supuesto. La caja está al fondo.

---

10 **¿De qué color?** Ergänzen Sie die Farben. Bilden Sie dann kleine Dialoge.

➩ 5

una corbata ⬤ *roja* _____   un bolso ⬤ _____

unos pantalones ⬤ _____   una falda ⬤ _____

unas camisetas ⬤ _____   un jersey ⬤ _____

— Busco una falda. + ¿Qué talla? — 38, por favor.
— ¿Hay camisas negras? + No, lo siento. — ¡Qué lástima!

11 ¿Qué tiempo hace? Schauen Sie die Piktogramme an. Sagen Sie, wie das Wetter heute ist.

> Hace calor. ● Hace frío. ● Hace buen tiempo. ● Hace mal tiempo. ●
> Hace sol. ☼ ● Hace viento. 🌬 ● Hay niebla. 〰 ●
> Hay hielo en las calles. 🚗⚡ ● Llueve. 🌧 ● Nieva. 🌨

Aquí hoy hace ...

El tiempo en España
En algunas regiones de España el tiempo no es siempre tan bueno como en la Costa del Sol o en las Islas Baleares y Canarias. En el interior y cerca de las montañas puede hacer mucho frío en invierno – con temperaturas bajo cero por la noche. Entre las ciudades más frías están Burgos, Ávila y León.

12 Por teléfono Hören Sie zu. Wie ist das Wetter? Tragen Sie die Daten ein.

🎧
31

Bilbao		Estocolmo	
Hamburgo		Buenos Aires	
Nueva York		Caracas	

13 ¿Y allí, qué tal el tiempo? Suchen Sie sich eine Stadt mit der passenden Wettervorhersage aus. Telefonieren Sie mit Ihrem Partner. Fragen Sie nach dem Wetter.

– Hola, Marc, ¿dónde estás? + En Johannesburgo. – ¡Oh! y ¿qué tiempo hace allí?

14 ¿Qué estación le gusta más? Lesen Sie die Sätze und kreuzen Sie an. Vergleichen Sie mit Ihren Partnern. Bilden Sie eine Kette.

> el invierno ● la primavera ● el verano ● el otoño

☐ Me gusta el invierno porque hay nieve. Me encanta el frío.
☐ Yo prefiero el otoño porque me gusta hacer senderismo.
☐ Prefiero la primavera. Me gusta hacer deporte entre flores.
☐ A mí me gusta el verano porque me encanta nadar y tomar el sol.

– A mí, me gusta el invierno. ¿Y a ti? + A mí, también. / A mí, no.
– A mí, me gusta el verano. + A mí no. No me gusta el calor. – ¿Y a ti?
+ A mí, tampoco. / A mí, sí.

15 ¿Te gusta ...? Schreiben Sie drei Sachen auf, die Sie (nicht) mögen und drei Dinge, die Sie (nicht) gerne tun. Fragen Sie dann Ihre Partner.

Cosas		Actividades	
☺	☹	☺	☹
la montaña	*el aire acondicionado*	*viajar en avión*	*trabajar por la noche*

Para practicar más

1 Descubrir Ergänzen Sie die Vergleichssätze. Bilden Sie weitere
Beispielsätze.

6

tan ... como ●
tanto/-a/-os/-as ... como ● tanto como

más ... qué ● menos ... que ●
más que ● menos que

	Gleichheit	Ungleichheit
Substantiv	Tengo _____ amigos _____ tú.	Tienes _____ hermanos _____ yo.
Adjektiv	Eres _____ simpática _____ Ana.	Ana es _____ guapa _____ Luz.
Verb	La blusa cuesta _____ el jersey.	La jefa trabaja _____ nosotros.

– *La blusa es más barata que esta camiseta.* + *Sí, pero la camiseta es más bonita.*
– *¡Pero cuesta más que el jersey! A mí no me gusta tanto como la blusa.*

---

2 ¿Y a usted? Fragen Sie Ihre Partner, was sie mögen und was nicht.

7

– *¿Te gusta el jersey azul?* + *Sí, me gusta.* – *¿Te gustan los pañuelos?* + *Me encantan.*

---

3 Relacione. Verbinden Sie die Spalten.

7

1 Los zapatos de tacón
2 El pantalón de deporte
3 Las camisetas de algodón
4 Las pantuflas viejas
5 Los bañadores de microfibra
6 El traje negro

A son las menos elegantes.
B es el más formal.
C son las más deportivas.
D son los más prácticos.
E son los más sexis.
F es el más cómodo.

---

4 Su estilo Schreiben Sie einen Text über Ihren persönlichen Stil für eine
comunidad virtual.

7

---

5 ¿Qué buscan? Hören Sie die Dialoge und sagen Sie, was die Kunden
möchten. Entwerfen Sie danach eigene Rollenspiele.

32
10

1. **unos pantalones** ☐ más largos ☐ más cortos

2. **un traje** ☐ más clásico ☐ más moderno

3. **una chaqueta** ☐ más elegante ☐ más sencilla

4. **unas gafas** ☐ menos deportivas ☐ más deportivas

5. **unos zapatos** ☐ con más tacón ☐ más cómodos

6. **un abrigo** ☐ más barato ☐ más caro

Panorama socioeconómico

16 **Lea e informe.** Lesen Sie den Text und beantworten Sie die Fragen:

> ¿Quiénes compran «productos piratas»? • ¿Por qué? • ¿Dónde? •
> ¿Qué compra quién? • ¿Qué problemas hay?

Las grandes marcas tienen muchos fans, pero también muchos imitadores. Y hoy en día, no sólo se copian productos de lujo. Los «productos piratas» están en los mercadillos, en la playa o en las plazas y por supuesto en la red. Los nombres de las marcas también son imitaciones, por ejemplo: «Mike», «Abidas» o
5 «Sunbucks». A veces, los productos están tan bien imitados que el cliente no ve la diferencia. Otras veces, sí se ve la diferencia, pero el precio es mucho más bajo.

Los productos más copiados son los CD con música y los DVD con películas y series de televisión. Cuando hay una película nueva en el cine, en seguida salen copias piratas. También la ropa, las zapatillas y los móviles piratas se venden
10 mucho. El buen diseño fascina y el precio es el factor decisivo. Claro que la ilusión no dura, pues la calidad no es muy buena.

Productos piratas son accesibles a todo el mundo y sólo cuestan un veinte por ciento de lo que cuestan los productos auténticos. Los hombres, generalmente compran software, móviles, ordenadores y libros electrónicos. Las mujeres
15 prefieren ropa, bolsos, gafas, perfumes y accesorios de moda.

El espionaje industrial y los productos piratas son un problema global. Por un lado, causan enormes pérdidas al Estado, pues no pagan impuestos. Por otro lado, implican la pérdida de miles de puestos de trabajo en Europa y América – y en algunos casos incluso están contaminados.

17 **Mediación** Berichten Sie auf der Basis des Textes ausführlich über die Problematik: Fassen Sie die wichtigsten Aussagen zusammen. Ergänzen Sie weitere wichtige Aspekte und nehmen Sie Stellung.

Presentación de productos

1 Organizar una presentación de productos

1. Busquen un nombre para el evento y piensen en un sitio adecuado.
2. Escriban un breve anuncio para el evento.
3. Preparen un plano, indicando dónde está cada exposición.
4. Cada grupo decide qué productos va a presentar. Pueden utilizar, por ejemplo: objetos que están en la clase como libros, relojes, móviles, bolígrafos, etc. También textiles y artículos de moda como gafas, gorros, pañuelos, abrigos, zapatos. O pueden traer otros objetos para este proyecto.

2 Preparar la presentación

Pueden apuntar los datos en fichas, por ejemplo:
– el nombre del producto, la marca comercial, el país de origen
– el material, el color, el tamaño y otras características
– el precio, una persona con quien contactar, etc.

3 Hacer la presentación

Cada grupo hace una presentación y presenta los productos, por ejemplo:
– marca y calidad
– tamaño y material
– diseño y color
– precio de los productos

El público puede hacer comentarios y preguntas:
+ El pañuelo rojo es más bonito que el negro.
– ¿Cuál es el mejor bolígrafo? ¿Y qué precio tiene?

Por último se elige la mejor presentación y se le entrega un premio simbólico al grupo ganador.

☆ Desafío

Un artículo para la prensa local
Escriba un informe para la prensa sobre el evento. Informe sobre las distintas exposiciones, el interés del público y la calidad de los artículos presentados.

Repaso

A Das Verb gustar

(A mí) me gusta/n
(A ti) te gusta/n
(A él / ella / usted) le gusta/n
(A nosotros/-as) nos gusta/n
(A vosotros/-as) os gusta/n
(A ellos / ellas / ustedes) les gusta/n

Me gust**a** Picasso.
A él, le gust**an** los vaqueros.

Das Verb **gustar** benutzt man meist in der 3. Person Singular oder Plural, mit den entsprechenden indirekten Objektpronomen.

Zur Verstärkung steht davor oft ein betontes Objektpronomen: **a mí**, **a ti**, usw.

– ¿Te interesa el arte? + Sí, me encanta.

Ebenso: **interesar** und **encantar**

B Indirekte Objektpronomen

me, te, le, nos, os, les

A mí me encantan las películas antiguas.
A Luisa le queda bien la blusa.
A ellos, les molesta mucho el tráfico.

Das indirekte Objektpronomen ersetzt eine Ergänzung im Dativ. Das unbetonte Objektpronomen (**me, te**, ...) steht vor dem konjugierten Verb.

C Komparativ

El libro es más interesante que la película.
La marca barata es más conocida que la marca cara.
A mí me gusta menos Barcelona que Madrid.

Ungleichheit
Der Komparativ der Adjektive wird mit **más** bzw. **menos** gebildet. Bei Ungleichheit wird der Komparativ + **que** verwendet: **más / menos** + Adjektiv + **que**. Adjektive werden in Geschlecht und Zahl an das Substantiv angeschlossen.

Mi nuevo coche es mejor que el viejo.
Este restaurante es peor que el nuevo bar en mi barrio. ¡Y mucho más caro!

Die Steigerungsformen von **bueno/-a** und **malo/-a** sind unregelmäßig: **mejor / peor**.

El jersey azul es tan bonito como el jersey naranja.
Conozco a tanta gente como tú.
Esta falda cuesta tanto como el vestido.

Gleichheit
Bei Gleichheit werden **tan** + Adjektiv + **como** bzw. **tanto/-a/-os/-as** + Substantiv + **como** verwendet. Nach vielen Verben (z. B. **costar, gustar, encantar, interesar** ...) steht im Komparativ **tanto como** in unveränderlicher Form.

D Superlativ

Mallorca es la isla más popular para los turistas alemanes.

Der Superlativ wird mit dem bestimmten Artikel und dem Komparativ gebildet. Auch hier werden die Adjektive in Geschlecht und Zahl an das Substantiv angeschlossen.

Este restaurante tiene la mejor comida.
Esta ciudad tiene el peor clima.

Die Superlative von **bueno/-a** und **malo/-a** sind ebenfalls unregelmäßig: **mejor / peor**.

Comunicación

Über Mode und Kleidung sprechen

Me gusta estar a la moda.
Muchas veces voy de tiendas.
Lucía casi siempre lleva vaqueros y jerseys.
En verano también lleva vestidos.
Me gusta la ropa moderna.
Tengo un abrigo superguay.
Me encantan las gafas de sol.
La calidad es más importante que el precio.
Mi prenda favorita es un jersey de lana azul.
A mi marido, la ropa no le interesa.
Para él, la ropa tiene que ser cómoda y práctica.

Kleidung einkaufen

− Busco un pantalón.
+ ¿Qué talla?
− 38, por favor.
+ ¿Cuánto cuesta la falda negra?
− Cuesta 40 euros.
+ ¿Puedo pagar con tarjeta?
− Por supuesto. La caja está al fondo.
+ ¿Quieren ver algo más?
− Sí, los bañadores, por favor.
+ ¿Qué tal le queda?
− Demasiado grande. ¿Hay una talla más pequeña?
+ Aquí tiene la 38.
− Pues, ahora me queda perfecto.

Über Vorlieben und Abneigungen sprechen

− A mí me gusta el invierno. También me gusta la nieve. ¿Y a ti?
+ A mí me gusta más el verano. No me gusta el frío. Me gustar nadar y tomar el sol.
− A mí me encanta el otoño.
+ Yo prefiero la primavera.

Über das Wetter sprechen

Hace calor.
Hace frío.
Hace buen tiempo.
Hace mal tiempo.
Hace sol.
Hace viento.
Llueve.
Nieva.
Hay niebla.
− ¿Qué tiempo hace?
+ Pues, hace frío, pero también hace sol.
− ¿Qué tal el tiempo este verano en España?
+ Hace mucho calor. No llueve nunca.

Experiencia en el extranjero

- Wohnungsanzeigen verstehen
- Telefongespräche bei der Wohnungssuche führen
- über das Leben in einer WG sprechen
- direkte Objektpronomen
- Demonstrativbegleiter
- ir a + Infinitiv (nahe Zukunft)

Un idioma global

1 Lean y contesten. Lean el texto, preparen un póster y presenten la información.

> ¿Qué es un pictograma? • ¿Desde cuándo se usan? • ¿Para qué? •
> ¿Qué ventaja tienen?

Ya en la prehistoria se utilizan «pinturas escritas» para comunicarse. Hoy en día, hay pictogramas en todas partes. Por suerte, porque en un mundo con más de 6000 idiomas no es fácil comunicarse. Cuando vamos al extranjero, ya en el aeropuerto los pictogramas nos orientan sin problema. Son el idioma de un mundo globalizado – y los emoticonos ponen un poco de humor en la red.

2 Miren y ordenen. ¿Qué significan estos pictogramas? ¿Dónde pueden estar? ¿En la calle, los aeropuertos, los hoteles ...? ¿Qué significan? ¿Conocen otros? Dibujen. Sus compañeros adivinan.

- ☐ no fumar
- ☐ servicios
- ☐ médico
- ☐ restaurante
- ☐ basura
- ☐ aparcamiento
- ☐ hablar por teléfono
- ☐ atender al bebé
- ☐ ascensor
- ☐ personas con discapacidad
- ☐ escalera (mecánica)
- ☐ información
- ☐ fuego

Posibilidades, hay muchas

3 Tres meses en el extranjero ¿Qué experiencias quiere vivir usted en otro país? Luego compare con sus vecinos. ¿Qué es lo más importante para usted?

☐ ir a una escuela de idiomas
☐ trabajar como voluntario en una ONG
☐ estudiar en una buena universidad
☐ trabajar como *au pair* en una familia

☐ hacer prácticas en una empresa
☐ ir a un campamento deportivo
☐ participar en un programa Trainee
☐ viajar mucho y conocer el país

— Para mí, lo principal es la experiencia laboral. ¿Y para ti? + Para mí, es más importante aprender bien el idioma. △ Pues yo quiero conocer gente y pasarlo bien. ◇ Yo también.

---

4 ¿Casa o piso? Mire el perfil de estos estudiantes. ¿Con cuál prefiere vivir? ¿Por qué?

Beatriz, 22 años
Me gusta tanto salir de fiesta como leer un buen libro en casa.

Victor, 18 años
Soy muy ordenado. Solo necesito una cama y una cocina compartida.

Facundo, 31 años
Me gusta escribir. No hago muchas fiestas.

INTERCULTURA
En Argentina y España no se usan siempre las mismas palabras. Por ejemplo, «subte» en Argentina es «metro» en España. Los españoles dicen «autobús» y los argentinos «colectivo».

CULTURA
El asado
En la mayoría de las casas argentinas hay una parrilla. Los domingos va toda la familia a comer un asado. Comen y charlan toda la tarde.

5 Mediación Lea los anuncios y explique qué habitaciones hay y cómo son. ¿Cuál es la habitación ideal para cada uno de los tres? ¿Por qué?

1
2

| piso compartido • residencia estudiantil • habitación individual |

— Creo que para ... es ideal ... porque ... + No sé, yo pienso que ... es mejor.

1 Residencia La Casona, en barrio Belgrano. Habitaciones compartidas para 2, 3 y 4 personas, con Wi-Fi. Servicio de limpieza. Sala de estar, cocina y comedor con aire acondicionado. Actividades culturales. Seguridad privada. Sin control de horarios.

2 Dueña alquila habitación individual, en Zona Norte. Colectivos directos a la UBA. Casa compartida, con 4 habitaciones, 2 baños, cocina, *living*-comedor, terraza con parrilla. Totalmente amueblada. (Alquiler $ 750 – incluidos los servicios de luz, gas, *Internet Speedy*. Depósito $ 200)

3 Habitación pequeña en piso grande. AR$ 2200, servicios incluidos. El piso está en el centro, cerca de la estación de subte, tiene 3 habitaciones. Una está disponible, es pequeña pero individual. Buscamos una persona tranquila. NO FUMADOR/A.

6 Lea e informe. Un chico español acaba de llegar a Buenos Aires. ¿Qué dice de ...?

> Buenos Aires • Argentina • su habitación • Doña Lola • sus vecinos

Busca personas, lugares y cosas

Noticias
Mensajes
Eventos

GRUPOS
Crear grupo
Administrar tus ...
Buscar nuevos ...

AMIGOS
Lista sin nombre
Mejores amigos
Familiares
Conocidos

EVENTOS
Asado
Fiesta
Visita guiada
Crear evento

Hola todos:
Ya llevo una semana aquí. Buenos Aires es una ciudad impresionante. Las distancias son enormes pero el transporte es bueno. Hay muchísimos autobuses y coches. También hay metro y más de 40.000 taxis, pero hay pocas vías para bicicleta. Todo es muy diferente aquí.
La mayoría de los estudiantes viven con los padres. Trabajan de día y estudian de noche.

Por fin tengo una habitación. Es cara y pequeña, pero está en un barrio bonito y bien conectado. La comparto con dos estudiantes de Perú. Mario es muy simpático, pero a Diego todavía no lo conozco. En total, somos 11 y es muy divertido. Hay dos chicas canadienses que estudian español. Doña Lola, la dueña, vive abajo. Tenemos que pagarle el alquiler en dólares, pues la inflación es terrible. A veces, los domingos, hacemos un asado. Las empanadas, las prepara doña Lola. La carne y los chorizos los compramos nosotros y el vino lo trae Angélica, ¡de Mendoza! Os mando el plano de la casa.
Hasta pronto,
Ignacio

7 Mire el plano. Schreiben Sie die Bezeichnungen neben die Zimmer und bilden Sie Sätze.

> salón / comedor • cocina • habitación • cuarto de baño

> a la izquierda • a la derecha • al lado de • en • entre ... y ... • delante de • detrás de • enfrente de ...

– Esta es la cocina, ¿no? + Sí, y ese es el salón.
– ¿Dónde está tu habitación? + Está aquí, a la derecha.

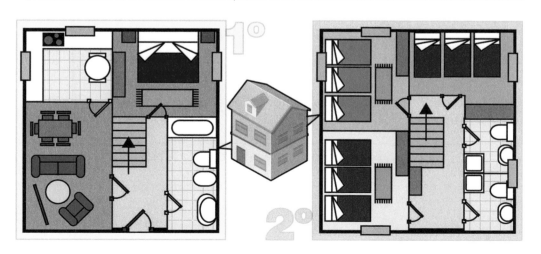

Demonstrativpronomen
Dinge, die nah beim Sprecher sind, bezeichnet man mit **este / esta, estos / estas.**

Dinge, die weiter entfernt vom Sprecher sind, bezeichnet man mit **ese / esa, esos / esas.**

Esto und **eso** sind neutral und stehen nie vor einem Substantiv.
Esto es muy interesante.
Eso es importante.

¿Para ir a la universidad?

CULTURA
Buenos Aires, la capital de Argentina, tiene más de 14 millones de habitantes – en un país de 43 millones. La metrópolis se encuentra en la mitad este de Argentina. Los habitantes de Buenos Aires se les llama porteños, porque la ciudad tiene un puerto importante.

8 Mire el mapa de Buenos Aires. Escuche los minidiálogos, marque dónde está cada cosa con el número del diálogo ☐ e informe.

33

Voy **a** la escuela.
a + el = **al**:
Voy **al** club.

¿Cómo ir?
en metro / subte
en tren
en autobús / colectivo
en coche / auto
en bicicleta
a pie

9 ¿Cómo ir? Lea el folleto de la UBA, marque las respuestas correctas y explique.

☐ Con transporte directo.   ☐ Hay que cambiar.   ☐ Sin transporte público.
☐ Se puede ir en bicicleta.   ☐ en coche.   ☐ a pie.
☐ en autobús.   ☐ en tren.   ☐ en subte.

> ### Ciudad Universitaria de Buenos Aires
>
> Para llegar al Campus lo más rápido es el tren, pero también se puede ir en auto o en colectivo, desde la Plaza Italia.
>
> **1. en subte y tren** Ir a la Estación Retiro en subte. Tomar el tren de la linea Belgrano: bajar en la Estación Scalabrini Ortiz. Desde allí puede seguir ir a pie, son unos 15 minutos. También puede tomar el colectivo 12 en Avenida La Pampa y bajar directamente en la Ciudad Universitaria.
>
> **2. en auto** Tomar la Avenida 9 de Julio en dirección al río. Seguir por la autopista. En el semáforo doblar a la izquierda y tomar la Avenida Costanera. Cruzar el puente del Aeroparque y seguir derecho hasta el final de la Costanera. Girar a la izquierda. Allí está la entrada de la Ciudad Universitaria.

---

10 ¿Y ustedes? Pregunte a sus compañeros adónde van, cómo van y cómo vuelven.

> a la discoteca • al cine • a la casa de ... • a la playa • al centro • al mercado • al club

11 **La vida en un piso compartido** Imaginen, marquen sus opiniones y comparen.

☐ La vida es divertida.
☐ Hay muchas discusiones.
☐ Se puede hacer amigos.
☐ Hay mucho ruido.

☐ A veces los vecinos se comen todo.
☐ Hay problemas con la limpieza.
☐ Las fiestas son geniales.
☐ No se puede trabajar.

– Creo que es bastante divertido. + Sí, seguro que las fiestas son geniales. Δ No sé.

12 **¡Todos los días!** Escuchen qué problema hay. Preparen otros diálogos. Utilicen los pronombres de objeto directo.

34

— La cocina es un caos. A ver, chicos, ¿quién lava los platos hoy?
+ Los puede lavar Angélica, ¿no?
Δ No, yo no los lavo. No tengo tiempo. ¿Por qué no los lava Ignacio?
◊ Bueno, los lavo yo. Pero hay que sacar la basura también. ¿Quién ...?

> lavar los platos • comprar bebidas • limpiar los baños • sacar la basura •
> ordenar el comedor • llamar a doña Lola

13 **¿Me haces un favor?** Lea los mensajes. Busque la reacción adecuada.

1 Luis, ¿puedes bajar la música, por favor? ¡Es que tengo que estudiar!
2 Estoy sin un peso. ¿Puedes darme 50 $? Mañana va a llegar el cheque de mi padre.
3 Esta noche vamos a ir al cine. ¿Puedo usar tu bici, Jorge?

A Lo siento, la necesito. Hoy voy a ir al gimnasio. ¿Por qué no tomas el subte?
B Tú siempre tienes que estudiar. ¿Cuándo vas a aprender a bailar tango?
C Sí, sí, mañana. Ya me debes 100. ¿Crees que soy el Banco de la Nación?

14 **¿Qué vamos a hacer?** Escuche y marque las frases correctas.

35

1. Los jóvenes van a ...
☐ ver una película.
☐ hacer una visita guiada.
☐ charlar un poco.

2. Ignacio va a trabajar en ...
☐ una empresa.
☐ un proyecto ecológico.
☐ un proyecto social.

15 **Mediación** Lea el folleto de una ONG. Explique en qué consiste el proyecto.

> **Aprender jugando**
> **Ubicación:** Villa 31 de Retiro
> **Encuentro:** Estación de autobuses a las 09:45 horas
> **Objetivos:** mejorar las condiciones de vida de niños y adolescentes
> **Actividades deportivas:** ir a nadar, hacer deporte y comer al aire libre
> **Actividades culturales:** talleres de arte, música, películas, visitas al zoológico
> **Perfil del voluntario:** Debe ser mayor de 18 años y hablar español.

Para practicar más

1 a Escuche y compare. ¿Quién encuentra una vivienda y quién no?

5
36

b Recursos Escuche otra vez y apunte las expresiones.

5
36

1. Ich rufe an wegen ...
2. Es tut mir leid, es ist nicht mehr frei.
3. Wie schade! Auf Wiedersehen.
4. Wo liegt das Zimmer?
5. Wie ist das Zimmer und wie viel kostet es?
6. Ist es ein Einzelzimmer?
7. Wann kann ich es sehen?
8. Ist das Zimmer immer noch frei?
9. Hat es Heizung?
10. Tut mir leid. Das ist nicht möglich. Danke für den Anruf.

---

2 Llamar por teléfono Busquen anuncios en Internet y hagan diálogos.

5

---

3 Descubrir ¿A qué se refieren estos pronombres directos en el texto?

6

La comparto. **Los** compramos nosotros. **Las** prepara Lola. **Lo** trae Angélica.

La comparto: la habitación

---

4 Un post Escriba un post en una red social sobre su ciudad: transporte, infraestructura, posibilidades para gente joven, viviendas ...

6

---

5 Mostrar Complete los minidiálogos con los pronombres demostrativos.

7

1. – ¿Est_____ anuncio es interesante, ¿no? + Sí, y es_____ también.
2. – Est_____ habitación tiene poca luz. + Pues, es_____ es más luminosa.
3. – Est_____ pisos son muy caros. + Sí, todos son caros. Es_____ también.
4. – Es_____ calles del centro son terribles. + Est_____ aquí, son tranquilas.

---

6 El piso perfecto Diseñen en grupos el piso compartido ideal y preséntenlo.

7

– Este es el garaje para las bicicletas. + Esta es la sala para escuchar música bien fuerte.

---

7 Relacione. La madre de Ignacio lo llama desde España. Relacione y complete con el pronombre directo.

13

1 ¿Con quién compartes la habitación?
2 ¿Usas mucho la bicicleta?
3 ¿Quién limpia las habitaciones?
4 ¿Cómo pagas el alquiler, Ignacio?

A No, no _____ uso casi nunca.
B _____ limpian los estudiantes.
C _____ comparto con dos chicos.
E _____ pago en dólares.

Panorama socioeconómico

Buenos Aires de noche • Modernas megaciudades

16 Mire el título. ¿Qué sabe del tema? ¿Qué es una megaciudad? Intercambien opiniones. Después lean y comparen.

17 Lea y subraye. Lea el texto y subraye una frase o una palabra clave de cada párrafo.

Actualmente la mitad de la población mundial vive en la ciudad. Las ciudades crecen, se unen y forman megaciudades. Ya existen varias ciudades con más de diez millones de habitantes. La mayoría están en Asia. En Europa hay solo una: la «banana azul», que va desde el Este de Inglaterra hasta Milán. Se llama así por su forma y su color: desde los satélites se ve una enorme luz azul.

5 Cuatro de las modernas megaciudades están en Latinoamérica: Ciudad de México, Sao Paulo, Buenos Aires y Río de Janeiro. Son ciudades modernas, dinámicas y atractivas, pero con grandes desigualdades sociales: mucho lujo y mucha miseria. El primer mundo convive con el mundo en vías de desarrollo.

Uno de los mayores problemas de Latinoamérica son las migraciones campo – ciudad. La gente quiere vivir mejor. Las ciudades crecen sin planificación. Hay suburbios improvisados, con casas de cartón, sin canaliza-
10 ción y sin agua corriente. Estos barrios reciben distintos nombres en cada país: barrios jóvenes, villas miseria, favelas ...

En Buenos Aires, la Villa 31 está en el centro de la ciudad. Allí viven unas 40.000 personas «al margen de la sociedad». La mayoría son paraguayos, bolivianos o peruanos. El resto viene del Noroeste de Argentina, de las provincias más pobres. Trabajan de «cartoneros», venden bolígrafos en el subte o drogas en la Plaza de Mayo.

15 Otro problema de las megaciudades en los países en vías de desarrollo es la falta de seguridad. Hay tanta criminalidad que mucha gente prefiere no salir de casa y «ver la vida sólo en la tele». Además, falta infraestructura. Hay pocas líneas de metro. En verano, hay cortes de agua y de electricidad. El tráfico y la basura contaminan el aire, la tierra y el agua – pues no hay un sistema ecológico moderno.

18 Datos concretos Busquen algunos datos y digan:

cinco ciudades de la banana azul • cuatro megaciudades latinoamericanas •
dos mundos contradictorios • tres grandes problemas de las megaciudades

Visitas de estudiantes extranjeros

Un/a estudiante de Latinoamérica va a venir de visita a Alemania por tres meses para aprender alemán en su ciudad. Tampoco habla inglés y necesita mucha ayuda para todo.

1 **Busquen anuncios de pisos en el periódico o en Internet y hagan una lista con las mejores ofertas.**

2 **Escriban un correo a su amigo o amiga en Latinoamérica:**

– expliquen qué posibilidades hay de alquilar un pequeño piso o una habitación.
– informen dónde están, cómo son y cuánto cuestan.
– discutan cuál es mejor y por qué.

3 **Preparen un plano de su ciudad:**

– marquen dónde están las posibles viviendas.
– dibujen pictogramas de las cosas que hay cerca como monumentos, supermercados, plazas, museos, ...

4 **Presenten toda la información.**

5 **Marquen el camino desde la posible vivienda:**

– hasta la escuela de idiomas.
– hasta el centro de la ciudad.
– hasta el instituto donde usted estudia.

6 **Su amigo/-a ya está en su ciudad. Está en la estación ...**

– Escriba un SMS. Diga dónde está usted ahora y explique el camino.

7 **Preparen una fiesta de bienvenida para su amigo o amiga:**

– Piensen dónde y cuándo puede ser.
– Hagan una lista de lo necesario y decidan quién trae cada cosa.

– ¿Quién trae la música? + La traigo yo. – ¿Quién compra el jamón? + Lo puede traer Anne.

Para muy curiosos

– *Busquen información sobre distintas ONG.*
– *Discutan si es más importante un proyecto social o ecológico.*
– *Elijan un proyecto en el que quiera participar todo su grupo.*
– *Escriban una carta en la que dicen por qué les interesa el proyecto.*

Repaso

A   Direkte Objektpronomen

– ¿Quién trae el vino? + **Lo** trae Angélica, de Mendoza.
– ¿Quién limpia la habitación? + **La** limpio yo.
– ¿Quién compra los chorizos? + **Los** compro yo.
– ¿Ves las flores allí? + No, no **las** veo.

Lo und **los** stehen für maskuline Objekte im Singular bzw. Plural. **La** und **las** stehen für feminine Objekte im Singular bzw. Plural. Durch den Gebrauch der Pronomen vermeidet man die Wiederholung des Substantivs.

B   Demonstrativpronomen und –begleiter

– **Este** anuncio es interesante. + Sí, y **ese** también.
– **Esta** habitación tiene poca luz. + **Esa** es más luminosa.
– **Estos** pisos son muy caros. + **Esos** también.
– **Estas** calles son tranquilas. + **Esas** del centro son terribles.

Este/-a/-os/-as werden immer an das Substantiv angeglichen. Sie verweisen auf Personen und Dinge in unmittelbarer Nähe des Sprechers.
Ese/-a/-os/-as werden ebenfalls an das Substantiv angeglichen und verweisen auf Dinge, die weiter weg vom Sprecher sind. Beide Pronomen können auch alleine stehen.

Esto / **Eso** es para ti.

Die neutralen Pronomen **esto** und **eso** beziehen sich auf etwas (keine Personen), das nicht näher bestimmt wird. Sie stehen immer ohne Substantiv.

C   ir a + Infinitiv

Voy a ir en autobús.
Vas a trabajar en una villa miseria.
Va a ir a Argentina.
Vamos a ver una película.
Vais a conocer la ciudad.
Van a comer juntos.

Mit der Struktur **ir a** + Infinitiv werden Pläne und Absichten in der nahen Zukunft zum Ausdruck gebracht.

D   Verben

	ir
yo	voy
tú	vas
él / ella / usted	va
nosotros/-as	vamos
vosotros/-as	vais
ellos / ellas / ustedes	van

Das Verb **ir** (gehen, fahren) wird häufig mit der Präposition **a** verwendet.
Voy a la playa. Voy al centro.
Aber:
Voy de tiendas.
Voy de tapas.

	conocer
yo	conozco
tú	conoces
él / ella / usted	conoce
nosotros/-as	conocemos
vosotros/-as	conocéis
ellos / ellas / ustedes	conocen

Das Verb **conocer** ist in der ersten Person Singular (**c → zc**) unregelmäßig.

Comunicación

Buenos Aires es una ciudad impresionante.
Las distancias son enormes.
El transporte es bueno.
Todo es muy diferente aquí.

Über eine Wohnung sprechen

Mi habitación es cara y pequeña.
Está en un barrio bonito.
– ¿Esta es la cocina? + Sí, y ese es el salón.
– ¿Dónde está tu habitación? + Está aquí, a la derecha.

Telefongespräche bei der Wohnungssuche führen

Llamo por la habitación pequeña.
¿Dónde está la habitación?
¿Cómo es la habitación? ¿Cuánto cuesta?
¿Está disponible todavía?
¿Cuándo puedo ver la habitación?
– Lo siento, ya no está disponible. Gracias por llamar.
+ ¡Qué lástima!

Nach dem Weg fragen

Oiga, ¿dónde está el famoso Obelisco?
Oye, ¿hay una estación de metro por aquí?
Por favor, ¿dónde están los aparcamientos?
¿Está lejos? ¿Está cerca?

Den Weg beschreiben

¿Dónde está?
Está en la calle.
lejos / cerca
entre ... y ...
delante de / detrás de ...
al lado de ...
a la izquierda de / a la derecha de ...

¿Cómo ir?
en metro
en tren
en autobús
en bicicleta
en coche
a pie

A pie, en bicicleta o en coche
tomar la calle ...
seguir hasta ...
seguir todo recto
girar en ...
girar a la derecha / a la izquierda
cruzar la calle / plaza ...

En autobús o en metro
tomar la línea ...
seguir hasta ...
Son tres paradas.
subir en ...
cambiar en ...
bajar en ...
Hay que tomar el metro en dirección Fondo, cambiar en Plaza Cataluña y bajar en Gracia.

México en cifras

- über ein Land sprechen
- den Tagesablauf beschreiben
- Informationen einholen und sich beschweren
- Possessivbegleiter
- reflexive Verben
- **acabar de** + Infinitiv

Estadística de población

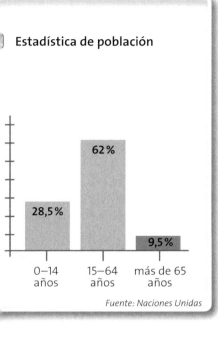

- 28,5% 0–14 años
- 62% 15–64 años
- 9,5% más de 65 años

Fuente: Naciones Unidas

② Constitución de la población

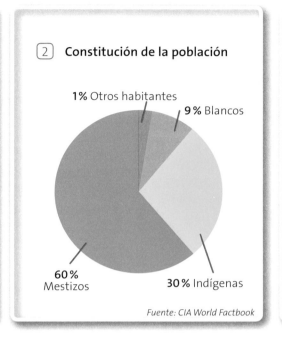

- **1%** Otros habitantes
- **9%** Blancos
- **60%** Mestizos
- **30%** Indígenas

Fuente: CIA World Factbook

③ Analfabetismo

* 6% hombres, 8% mujeres

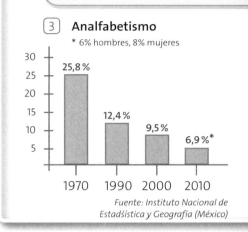

- 25,8% 1970
- 12,4% 1990
- 9,5% 2000
- 6,9%* 2010

Fuente: Instituto Nacional de Estadísstica y Geografía (México)

1 ¿Qué sabe de México? Lluvia de ideas. Después mire las estadísticas y compare.

> ubicación • ciudades • población • cultura • economía

---

2 Estadística Mire la estadística de población de México. Busque los datos de Alemania. Haga un gráfico y compare. Hable con sus compañeros. Después busque más datos sobre México y complete.

¿Qué tanto por ciento de la población ...? _____

El ... por ciento. ¿Y qué tanto por ciento ...? _____

Número de habitantes _____

Expectativa de vida _____

Crecimiento de la población anual _____

---

3 Constitución de la población Mire la estadística y conteste la pregunta.

	correcto	falso
La mayoría de la población mexicana es blanca.	☐	☐

---

4 Analfabetismo Mire la estadística y conteste.

1
2

	correcto	falso
Hay menos analfabetos ahora en México que en el pasado.	☐	☐

La industria turística

¿Qué tanto por ciento?
el / un 9 % = el / un nueve por ciento
el / un 3,5 % = el / un tres coma cinco por ciento

5 **Prelectura** ¿Qué sector económico cree que es importante para México? Lea y compare.

> la agricultura • la minería • la industria • el comercio • el turismo

México tiene petróleo, gas y otras materias primas. Las principales industrias son la automotriz, la textil y la alimentaria. Empresas multinacionales como Volkswagen, Ford, Nissan o Coca Cola producen en México y exportan a los Estados Unidos y a todo el mundo. El turismo es un sector económico importante que atrae a más de 20 millones de extranjeros al año. Actualmente crece alrededor de un 20 %. México es un país bonito y atractivo. Cuenta con paisajes y climas muy variados y tiene, además, una gran riqueza histórica y cultural. Por eso, hoy en día, México es un destino turístico de primera clase.

6 **Mire los pósteres.** Lea los titulares de prensa y relacione.

Números ordinales
1° primero/-a
2° segundo/-a
3° tercero/-a
4° cuarto/-a
5° quinto/-a
6° sexto/-a
7° séptimo/-a
8° octavo/-a
9° noveno/-a
10° décimo/-a

1. La meta del Día Mundial del Turismo es desarrollar un turismo sostenible en cada región.
2. Las nuevas rutas presentan lugares de interés histórico: interesantes pueblos coloniales y monumentos aztecas famosos como la Pirámide del Sol.
3. Muchos países participan y comparten su cultura aquí en México. ¿Y usted?
4. Guadalajara es sede de la Feria Internacional del Libro (FIL). Es la más importante en toda Iberoamérica.

 2

7 **Compare los pósteres.** Hable con sus compañeros.

> moderno • genial • atractivo • simpático • llamativo • original

Me gusta mucho la foto de la pirámide del sol, es muy llamativa.
Quiero ir a México pronto.

8 Mire el folleto. ¿Qué cree que dice? Escriba tres frases. Lea y complete el texto.

⤵ 3

> nuestro • nuestros • nuestras • su (4x) • sus

Hotel Grandía – —— hotel en Guadalajara

Por ____ ubicación privilegiada, en la zona más bonita y más segura de la ciudad, el Grandía es uno de los hoteles más exclusivos de Guadalajara. _____ 150 habitaciones son tranquilas y tienen magníficas vistas. _____ restaurante ofrece comida de primera clase en un ambiente informal. El Grandía Guadalajara es ideal para viajes «de ocio y de negocio». El centro de conferencias tiene modernas salas, todas con acceso a Internet, cañón de proyección, servicio de secretaría y *catering*. Además, acabamos de abrir un spa, para que _____ clientes puedan relajarse depués de _____ trabajo. Guadalajara, una de las más viejas ciudades de América, fundada en 1542, ofrece un sinfín de posibilidades. _____ centro histórico, con _____ hermosos edificios coloniales, es sede de la Feria Internacional del Libro y del Festival Internacional de Cine. Hay cines, teatros, discotecas.

---

9 Lea otra vez el folleto. ¿Qué sabe sobre el hotel y la ciudad?

⤵ 5

> la ubicación • los servicios • las posibilidades • la oferta cultural

---

10 Descubrir Hay un ejemplo en el texto. ¿Cómo se forma el pasado inmediato? Haga otras frases.

Tiempo	Pasado inmediato
Ejemplo	
Estructura	*acabar de* + Infinitiv

---

11 Escuche y marque los motivos de viaje. Ordene: viajes de trabajo / placer.

🎧 37

⤵ 5

- ☐ participar en congresos
- ☐ conocer países y paisajes
- ☐ visitar clientes y proveedores
- ☐ descansar y relajarse
- ☐ practicar idiomas
- ☐ conocer gente
- ☐ divertirse un poco
- ☐ hacer deporte
- ☐ ir a ferias y exposiciones

Algunos clientes ... Otros quieren ... Otros prefieren ... Muchos también ...

Possessivbegleiter

mi – mis
mi coche / habitación – mis clientes

tu – tus
tu hotel / maleta – tus viajes

su – sus
su ambiente / terraza – sus vistas

nuestro/-a – nuestros/-as
nuestro hotel
nuestros servicios
nuestra gastronomía
nuestras habitaciones

vuestro/-a – vuestros/-as
vuestro jefe
vuestros proyectos
vuestra reunión
vuestras excursiones

su – sus (usted/es)
¿Su nombre, por favor?
¿Dónde están sus maletas?

No paro en todo el día

12 **Lea el correo. ¿Qué sabe sobre Daniel? Conteste las preguntas.**

> ¿Está contento o no? ● ¿Por qué no les escribe a sus padres? ●
> ¿Dónde vive y con quiénes?

Para: mamá & papá
Asunto: RE: Invitación   9 de mayo, 19:05

Querida mamá, querido papá:

Contesto vuestro correo en la pausa. ¿Por qué no os escribo? La verdad es que estoy muy ocupado. Vivo en un «barrio cerrado», cerca del hotel. Por la mañana me levanto temprano, me encuentro con Lupita, mi vecina del tercero, y nos vamos al parque a correr. Ya sabéis que me encanta hacer deporte. Lupita es muy guapa y la verdad es que ... ¡tengo miedo de enamorarme!
A las 8 tomo el autobús. En el hotel, desayunamos rápido y nos reunimos en la sala de conferencias para el primer briefing. El jefe reparte el trabajo del día. Yo, generalmente, me quedo en la recepción y hago un poco de todo. Llevo y traigo bebidas, mensajes, flores, regalos y a veces ¡papel higiénico! ;-) No paro en todo el día y, claro, me acuesto siempre muy tarde.
Ahora quiero comer rápido algo. ¡Las tortillas mexicanas son exquisitas! Después tengo que hacer la compra todavía.
¡Otra cosa! Podéis estar tranquilos. Estoy lejos, pero estoy muy bien.
Un fuerte abrazo, Daniel

---

13 **Lea otra vez. ¿Qué hace todo el día? Describa el día de Daniel.**

Daniel se levanta temprano, ...

---

14 **Escuche. Apunte la hora. ¿Cuándo hace cada cosa?**

🎧 38

1. Daniel se levanta a las _____

2. Lupita se va a las _____

3. Daniel sale del trabajo a las _____

4. Se encuentra con Lupita a las _____

5. El autobús llega a las _____

6. Queda con Lupita a las _____

15 **¿Y usted? Pregunte a sus compañeros qué hacen y a qué hora. Busque algo en común.**

> levantarse ● ducharse ● desayunar ● encontrarse con ● comer ● irse a casa ●
> ir de compras ● hacer un curso de ● quedarse en la oficina ● cenar ● acostarse

¿Te levantas temprano? ¿A qué hora ...? ¿Con quién comes? ¿Dónde ...? ¿Cuándo ...?

16 En la recepción Escuche las llamadas y marque para qué llaman los clientes.

39

☐ reservar habitaciones   ☐ hacer reclamaciones

☐ pedir información   ☐ para cancelar una reserva

---

17 Rellene los formularios. Escuche otra vez y apunte los datos. Después informe.

39

La señora / El señor ... necesita ... quiere ... tiene un ... busca ...

Reserva

Nombre: _____

Empresa: _____

Habitaciones individuales _____

Habitaciones dobles _____

Fecha de entrada:: _____

Fecha de salida: _____

Reclamación

Nombre: _____

Habitación/Sala: _____

Problema 1: _____

Problema 2: _____

PEDIDO DE SERVICIOS EXTRA

Nombre: _____

Habitación: _____

Servicio: _____

Pedido de información

Nombre: _____

Habitación: _____

Excursiones posibles:

1) _____

2) _____

3) _____

---

18 **a** Recursos Escuche otra vez los diálogos. Relacione. ¿Qué recursos usa usted ...

39

para ...	recursos de comunicación
1 pedir un servicio?	A ¿Hay alguna excursión, algún concierto?
2 pedir información?	B Tengo un problema.
3 hacer una reclamación?	C Quería reservar habitaciones para ...
4 hacer una reserva?	D Por favor, ¿puede traerme / nos ...?
5 disculparse?	E Está bien. No pasa nada. No hay ningún problema.
6 aceptar una disculpa?	F Lo siento. Perdón por las molestias.

algún / alguna / algunos/
-as heißt: irgendein/e,
irgendwelche
algún concierto
alguna excursión
algunos eventos
algunas ideas

No hay ningún problema:
Kein Problem.

6 **b** De dos en dos Imaginen otras situaciones y preparen nuevos diálogos. Después escriban en Internet su opinión sobre el Hotel Grandía de Guadalajara.

Para practicar más

1 Crecimiento económico anual Actualice la información sobre México y compare con Alemania.

	2010	2011	2012	2013
Crecimiento económico	5,1 %	4,0 %	4,0 %	1,1 %

2 El ABC del turismo Preparen un pequeño diccionario con conceptos clave y eslóganes llamativos. Preparen un póster sobre el turismo en otro país y preséntenlo.

3 Un correo electrónico Complete con los posesivos que faltan.

Para:	Ana
Asunto:	RE: Invitación	9 de mayo, 19:05

Hola Ana:

Gracias por _____ mensaje. ¿Cómo estás tú y cómo están

_____ hijos? Yo, bien. _____ hijo ahora trabaja en un

hotel, pero no está muy contento. _____ compañeros son simpáticos,

pero _____ jefe no. ¿Sabes algo de _____

ex-compañeras? ¿Y qué pasa con _____ planes de viajar a Europa?

Un abrazo, Lucía

4 El idioma de la publicidad Busque las expresiones equivalentes en el texto.

un barrio sin criminalidad • un viaje de trabajo • un viaje de placer • muchísimas oportunidades

5 ¿Y usted? Pregunte a sus compañeros por sus viajes y motivos.

La semana que viene tengo que ... En mis vacaciones voy a ir a ... para ... Allí quiero ...

6 Infórmese e informe. Elijan una de las rutas propuestas en el diálogo con Anne Schmitt y preséntenla.

7 Infórmese e informe. Busque información sobre otra cadena de hoteles y preséntela.

Panorama socioeconómico

19 Prelectura ¿Qué hoteles hay en su ciudad? ¿Qué ofrecen de especial? ¿Cómo son? ¿Son sencillos o de lujo? ¿Cuántas estrellas tienen? Busquen información en Internet.

---

20 Mediación Lea el artículo y resuma la información. ¿Le gustaría trabajar en uno de estos hoteles? ¿Por qué? ¿Por qué no?

Hoteles españoles para el mundo

En 1928 se funda la primera cadena hotelera española: Paradores. Se trata de una red de albergues, propiedad del Estado. Desde 1991 es una sociedad anónima con casi 100 hoteles en toda España.
Solo unos pocos años más tarde se crea la empresa Husa. Existe hasta hoy y centra su actividad en las ciudades españolas.

En 1931 se funda en Felanitx, Mallorca, una pequeña empresa de transportes, Barceló. Con el tiempo se convierte en agencia de viajes y en 1962, en pleno *boom* turístico, abre el primer hotel. Llega a ser una de las principales empresa hoteleras, con 140 establecimientos en 16 países, dedicados sobre todo al turismo de ocio.

También en Mallorca, Gabriel Escarrer Julià crea en 1956 la empresa hotelera Sol Meliá. Concentra su actividad en el turismo de vacaciones con grandes hoteles y resorts. Meliá es hoy la cadena hotelera más grande de España y una de las más importantes del mundo, con 42.000 empleados que trabajan en más de 350 establecimientos, repartidos por 35 países. De modo que el 80 % de los ingresos de Meliá provienen de fuera de España.

Y es que, durante las últimas décadas, las cadenas hoteleras han invertido mucho en hoteles fuera de la Península y se han internacionalizado. Así lo ha hecho también el grupo Eurostars, que existe desde 1977 y cuenta con unos 70 hoteles en 15 países.

Queda por mencionar, sin embargo, la segunda gran empresa hotelera de España: NH hoteles, fundada en 1978 en Pamplona. NH empieza su actividad en el sector de hoteles urbanos, pero rápidamente diversifica su oferta con hoteles en otras ubicaciones y otros países. Actualmente el grupo tiene unos 400 hoteles en casi 30 países, desde el funcional hotel urbano hasta el más lujoso albergue de cinco estrellas en destinos turísticos de primer orden. Además, NH da especial importancia a la calidad gastronómica de sus restaurantes.

---

21 Reflexión ¿Por qué creen que tienen tanto éxito las cadenas hoteleras españolas?

---

22 Investigación ¿Por qué son especiales los Paradores? Busque información en Internet.

Viaje de estudios

1 Preparar una encuesta

A todo el mundo le gusta viajar. También ustedes quieren hacer un viaje. Preparen una encuesta sobre el tema. Pregunten: con quién, con qué medio de transporte, en qué época del año, qué tipo de viajes – individuales u organizados, etc.

2 Controlar el vocabulario Aquí tiene algunas palabras útiles. Busque en el diccionario las que no conoce. Complete la lista con otras palabras del sector.

> amigos • familia • pareja • solo/-a • aventura • viaje organizado •
> casa rural • naturaleza • deporte • montaña • cultura • ciudad •
> verano • playa • mar • inivierno • esquiar • avión • coche • tren •
> hotel de cinco estrellas • tienda de campaña

3 Pensar «preguntas cerradas»

- Preparen un formulario con preguntas.
- Ofrezcan varias respuestas a elección.
- Preparen el lugar para marcar la respuesta:
  ¿Con quién le gusta viajar? ¿Con ⓐ su pareja ⓑ sus amigos ⓒ solo/-a?

4 Hacer la encuesta

Entrevistar a los compañeros
- Pregunten gustos y preferencias.
- Marquen con una cruz las respuestas.

5 Evaluar los resultados

Cuenten las cruces y van a tener los resultados.

Desafío

Hacer gráficos y presentar los resultados
- Elegir el tipo de gráfico más adecuado para cada tema.
- Calcular los porcentajes y hacer el gráfico correspondiente.

Repaso

A Possessivbegleiter

En el hotel:
su balcón
su habitación
Esta es **su** maleta, ¿verdad?

Die Possessivpronomen **mi**, **tu**, **su** werden für maskuline und feminine Substantive verwendet. Das Geschlecht spielt keine Rolle.
Su kann *sein/e*, *ihr/e* und *Ihr/e* heißen.

nuestro hotel
nuestra casa
vuestro jefe
vuestra jefa

nuestros bolsos
vuestras maletas

Nur **nuestro/-a**, **nuestros/-as**, **vuestro/-a** und **vuestros/-as** werden an das Geschlecht des „Besitzes" angeglichen.

− ¿Son las maletas de Pilar y Enrique?
+ Sí, son **sus** maletas.
− ¿Son **sus** maletas, señor Valero?

Sus kann *seine*, *ihre* und *Ihre* heißen.

B Reflexive Verben

ducharse
me ducho
te duchas
se ducha
nos duchamos
os ducháis
se duchan

Reflexive Verben haben **se** im Infinitiv. Das persönliche Reflexivpronomen steht meist vor dem konjugierten Verb.

No **me** quiero levantar. No quiero levantar**me**.

In Infinitivkonstruktionen kann das Reflexivpronomen an den Infinitiv angehängt werden.

llamarse = heißen, **quedarse** = bleiben,
descansar = sich ausruhen, **levantarse** = aufstehen

Nicht immer stimmen die reflexiven Verben im Spanischen mit den deutschen überein.

C Unmittelbare Vergangenheit

Acabo de llegar.
Acaba de llamar Luis.
Acabamos de abrir un spa.
Acaban de salir.

Mit der Struktur **acabar de** + drückt man etwas aus, das gerade geschehen ist. Diese Form im Präsens wird im Spanischen sehr häufig für die unmittelbare Vergangenheit verwendet.

Comunicación

Über Statistiken sprechen

– ¿Qué tanto por ciento de la población tiene más de 65 años?
+ El 9,5 %.

Über Reisen und Tourismus sprechen

El turismo es un sector económico muy importante.
Atrae a más de 20 millones de extranjeros al año.
México es un país bonito y atractivo. Es un destino turístico de clase mundial.
El hotel tiene una ubicación privilegiada.
Es uno de los hoteles más exclusivos de la ciudad.
Las habitaciones tienen unas vistas magníficas.
Guadalajara ofrece un sinfín de posibilidades.
Las tortillas mexicanas son exquisitas.

Den Tagesablauf beschreiben

Estoy muy ocupado/-a.
Me levanto temprano.
Desayuno a las 8.
En el trabajo nos reunimos para el primer *briefing* a las 9.30.
Daniel sale del trabajo a las 6 de la tarde.
No siempre se acuesta temprano.

Sich beschweren

Tengo un problema. El *beamer* no funciona.
Necesito fotocopias y no hay papel.

Auf Beschwerden reagieren

Lo siento. Enseguida …
Perdón por las molestias.
Gracias por su comprensión.

Verständnis zeigen

No pasa nada.
No hay ningún problema.

Ein Zimmer im Hotel reservieren

– Buenos días, quería reservar habitaciones para un congreso. Del 2 de febrero al 5 de febrero. ¿Tienen habitaciones libres?
+ Sí, ¿cuántas habitaciones necesitan?
– Tres dobles, cinco individuales, por favor.
+ ¿A nombre de quién?
– Susana Domínguez. Una pregunta: ¿el desayuno está incluido?
+ Sí, hay un bufet muy bueno.

Sich informieren

– Buenos días. ¿Hay alguna excursión mañana? ¿Cuál nos recomienda?
+ Pues, recomiendo la excursión al Lago de Chapala. Salimos a las nueve de la mañana.

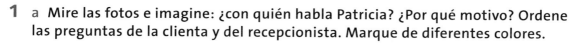

1 a Mire las fotos e imagine: ¿con quién habla Patricia? ¿Por qué motivo? Ordene las preguntas de la clienta y del recepcionista. Marque de diferentes colores.

☐ ¿Dónde está?
☐ ¿Cuántas noches desea reservar?
☐ ¿Cuánto cuesta la noche?
☐ ¿Para qué fecha?
☐ ¿Cómo es la habitación?
☐ ¿Me dice su nombre?
☐ ¿Cómo se puede llegar?

b Vea el vídeo y complete los datos en el formulario. Vea el vídeo otra vez y compruebe.

Nombre:	
Tipo de habitación:	
Fecha de entrada:	
Fecha de salida:	
Régimen:	con / sin desayuno
Precio:	

2 Ahora ustedes. Apunten los recursos para hablar por teléfono y preparen otras llamadas.

3 Miren ahora estos fotogramas e imaginen la situación.

¿Quiénes son las chicas?
¿Dónde están?
¿Qué hacen?
¿Por qué ...?

4 Vea el vídeo. ¿Cuántas cosas mira Patricia?

5 ¿Qué le parece la conversación? ¿Por qué Ana no quiere ir de compras con su hermana?

ESPAÑA INTERCULTURAL

Las distancias

Por lo general, en España y en Hispanoamérica hay más contacto físico que en otras culturas, no solo en los bares y en las fiestas, también en la calle, en el médico, en las tiendas o en los transportes públicos. La gente es abierta, muestra sus emociones, habla en voz alta, gesticula, usa las manos. Hacer amigos es fácil pues se habla de todo y con todos: se cuentan los problemas, se habla de la familia y se hacen preguntas. En el mundo profesional tampoco hay tanta distancia como en otros países. Muchas personas son espontáneas y flexibles, y en su vida privada no usan agenda.

¿Y en su país, cómo es la gente?

ESTRATEGIAS PARA COMPRENDER MEJOR

Normalmente no es necesario comprender todo. Por eso, concéntrese en lo que entiende, y no solo en las palabras, también en los gestos y en la manera de hablar.

Hay varias clases de comprensión:
- **Comprensión global.** Muchas veces solo queremos información general. Nos interesa saber de qué hablan los compañeros, cuál es el asunto de un correo electrónico o, en lo privado, el tema de una película.
- **Comprensión selectiva.** Hay cosas que nos interesan personalmente y otras que no. Hay que seleccionar: en el aeropuerto solo nos interesa nuestro vuelo. En Internet buscamos determinados datos sobre nuestro tema.
- **Comprensión detallada.** En una entrevista laboral o cuando firmamos un contrato hay que comprender todos los detalles. Antes de firmar, hay que leer todo, incluso la letra pequeña.

Método en tres pasos.
Comprender todo de una vez es imposible. ¡Tenga un poco de paciencia!
- **Antes de escuchar**, imagine la situación, piense quiénes son las personas que hablan. ¿Qué cree que van a decir? Anticipe la información.
  Y **antes de la lectura**, mire el diseño, las fotos, los títulos y subtítulos. ¿Qué clase de texto es? ¿Una carta? ¿Un artículo de prensa? ¿Un SMS? ¿Cuál puede ser el mensaje?
- **Mientras escucha**, apunte los datos que entiende. Apunte palabras clave, luego podrá escuchar otra vez y completar los datos. Lea siempre con un rotulador en la mano. Marque los datos más importantes o las frases clave. Apúntelos en su cuaderno.
- **Después de escuchar o leer**, escuche o lea otra vez la información. Asegúrese de que ha comprendido bien. Complete los datos que faltan y resuma el texto con sus propias palabras. Compare con sus compañeros.

1 saludar ▶ pp. 10, 16, 18, 19, 20, 26, 27, 28, 32, 38, 41

Begrüßen und bewirten Sie einen Gast. Heißen Sie sie / ihn willkommen. Bieten Sie ihrem Gast etwas zu trinken an. Finden Sie heraus, in welcher Sprache Sie kommunizieren können.

Buenos días y bienvenidos. ¿Quieren un café? ¿Usted habla bien alemán?

2 presentarse ▶ pp. 9, 10, 11, 18, 38

Stellen Sie sich vor: Nennen Sie Ihren Namen, Ihr Alter, Ihre Herkunft und Ihren Beruf sowie Ihre Funktion in der Firma. Stellen Sie dann Ihrem / Ihrer Partner/in die entsprechenden Fragen.

Me llamo Britta, tengo veinte años, soy de Holanda. Trabajo en el hotel, soy programadora.

3 presentar ▶ pp. 37, 39, 40

Stellen Sie Ihre Schule bzw. Ihre Firma vor. Sagen Sie, wie sie heißt und wo sie liegt (Straße und Stadt). Geben Sie die Telefonnummer und andere Kontaktdaten an.

Stefan Meyer es jefe de ventas de Marz & Pan, empresa importadora y exportadora. Está en Hamburgo, en la calle Hansastr. 76.

4 exponer ▶ pp. 30, 33, 34, 70, 72

Berichten Sie über Ihr Land, das Land Ihrer Eltern oder ein anderes Land. Sagen Sie, wo es liegt, wie ist es und was besonders daran ist.

España está situada entre Francia y Portugal. Es uno de los cuatro países más grandes de Europa. Es un país con mucho turismo, especialmente ...

5 ordenar ▶ pp. 30, 69

Ordnen Sie die Daten in die entsprechenden Rubriken ein:
Ankara ● turco ● Estambul ● Europa y Asia ● lira turca ●
República parlamentaria ● 76.000.000 de habitantes ● Turquía
País: ___   Capital: ___   Ciudad más grande: ___   Población: ___
Idioma oficial: ___   Forma de gobierno: ___   Moneda: ___

6 describir ▶ p. 37

Beschreiben Sie drei Charaktere aus dem Buch: Welche Eigenschaften haben sie – privat und im Beruf?

Creo que Alicia es muy simpática, y en el trabajo es competente y dinámica.

7 asegurar la comunicación ▶ p. 40

Die Kommunikation gestaltet sich schwierig. Wie sagen Sie, wenn Sie etwas nicht verstehen:
Wie bitte? Ich verstehe das nicht. ● Entschuldigung, können Sie das bitte wiederholen? ● Bitte sprechen Sie lauter. Es ist sehr laut.

No entiendo. ¿Puede hablar más alto? Hay mucho ruido.

8 comparar ▶ pp. 50, 51, 52, 53, 54, 55, 57

Schauen Sie sich die Fotos an. Welcher Stil gefällt Ihnen besser? Vergleichen Sie nach verschiedenen Kriterien.

Estas tiendas son menos exclusivas pero más competitivas que las tiendas de lujo y venden más. Me gusta la ropa clásica.

9 comentar ▶ pp. 28, 29

Sie sind im Ausland und werden vom Flughafen abgeholt. Machen Sie Smalltalk. Sprechen Sie über die Flugreise, die Landschaft, das Wetter.

¿Qué es eso? ¿Una torre de agua?
– Sí, es muy antigua …
¡Uf, qué calor hace!

10 hacer un plano y descubrir el camino ▶ pp. 62, 68

Erklären Sie einem Kollegen / einer Kollegin im Kurs (in der Schule) wie man vom Institut (von der Schule) zu Ihnen nach Hause geht. Machen Sie eine Skizze und schreiben Sie eine E-Mail.

Para llegar lo más rápido es el tren, pero también se puede ir en auto …

11 llamar por teléfono ▶ pp. 64, 68

Sie lesen die folgende Anzeige in der Zeitung. Rufen Sie an, stellen Sie sich vor. Fragen Sie nach dem Zimmer. Falls Sie interessiert sind, vereinbaren Sie einen Termin.

Llamo por la habitación pequeña …

Viuda alquila habitación céntrica a estudiantes tranquilos.

12 reclamar ▶ pp. 73, 78

Sie haben Probleme im Hotel. Melden Sie sich beim Empfang und beschweren Sie sich.

Tengo un problema. Tengo una presentación y necesito fotocopias pero no hay papel.

¡Buen fin de semana!

- über Freizeitaktivitäten reden
- sich verabreden: Treffpunkt und Uhrzeit vereinbaren
- Essen gehen
- Gerundium
- **poder – saber**
- Verben mit Stammvokalwechsel e → i

1 Mire las fotos. ¿Qué actividades de ocio son? Relacione.

> A descansar ● B ir a correr ● C ir al cine ● D quedar con los amigos ●
> E salir por la noche ● F usar las redes sociales

2 Escuche a Pablo. Habla de su fin de semana en la radio. ¿Qué hace? ¿Cuándo?

40

3 ¿Y usted? ¿Qué actividades de ocio hace el fin de semana?

los viernes	los sábados	los domingos

¿Quedamos el sábado?

4 Nicolás hace planes para el fin de semana. Escuche y diga con quién queda cada día y qué hace con cada persona.

🎧 41

El **viernes por la tarde** queda con su novia para _____

El **sábado por la noche** _____

El **domingo por la tarde** _____

INTERCULTURA
España: ¿Cuándo quedamos?
Latinoamérica: ¿Cuándo nos vemos?
Es que ... wird benutzt, um etwas zu erklären oder wenn man eine Ausrede braucht.

5 Lea los diálogos y busque las cuatro propuestas de actividades que hay. Márquelas en los diálogos. ¿Qué expresiones se utilizan para fijar el día, el lugar y la hora?

Nuria: Nico, mañana es viernes y tenemos la fiesta de cumple de Ramón.
Nico: Sí, sí, ya lo sé. ¿Quedamos mañana por la tarde para comprar el regalo?
Nuria: De acuerdo, ¿cómo quedamos?
Nico: ¿En tu casa a las siete?

Diego: ¿Te apetece ir a comer el domingo?
Nico: Pues, lo siento, el domingo no puedo. Es que tengo comida con la familia.
Diego: ¿Y qué tal un café?
Nico: Bueno, vale, por la tarde sí puedo. ¿Te parece bien en el café Plaza Mayor a las cinco y media?
Diego: Sí, perfecto.

Pablo: El sábado por la noche salimos todos de fiesta. ¿Vienes?
Nico: Sí, sí, claro. ¿Qué hacemos? ¿Adónde vamos?
Pablo: Pues, primero vamos de tapas y luego a la disco, ¿no?
Nico: Vale, Pablo, ¿a qué hora quedamos?
Pablo: A las nueve en el Charro.

6 Complete las expresiones. Haga propuestas con otra actividad.

¿Quedamos para ...? ¿Te apetece ...? ¿Qué tal ...? ¿Te parece bien ...?

7 Haga propuestas. Respondan con al menos dos posibles reacciones.

⇨ 1

– ¿Vamos a comer algo? + Sí, muy bien. / No, ahora no puedo, es que no tengo tiempo.

8 **En un restaurante** Paco y Sonia van a cenar. Escuche la conversación y apunte lo que piden.

42

Camarero: Buenos días, ¿les traigo la carta?
Paco: Sí, por favor. Gracias.
Camarero: Aquí tienen.

Sonia: Uhm, ¿qué me pido? ... Con esta dieta me parece tan difícil elegir ...
Paco: Bueno, mujer, pues te pides algo ligero y ya está. Una ensaladita o algo a la plancha.
Sonia: Sí, algo así no está mal. ¿Y qué vino pedimos? ¿Qué te parece un tinto?

Camarero: ¿Saben ya qué van a tomar?
Paco: Sí, sí, yo voy a pedir de primero un arroz con setas y de segundo cochinillo asado.
Sonia: Para mí, una ensalada mixta y de segundo, carne a la brasa. ¿Qué lleva de guarnición?
Camarero: Pues, puede elegir, o patatas fritas o verduras al vapor. ¿Qué prefiere?
Sonia: Las verduras, por favor.
Camarero: Perfecto. ¿Y qué desean para beber?
Sonia: El vino tinto de la casa y una botella de agua sin gas.

Camarero: ¿Todo bien? ¿Desean alguna cosa más?
Paco: No, gracias, está todo muy bueno.
Camarero: ¿Quieren postre?
Paco: Sí, para mí, un flan.
Sonia: Y a mí me apetece la tarta de chocolate.

Paco: ¿Y ... qué tal está la tarta de chocolate?
Sonia: Está muy rica, ¿por qué no pruebas un poco?
Paco: No, no, gracias. Oye, ¿y tu dieta?
Sonia: ¡Ah ...! Oiga, por favor, ¿nos trae la cuenta?

> **Pedir en un restaurante**
> Camarero/-a:
> ¿Les traigo la carta?
> ¿Que van a tomar?
> ¿Qué les traigo?
> ¿Van a tomar postre?
> Les recomiendo ...
> Clientes:
> ¿Qué nos recomienda?
> Yo voy a pedir ...
> De primero ...
> De segundo ...
> Y de postre ...
> ¿Nos trae la cuenta, por favor?

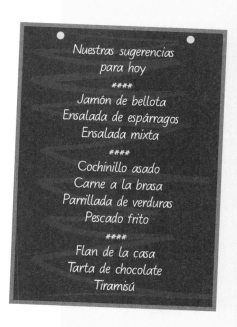

Nuestras sugerencias
para hoy
****
Jamón de bellota
Ensalada de espárragos
Ensalada mixta
****
Cochinillo asado
Carne a la brasa
Parrillada de verduras
Pescado frito
****
Flan de la casa
Tarta de chocolate
Tiramisú

9 **Escriban en grupos de tres un diálogo similar.** Lean la carta y elijan a una de las siguientes personas. Después presenten el diálogo en clase.

A mí me encantan la pasta y los helados.
Yo soy vegetariano y no bebo alcohol.
Yo quiero comer algún plato típico.

Conociendo gente ...

CULTURA

Ir de tapas

Eine sehr eigene Facette der spanischen Küche und Kultur sind die Tapas: kleine Leckerbissen, die man zusammen mit einem Getränk als Vorspeise zu sich nimmt.

Ir de tapas heißt nicht nur essen und trinken, sondern auch mit Freunden zusammen sein.

10 Escuche la conversación. Kathrin está en Salamanca. Está hablando con su compañero de piso, Emilio. ¿Qué le propone?

43

Emilio: Hola, Katrin, ¿qué tal? ¿Qué estás haciendo?

Kathrin: Mis deberes de español para mañana. Estoy escribiendo un texto sobre la empresa donde trabajo. Mañana tengo que hacer una presentación, ¿sabes?

Emilio: Oye, pero tú siempre estás estudiando, ¿no? ¿Por qué no nos vamos de tapas? El español se aprende mejor en la calle, hablando con la gente. En los bares puedes aprender más ...

Kathrin: No sé, es que tengo poco tiempo ...

Emilio: Bueno, puedes estudiar más tarde y yo te puedo ayudar, ¿vale?

Kathrin: Ok, vale, vale, vamos.

En un bar de tapas

(...)

Pedro: Bueno, ¿pagamos ya?

Emilio: Sí ... Oiga, por favor, ¿me cobra?

Pedro: Noooo, aquí pago yo. Tú puedes pagar la próxima ronda.

Emilio: Vale, ahora vamos a otro bar que tiene unas tostas muy ricas ...

Kathrin: ¿Cómo? Es que yo ...

Pedro: ¡Estás preparando los deberes! A ver, ¿cómo es la empresa donde trabajas? ...

> estar + gerundio = etwas gerade (in diesem Moment) machen
> estudiar – estudiando
> aprender – aprendiendo
> vivir – viviendo

11 Descubrir Lea otra vez estas frases del diálogo del ejercicio 10. ¿Cómo se
2 dicen en alemán?

– ¿Qué estás haciendo? + Estoy escribiendo un texto. – Siempre estás estudiando.

---

12 ¿Qué están haciendo? Describa qué están haciendo en cada dibujo.

13 Escuche otra vez los diálogos del ejercicio 10. El camarero trae estas tres consumiciones. ¿Cuál es para Pedro, cuál para Emilio y cuál para Katrin? ¿Cómo pagan?

43
3

---

14 ¿Saber o poder? Lea las frases abajo y la explicación del margen. ¿Por qué se usa *saber* o *poder* en cada caso? Escriba al lado como en el ejemplo.

> **Saber:** Wissen oder Fähigkeit
> **Poder:** Möglichkeit oder Erlaubnis.

Wissen ● Fähigkeit ● Möglichkeit

1. En los bares puedes aprender más. *Möglichkeit*

2. Yo te puedo ayudar.

3. No sé qué son las tostas.

4. Ya sabes mucho español.

5. Tú puedes pagar en otro bar.

---

15 ¿Qué sabes hacer? Lea el ejemplo y luego diga qué habilidades tiene o no tiene.

– Yo sé cocinar bastante bien y sé hacer unas tartas muy buenas.
+ Yo no sé esquiar.
Δ Pues yo sé hablar tres idiomas.

> bailar ● cantar ● conducir una moto ● contar chistes ● dibujar ●
> hablar ... idiomas ● jugar al (golf / tenis / ajedrez / fútbol) ● pintar ●
> tocar un instrumento (guitarra / piano / saxofón)

---

16 Tú puedes. ¿Qué dice en estas situaciones?

1. Quiere hacer una pregunta en clase.

2. Quiere pagar con tarjeta en un hotel.

3. Quiere pedir permiso para entrar en una oficina.

4. Quiere proponer ir al cine o a cenar.

Para practicar más

1 Tengo una propuesta. Mire las actividades y haga una propuesta a sus
 7 compañeros para hacer algo juntos. Él / Ella la rechaza y hace otra
propuesta. Decidan también el día y la hora.

> película: El Niño ● musical: El Rey León ● parque temático ● piscina ●
> centro comercial ● heladería Los Italianos ● excursión en bici

2 *Haciendo* y *estudiando* son formas de gerundio. Complete la tabla:
← 11

estar +	gerundio	
	-ar	estudiar → estud**iando**
estoy		practicar → p_____
estás		
está	**-er**	hacer → hac**iendo**
estamos		aprender → a_____
estáis		
están	**-ir**	escribir → escrib_____
		vivir → v_____

3 ¿Y usted, qué va a tomar? Imaginen que están en un bar de tapas. Uno es
← 13 el camarero y los otros los clientes.

Bodega Jorge

Bebidas

vino tinto	2,00€
vino blanco	2,00€
cerveza (botellín)	2,00€
caña	1,80€
zumo de naranja	2,00€
refresco	1,80€
agua mineral	1,80 €
té	1,50€
café	1,50€
OFERTA: caña o vino + tapa	3,00€

Tapas y raciones

patatas bravas	2,50€ / 5€
tortilla	2,50€ / 5€
calamares	3,50€ / 6,50€
croquetas	3,50 € / 6,50€
Tostas	
tosta de gambas	4,20€
tosta de salmón	4,20€
tosta de queso de cabra	4,00€

4 Mediación Están en el mismo bar de tapas con amigos que no hablan
← 13 español. No comen pescado y no beben alcohol. Ayúdeles a elegir algo
de la carta.

Panorama sociocultural

17 ¿De qué trata el texto? Lea el texto y escriba el título correspondiente a cada párrafo:

> Ir de tapas ● El buen tiempo también cuenta. ● Música para todos los gustos ●
> Y al final: un desayuno dulce ● Festivales y grandes eventos ●
> Salir los fines de semana

España es diversión, alegría, buen clima y, sobre todo, fiesta nocturna.
Los días más típicos para salir son los viernes y los sábados. Pero en ciudades universitarias principalmente, como Salamanca, Santiago de Compostela o Granada, muchos jóvenes quedan los jueves para salir por la noche. Los fines de semana van a ver a sus familias.

En España se puede ver con frecuencia a gente en los bares tomando una copa y charlando desde las diez de la noche hasta la madrugada. En regiones con un clima suave como el mediterráneo los locales con terraza siempre están llenos.

Ir de tapas es una de las mejores opciones para empezar la noche y participar en el buen ambiente y el modo de vida de los españoles.

En España se celebran a lo largo de todo el año muchos festivales de música, teatro o cine. Son famosos, por ejemplo, el Festival Primavera Sound de Barcelona o el Festival Internacional de Benicàssim.

Para escuchar música, hay muchas salas de conciertos y tablaos flamencos, sobre todo en Andalucía. Y para bailar, hay locales para todos los gustos: de estilo alternativo con música rock, punk o indie o locales de música electrónica para bailar sin parar. Y también hay discotecas muy famosas como las de Ibiza ...

Aunque algunos locales cierran antes de las tres, muchas discotecas están abiertas hasta el amanecer. Entonces, según la costumbre española, es hora de desayunar un rico chocolate caliente con churros antes de irse a la cama.

18 Opina. ¿Crees que los jóvenes españoles se divierten más que los de otros países europeos?

– Los países cálidos disfrutan de la vida más que los países fríos.
+ Sí, pero la gente también tiene que levantarse temprano. ...

Un fin de semana muy divertido

Un grupo de estudiantes va a pasar un fin de semana en la ciudad donde viven.
Tienen que preparar un programa de actividades para pasar con ellos un fin de semana
muy divertido.

1 Formen grupos y elaboren un programa. Tengan en cuenta los siguientes puntos:

Actividades para todos los gustos:
– alguna actividad para conocer gente
– alguna actividad cultural
– alguna actividad al aire libre
– alguna actividad para descansar o relajarse
– alguna actividad para conocer la gastronomía de vuestra ciudad o región
– alguna actividad para salir por la noche

2 Sigan los pasos siguientes:

PASO 1: ¿Qué ofertas de ocio ofrece el lugar donde viven?
Cada persona del grupo busca actividades y lugares adonde ir.
Propongan las actividades que les parecen más adecuadas.
Negocien en el grupo cuáles quieren incluir en el programa.

PASO 2: Ya tenemos el plan.
Ordenen las actividades según los días y el horario y escriban el plan a modo de
programa.

PASO 3: Os presentamos nuestro plan ideal.
Cada grupo presenta su plan para el fin de semana ideal.
Después de escuchar a los otros grupos, hagan un pequeño ajuste o mejora en su plan
(con alguna idea de los otros grupos).

 Desafío

Escriban el plan como en una guía de ocio (programa de fin de semana)
Opción: escriban una página web con ideas y consejos para actividades de fin de
semana.

Repaso

A Gerundium

Kathrin está hablando con su compañero de piso.	Die verbale Umschreibung **estar + gerundio** bildet eine Verlaufsform des Verbs.
– ¿Qué estás haciendo? + Estoy escribiendo un texto.	Diese Verlaufsform wird mit einer konjugierten Form des Verbs **estar** und dem **gerundio** gebildet. Die Handlung ist **gerade**, d.h. in diesem Moment im Gang.
– ¿Qué está haciendo tu hermana ahora? + Está trabajando como profesora en Sevilla.	Alle Verben auf **-ar** bilden das Gerundium mit der Endung **-ando**. Die Verben auf **-er** und **-ir** bilden das Gerundium mit der Endung **-iendo**: **tomar** – **tomando, comer** – **comiendo,** **vivir** – **viviendo**.
le**yendo**, **yendo** (ir), o**yendo**, pid**iendo**, dic**iendo**, durm**iendo**	Unregelmäßige Formen

B Indirekte Objektpronomen

¿Qué **te** parece el sábado a las 8? ¿**Le** apetece un café? ¿**Le** gusta el vestido? ¿**Os** apetece ir al cine?	Mit **apetecer** und **parecer** verwendet man das indirekte Objektpronomen. Es gelten die gleichen Regeln wie im Fall von **gustar**.

C Poder und saber im Vergleich

¿**Puedo** entrar, por favor? ¿**Puedes** hacer la compra hoy? Ellos no **pueden** venir el fin de semana. ¿**Podéis** venir a nuestra casa hoy? **Podemos** cenar juntos.	Das Verb **poder** wird verwendet, um eine Möglichkeit oder Erlaubnis auszudrücken.
Elena no **sabe** francés. **Sé** nadar y montar en bici. Pero no sé conducir. ¿**Sabéis** jugar al ajedrez?	Das Verb **saber** steht für „können" im Sinne von „wissen" oder für eine Fähigkeit.

D Verben

	pedir	
yo	pido	Das Verb **pedir** hat einen Stammvokalwechsel in der 1., 2., 3. Person Singular und in der 3. Person Plural: **e → i.** Genauso: **elegir**
tú	pides	
el / ella / usted	pide	
nosotros/-as	pedimos	
vosotros/-as	pedís	
ellos / ellas / ustedes	piden	

Comunicación

Über Hobbys und Freizeitaktivitäten sprechen

Los sábados salgo por la noche con mis amigos.
El fin de semana hago deporte.
Los domingos voy al cine.
Suelo descansar los viernes por la tarde.
Juego al fútbol los sábados.

Sich verabreden / Vorschläge machen

¿Quedamos el sábado para cenar?
¿Qué hacemos?
¿Adónde vamos?
¿Qué quieres hacer?
¿Vamos a ...?
¿Quieres ...?
¿Tienes ganas de ...?
¿Te apetece ...?
¿Te parece ...?
¿Por qué no vamos al teatro?
¿Y si nos vemos otro día?
¿Podemos ...?
¿En qué quedamos? / ¿Cómo quedamos?

Vorschläge annehmen:
Vale.
De acuerdo.
Muy bien. / Buena idea. / Perfecto.
Vorschläge ablehnen:
No puedo, lo siento mucho. Es que tengo que estudiar esta noche.
Es que no tengo tiempo / ya tengo plan.
Mejor otro día.

In einer Tapas-Bar bestellen und zahlen

¿Qué vais / van a tomar?
¿Qué os / les pongo?
¿Y de beber? ¿Y de tapa?

Para mí ...
Yo, un / una ...
Yo quiero ...
¿Cuánto es?
¿Me cobra/s?

Im Restaurant bestellen und zahlen

¿Les traigo la carta?
¿Saben ya que van a tomar?
¿Qué les traigo?
¿Y qué desean para beber?
¿Qué prefiere? ¿Con patatas o verduras?
Les recomiendo ...
¿Van a tomar postre?

¿Qué nos recomienda?
Yo voy a pedir ...
De primero ...
De segundo ...
Y de postre ...
Para beber, un vino tinto / una cerveza, por favor.
¿Nos trae la cuenta, por favor?

Über das Essen reden

Está todo muy bueno.
La tarta de chocolate está muy rica.
¿Por qué no pruebas un poco?

¿Preparados para encontrar trabajo?

- über berufliche Pläne und Erfahrungen berichten
- Stellenanzeigen verstehen
- sich schriftlich bewerben
- **pretérito indefinido** (regelmäßige und unregelmäßige Verben)

1 ¿Buscar trabajo? ¡Qué trabajo! Mire las fotos. ¿Qué ve en cada una de ellas? ¿Qué pasos hay que seguir para encontrar trabajo? Lea y ordénelos.

☐ Escribir la carta de presentación

☐ Prepararse para la entrevista

☐ Mirar anuncios y apuntarse en los portales de empresa

☐ Escribir el currículo

☐ Conocer los puntos fuertes y qué puntos mejorar

☐ Hacer un plan para buscar trabajo

☐ Enviar la solicitud para el puesto de trabajo

---

2 Una entrevista con una profesional de Recursos Humanos Escuche y compruebe.

44

---

3 ¿Y usted? ¿Está preparado/-a para encontrar trabajo? Empiece por el principio: sus puntos fuertes. ¿Cuáles son? ¿Y qué tiene que mejorar?

1

Bolsa de trabajo

Hotel 4* de MADRID de importante grupo hotelero internacional ofrece PRÁCTICAS: ASISTENTE DE RECEPCIÓN

Funciones
- gestión de reservas
- información turística
- atención telefónica
- gestión de quejas
- contabilidad

Se ofrece
- horario _____
- comidas y alojamiento en el hotel

Se requiere
- estudios de turismo, comercio, idiomas
- buen nivel de inglés
- responsable con ganas de _____

- No es necesaria _____

Mandar perfil a ...

Empresa en BARCELONA busca para su departamento de ventas UN/A ASISTENTE COMERCIAL CON ALEMÁN

Funciones
- gestión de correo y de la agenda de dirección
- organizar viajes y eventos
- gestión de _____
- tareas administrativas

Ofrecemos
Posibilidad de trabajar en empresa con oportunidades de desarrollo y buen clima _____

Requisitos
- _____
  de formación profesional
- con experiencia mínima de 2 años en puesto – español y catalán nativos
- imprescindible alemán
- Buscamos persona dinámica con iniciativa.

Cadena hotelera busca MONITORES DEPORTIVOS Y DE TIEMPO LIBRE para sus hoteles de 4 y 5 estrellas de las ISLAS CANARIAS.

Requisitos
- persona positiva, _____ ,
  capaz de trabajar en equipo y deportista
- _____

  de al menos dos idiomas (alemán, inglés, español y/o ruso)
- Se valora el talento para la danza y actuación.

Se ofrece:
- _____ de seis
  meses.
- La empresa cubre los gastos de alimentación y alojamiento (en Tenerife, Lanzarote, Fuerteventura y Gran Canaria).

Enviar CV a
animacion.canarias@iber.com

Palabras clave
el puesto: die Stelle
requisitos: Anforderungen
funciones: Aufgaben
se ofrece ...: wir bieten ...
se requiere ...: erforderlich sind ...
se valora ...: erwünscht sind ...

4 **a** Javi y Sandra buscan trabajo. Ahora miran anuncios. ¿Qué palabras faltan en cada uno? Escríbalas.

> aprender • estudios • comunicativa • conocimientos • completo • contrato • experiencia • laboral • pedidos

b Ahora Javi y Sandra hablan de las ofertas de trabajo. Lea lo que dicen. ¿A cuál de ellas se refieren?

1. ☐ No se necesita experiencia.
2. ☐ Hay que tener una formación profesional.
3. ☐ Piden conocimientos de inglés.
4. ☐ Tienes que saber tratar con la gente.
5. ☐ No es necesario saber alemán.
6. ☐ Ofrecen un contrato temporal.
7. ☐ No tienes que pagar comida ni habitación.

5 **a** Los siguientes jóvenes hablan de su formación y carrera profesional en un foro. Lea los textos y diga: ¿a cuál le pueden interesar los anuncios anteriores?

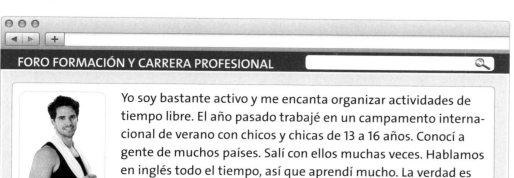

FORO FORMACIÓN Y CARRERA PROFESIONAL

Yo soy bastante activo y me encanta organizar actividades de tiempo libre. El año pasado trabajé en un campamento internacional de verano con chicos y chicas de 13 a 16 años. Conocí a gente de muchos países. Salí con ellos muchas veces. Hablamos en inglés todo el tiempo, así que aprendí mucho. La verdad es que lo pasamos fenomenal. Ahora busco un trabajo para este verano, es que quiero ahorrar para ...   *Manuel*

Terminé mis estudios de Formación Profesional en 2010 y después encontré trabajo en una empresa de Telecomunicación. Trabajé dos años allí como asistente comercial del departamento de publicidad. Pero con la crisis, cerraron la empresa y ahora estoy en paro. Hace seis meses empecé a estudiar alemán y ahora estoy mandando solicitudes a algunas empresas.   *María*

A nosotros, después de la ESO, nos ofrecieron la oportunidad de hacer la FP Dual en Madrid. Aprendimos materias como márquetin o gestionar un almacén. Y además recibimos también clases de alemán. Estudiamos y al mismo tiempo trabajamos y ganamos dinero. Terminamos con el título de Técnico de Comercio. Ahora buscamos trabajo. Creo que con esta formación lo vamos a conseguir ...   *Patricia y Juan*

b Mire las formas de los verbos. *Trabajé, aprendí* y *salí* son formas del indefinido. ¿De qué verbos? Busque otros ejemplos en los textos y complete la tabla:

El pretérito indefinido

	trabajar	aprender	salir
yo	_____	_____	_____
tú	trabaj-**aste**	aprend-**iste**	sal-**iste**
él / ella / usted	trabaj-**ó**	aprend-**ió**	sal-**ió**
nosotros/-as	_____	_____	_____
vosotros/-as	trabaj-**asteis**	aprend-**isteis**	sal-**isteis**
ellos / ellas / ustedes	trabaj-**aron**	aprend-**ieron**	sal-**ieron**

c **En parejas** Diga alguna información sobre una de las personas. Su compañero dice quién es.

– Trabajó en un campamento de verano. + Es Manuel.

2 **d** **Te toca a ti** Escriba un pequeño texto como los anteriores y cuente algo de su formación y / o experiencia en el mundo laboral.

La carta de presentación

6 a Lea la carta y diga: ¿qué puesto solicita? ¿Cree que al seleccionador le va a interesar como candidata y se va a leer su currículo o no? ¿Por qué?

Sandra Montero González
Avda. Américas, 11
28002 Madrid

[1] 8 de noviembre de 2015

Empresa Iberter
Dpto. de Recursos Humanos
C/Alcalá, 48
28020 Madrid [2]

Estimados señores: [3]
En respuesta a su anuncio del día 6 de noviembre, les escribo para solicitar el puesto de Asistente Comercial. [4]

Como pueden ver en mi currículo adjunto, en 2010 terminé mis estudios de FP con el título de Técnico en Actividades Comerciales. Después de mis estudios hice unas prácticas de seis meses en la empresa Indra de Madrid. Allí tuve un puesto en el Departamento de Ventas. Un año más tarde estuve en Alemania para perfeccionar mi alemán e hice el examen Kleines Sprachdiplom del Instituto Goethe. Cuando volví, empecé a trabajar en la multinacional Xpandex. Fui responsable de gestionar la agenda del director y organizar viajes y eventos a nivel internacional. Paralelamente hice un ciclo formativo de especialización sobre Comercio Internacional, que fue muy útil para tener experiencia en las funciones del puesto que ofrecen.

Soy una persona muy organizada, motivada y dispuesta a aprender y creo que cumplo con los requisitos para el puesto. [5]

Espero tener la oportunidad de conversar con ustedes en una entrevista. [6]
Quedo a su disposición para darles más información sobre mi C.V.

Reciban un cordial saludo, [7]

Sandra Montero González

⇨ 3 b **Y ahora por partes** Lea de nuevo la carta y diga a qué corresponde cada número.

◻ Hablar de los puntos fuertes

◻ Referencia al anuncio e interés por el puesto

◻ Despedida

◻ Saludo

◻ Es lo primero: la fecha de la carta.

◻ Deseo de recibir una invitación a una entrevista

◻ Va en la parte superior izquierda: el destinatario.

El currículum vitae

7 **a** El modelo tradicional de currículo tiene los siguientes apartados. ¿Son los mismos que en un currículo en alemán?

b Sandra ha olvidado incluir algunos datos en su currículo. ¿Dónde?

DATOS PERSONALES

Sandra Montero González

Fecha y _____ : 10/11/1992, Ávila

Dirección: Avda. Américas N° 11, 28002 Madrid
Teléfonos: 653879828/912127987
Email: Sandramon92@gmail.com
Carné de conducir B1

Formación académica

2008–2010   Formación Profesional en Madrid
2006–2008   Bachillerato, Instituto Teresa de Jesús, Ávila

Formación complementaria

2011–2012   Ciclos formativos de especialización
                 Comercio Internacional, Madrid

Experiencia profesional

09/2010–   Prácticas de _____ en el Dpto. de Ventas
02/2011   de Indra, Madrid.
2011–2014   Secretaria de dirección en la multinacional Xpandex

Idiomas

Inglés: Nivel C1 Título de la Escuela Oficial de Idiomas
Alemán: Nivel C1 _____ Kleines Sprachdiplom

Competencias digitales

Manejo de Windows:
Programas Microsoft Word (nivel avanzado), Excel
Bases de Datos: Access

Otros datos de interés

Disponibilidad para _____

---

programas ● certificado ● lugar de nacimiento ● viajar ● comercial

---

c Escribir el CV Y ahora escriba su propio currículo según el modelo tradicional y entréguelo a su profesor/a.

d Escriba una versión corregida de su currículo. ¡Ahora sin fallos!

Para practicar más

 3

1 **Y usted, ¿qué tiene que mejorar?** **Elija entre las posibilidades dadas.**

> Mi punto fuerte es que soy flexible y hablo muy bien inglés y alemán. Pero a veces soy un poco desorganizado.

> Yo soy muy organizada y me gusta trabajar en equipo. Pero tengo que mejorar un poco mi inglés.

> saber inglés / español / alemán / chino / ruso ... • saber trabajar en equipo •
> saber comunicarse • saber organizar y planificar • ser flexible • ser responsable •
> ser trabajador/a • tener motivación para aprender • tener conocimientos de ...

 5

2 **Mediación** **Resuma la información más importante en alemán.**

> **FP Dual en España**
> Desde 2013 existe en España la Formación Profesional Dual. Esta permite trabajar y al mismo tiempo formarse en una empresa para obtener un título de FP.
> El número de centros que ofrecen esta modalidad y el número de alumnos crece constantemente desde entonces (de 4.292 alumnos matriculados en 2013 a 9.555 en 2014, un aumento de más del 100 %). La Comunidad Autónoma con más centros es Cataluña, seguida del País Vasco y Andalucía.

⬅ 6

3 **El indefinido tiene formas irregulares.** **¿Ve algunos ejemplos en la carta de Sandra? ¿De qué verbos son? ¿Qué formas se parecen? Complete.**

ir / ser	tener	estar	hacer
	tuve		
fuiste	tuviste	estuviste	hiciste
	tuvo	estuvo	hizo
fuimos	tuvimos	estuvimos	hicimos
fuisteis	tuvisteis	estuvisteis	hicisteis
fueron	tuvieron	estuvieron	hicieron

⬅ 7

4 **a** **¿Cómo hablar del CV?** **En algún momento va a tener que hablar de su currículo en una entrevista. ¿Cómo puede hacerlo en español?**

Imagine que la empresa quiere saber ... • qué estudios tiene usted • qué experiencia profesional tiene usted • qué conocimientos de idiomas tiene usted.

⬅ 7

b **Prepare las respuestas y preséntelas a dos compañeros.** **Cada uno le hace una pregunta más. Improvise la respuesta.**

Panorama sociocultural

8 a Lea el título y los subtítulos. ¿De qué temas va a tratar el texto?
¿Cómo cree que afecta la crisis a los jóvenes? ¿Y qué relación hay entre
la formación y el empleo?

Jóvenes en España: cualificación y empleo

*La crisis económica ha afectado a España muy especialmente
en el empleo juvenil. La tasa general de parados es del 23 %
mientras que la tasa de paro juvenil es del 52 %.*

Jóvenes y cualificación

El nivel educativo de los jóvenes en España, es cla-
ramente diferente del resto de la Unión Europea.
Por una parte, hay un gran número de jóvenes
con niveles demasiado bajos de educación y
formación: el 31 % de los jóvenes españoles entre
18 y 24 años no tiene el Bachillerato (Educación
Secundaria Superior), en cambio la media
europea es del 14 %. Además sólo un 9 % de la
población española tiene un título de FP de grado
medio. En otros países como Alemania, Francia,
Italia o Reino Unido la población con un nivel
intermedio de cualificación es mucho más alta.
Por otra parte, el número de universitarios en
España está por encima de la media europea
(un 38 % frente a un 31 %).

La crisis ayuda

Un efecto positivo de la crisis económica es que
está aumentando el número de jóvenes que
siguen con los estudios después de la ESO: hacen
el Bachillerato o una Formación Profesional.

Jóvenes y crisis: ¿un problema *nini*?

España es actualmente el país de la UE con mayor
porcentaje de los llamados ninis, jóvenes que ni
estudian ni trabajan. Uno de cada cuatro (el 25 %)
chicos y chicas de entre 15 y 29 años no hace nada
en la vida. Pero no todos los ninis son jóvenes sin

iniciativa o proyecto de vida. El problema en
España es que la mayoría de los ninis están en
paro; es decir, están buscando trabajo.

Buscar empleo fuera del país

Ante el actual panorama laboral en España, cada
vez más jóvenes españoles emigran a otros países
en busca de una oportunidad laboral, en su
mayoría jóvenes cualificados: ingenieros,
arquitectos e informáticos, especialmente. Los
principales destinos son Alemania, Reino Unido y
Francia, así como Argentina, Chile, México o
Brasil.

Retos y medidas

En la actualidad, el Gobierno busca mejorar el
empleo juvenil con nuevas fórmulas como im-
plantar la formación profesional dual en el sistema educativo y las ayudas a jóvenes empresarios.

b **Ahora lea el texto y subraye la información más importante. En grupos:
cada uno elige dos títulos y explica brevemente con sus propias palabras
algo sobre el tema:**

> paro juvenil ● nivel educativo: ¿qué diferencias hay entre España y Alemania? ●
> un aspecto positivo de la crisis ● el concepto de los ninis ●
> opciones para los jóvenes ● cómo mejorar la situación

**Importante naviera busca tripulación para trabajar a bordo de
TRES NUEVOS CRUCEROS**

Se ofrecen: 400 puestos de trabajo:
camareros, cocineros, bailarines, recepcionistas, monitores de jóvenes,
administrativos, etc.
– contratos de 6 a 8 meses
– posibilidad de hacer carrera y conocer el mundo
– salario más alto que en trabajo similar en tierra
– incluye alojamiento
– posibilidad de ascender en la naviera

Requisitos:
– ser mayor de 21 años
– nivel B2 de inglés
– experiencia mínima de 1 año
– flexibilidad y capacidad para trabajar en equipo
– Se valoran conocimientos de otros idiomas.

¡Todos a bordo!

1 Los perfiles de los candidatos

**a Una importante naviera ofrece 400 puestos de trabajo para tres nuevos
cruceros. Lean el anuncio, elijan uno de los puestos y escriban en grupos el
perfil del candidato ideal.**

> edad • formación • experiencia • idiomas • competencias personales

**b Imaginen que son los candidatos perfectos para entrar a formar parte
de la tripulación del crucero. Escriban una descripción de su trayectoria
profesional y su CV.**

**2 Ahora intercambien sus candidaturas con otro grupo. Cada grupo es ahora
el personal encargado del reclutamiento. Lean atentamente y tomen una
decisión: ¿qué candidatos pasan a la entrevista y cuáles no? ¿Por qué?**

Para muy curiosos

Busquen anuncios de trabajo en Internet y piensen cuál puede interesarles.

 Desafío

En grupos, piensen en un puesto de trabajo y describan qué requisitos se necesitan o no.
Los otros adivinan de qué puesto se trata:
Tiene que tener buena presencia y ser simpático/-a.
Tiene que conocer muy bien algunos lugares.
Tiene que hablar idiomas ...
¡Ya sé, es un/a guía turístico!

Repaso

A Pretérito indefinido

El año pasado **trabajé** en un campamento internacional de verano.

Hablamos en inglés todo el tiempo.
Hace dos años, con la crisis, **cerraron** la empresa.
Nos **ofrecieron** la oportunidad de hacer la FP dual.

¿**Hiciste** la formación de FP?
¿O **estudiaste** en la universidad?

Das **pretérito indefinido** steht bei Handlungen und Ereignissen innerhalb eines Zeitraums der Vergangenheit, den der Sprecher als abgeschlossen betrachtet. Oft handelt es sich um einmalige Handlungen und Ereignisse.
Daher steht es häufig mit Zeitangaben wie **el año pasado, hace dos años, en el año 2013** usw.

Verben mit einer orthographischen Veränderung sind z. B.: **empezar: empecé – empezó, realizar: realicé – realizó, buscar: busqué – buscó.**

B Regelmäßige Verben im pretérito indefinido

	trabajar	aprender	salir
yo	trabaj**é**	aprend**í**	sal**í**
tú	trabaj**aste**	aprend**iste**	sal**iste**
él / ella / usted	trabaj**ó**	aprend**ió**	sal**ió**
nosotros/-as	trabaj**amos**	aprend**imos**	sal**imos**
vosotros/-as	trabaj**asteis**	aprend**isteis**	sal**isteis**
ellos / ellas / ustedes	trabaj**aron**	aprend**ieron**	sal**ieron**

C Unregelmäßige Verben im pretérito indefinido

	ser/ir	hacer	tener	estar	poder
yo	fu**i**	hic**e**	tuv**e**	estuv**e**	pud**e**
tú	fu**iste**	hic**iste**	tuv**iste**	estuv**iste**	pud**iste**
él / ella / usted	fu**e**	hi**zo**	tuv**o**	estuv**o**	pud**o**
nosotros/-as	fu**imos**	hic**imos**	tuv**imos**	estuv**imos**	pud**imos**
vosotros/-as	fu**isteis**	hic**isteis**	tuv**isteis**	estuv**isteis**	pud**isteis**
ellos / ellas / ustedes	fu**eron**	hic**ieron**	tuv**ieron**	estuv**ieron**	pud**ieron**

Comunicación

Über berufliche Kenntnisse und Fähigkeiten sprechen

¿Cuáles son sus puntos fuertes?

¿Qué tiene que mejorar?

Mi principal punto fuerte es que soy creativo/-a y flexible.

Soy bastante activo/-a. Me encanta organizar actividades al aire libre.

Soy una persona muy organizada, motivada y dispuesta a aprender.

Tengo mucha motivación y soy capaz de aprender.

Sé comunicarme con la gente y sé cuatro idiomas.

A veces soy un poco desorganizado/-a.

Tengo que mejorar un poco mi inglés.

Über die Ausbildung und Berufserfahrungen sprechen

Estudié Técnico Superior de Informática.

Terminé mis estudios de Asistente Comercial con Lenguas Extranjeras hace dos años.

Hice unas prácticas de tres meses en una empresa.

Trabajé un año como secretario/-a de dirección.

Nos gustó mucho poder combinar teoría y práctica.

Estudiamos y trabajamos y al mismo tiempo ganamos dinero.

Me ocupé de ...

Estuve a cargo de ...

Realicé tareas de administrativo.

Dirigí un equipo de ...

Stellenanzeigen verstehen

En los portales de empresa hay ofertas de empleo.

Buscan candidatos para un puesto de asistente comercial.

No piden experiencia.

Hay que tener una formación profesional.

Tienes que saber tratar con la gente.

Cumplo con todos los requisitos.

Piden un nivel de inglés alto.

Ofrecen un contrato de un año / un contrato fijo / temporal.

Sich schriftlich bewerben

En respuesta a su anuncio de ...

Les envío mi CV para solicitar el puesto de ...

Como pueden ver en el currículo adjunto ...

Quedo a su disposición para darles más información sobre mi currículo.

Espero tener la oportunidad de conversar con ustedes en una entrevista.

¡Suerte en la entrevista!

Unidad 9

- Ratschläge geben
- Vorstellungsgespräche führen
- über Erfahrungen in der Vergangenheit sprechen
- bejahter Imperativ
- das **pretérito perfecto**
- Kontrastierung **indefinido / perfecto**

1 Algunos candidatos reciben una invitación a una entrevista de trabajo.
¿Cómo reaccionan? ¿En qué piensan? Lea y relacione con los temas.

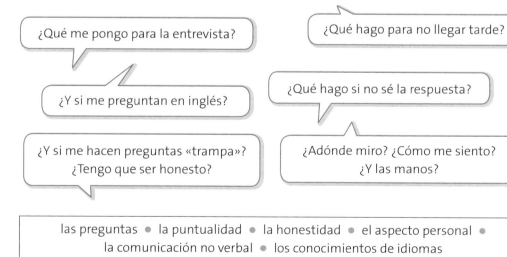

¿Qué me pongo para la entrevista?

¿Qué hago para no llegar tarde?

¿Y si me preguntan en inglés?

¿Qué hago si no sé la respuesta?

¿Y si me hacen preguntas «trampa»? ¿Tengo que ser honesto?

¿Adónde miro? ¿Cómo me siento? ¿Y las manos?

las preguntas • la puntualidad • la honestidad • el aspecto personal •
la comunicación no verbal • los conocimientos de idiomas

---

2 ¿Y usted, qué piensa antes de ir a una entrevista de trabajo?

---

3 Mire las viñetas y coméntelas con sus compañeros.

Claves del éxito

4 Lea los consejos y relacione cada uno de ellos con otro de la derecha. ¿Cuáles recuerdan los candidatos antes de entrar en la entrevista? ¿Cuáles son para usted los tres más importantes? Compare con sus compañeros/-as.

La entrevista de trabajo es decisiva para conseguir un empleo. Por eso hay que prepararse bien antes. Aquí tiene algunos consejos para tener éxito en la entrevista:

Claves del éxito

1 **Repase** bien su currículo y ...
2 **Visite** la página web de la empresa:
3 **Cuide** su aspecto personal:
4 **Llegue** con tiempo y mientras espera:
5 **Escuche** atentamente al entrevistador o a la entrevistadora (¡sin interrumpir!) y ...
6 **Mire** al entrevistador y ...
7 **Hable** con naturalidad ...

A **muestre** interés. ¡Una sonrisa es muy importante!
B **responda** despacio sin hablar mucho o usando sí o no.
C ... y **evite** críticas sobre sus compañeros o jefes.
D **¡relájese!**
E **lea su** historia, descripción, servicios, etc.
F **resuma** su trayectoria profesional y habilidades.
G **evite** ropa llamativa.

¡Responde tranquilo!

¡Resume bien (tus respuestas)!

¡Relájate!

¡Evita las críticas!

¡Escucha primero!

¡Habla con naturalidad!

¡Muestra interés ... y una sonrisa!

---

5 Descubrir Lea otra vez los consejos. *Hable, responda* y *resuma* son las formas del imperativo (afirmativo) de usted. ¿De qué verbos? Busque en la foto las formas correspondientes para tutear y complete la tabla:

 1a 1b

Imperativo (afirmativo)

	hablar	responder	resumir
(tú)	habl___	respond___	resum___
(vosotros/-as)	hablad	responded	resumid
(usted)	hable	responda	resuma
(ustedes)	hablen	respondan	resuman

Der bejahte Imperativ in der **Du**-Form entspricht der 3. Person Singular Präsens:
¡Escucha!
¡Responde!
¡Resume!

En la entrevista

6 Estas son algunas preguntas frecuentes en una entrevista de trabajo.
Léalas y agrúpelas en tres tipos:

| 1 | el puesto de trabajo | | 2 | cuestiones personales | | 3 | trayectoria profesional |

☐ ¿Puede hablar un poco de usted?

☐ ¿Cómo trabaja usted bajo presión de tiempo?

☐ ¿Puede resumir su trayectoria profesional?

☐ ¿Ha trabajado alguna vez en equipo?

☐ ¿Cuál ha sido su mejor experiencia como estudiante o en su vida profesional?

☐ ¿Cuáles son sus puntos fuertes? ¿Y los débiles?

☐ ¿Cómo es su nivel de inglés o alemán?

☐ ¿Ha usado sus conocimientos de inglés o alemán en el trabajo?

☐ ¿Por qué ha decidido presentarse para el puesto en nuestra empresa?

☐ ¿Por qué cree que es la persona adecuada para el puesto?

☐ ¿Se ha informado sobre nuestra empresa?

---

7 a Escuche la entrevista. Fíjese primero en las preguntas: ¿cuáles de las preguntas de la lista hace la entrevistadora? Márquelas. ¿Qué más quiere saber?

🎧 45

b Y ahora las respuestas Imagine que usted es el / la entrevistador/a: ¿qué escribe en sus notas sobre la candidata? ¿Ha hecho bien la entrevista Sandra? ¿Ha tenido alguna pregunta «trampa» / sorpresa? ¿Ha hecho algún error?

| nombre • formación • experiencia • idiomas • personalidad • habilidades |

VALORACIÓN

– **puntos positivos:** _____

– **puntos negativos:** _____

Experiencias

8 a Estas son algunas de las respuestas de Sandra. *He trabajado, he leído* y *he decidido* son formas del pretérito perfecto. Mire la tabla: ¿cómo se forma? ¿Qué terminaciones hay para el participio?

Das pretérito perfecto

	Presente de **haber**	+ Participio
(yo)	he	Verbos en **-ar** → **ado**
(tú)	has	trabajar – trabaj**ado**
(él / ella / usted)	ha	Verbos en **-er** → **ido**
(nosotros / nosotras)	hemos	leer – le**ído**
(vosotros / vosotras)	habéis	Verbos en **-ir** → **ido**
(ellos / ellas / ustedes)	han	decidir – decid**ido**

b Complete las respuestas de Sandra.

① **Me he informado** sobre la empresa y **he leído** su página web. Por eso **he decidido** presentarme.

② **He trabajado ya** en varias empresas.

1. Hasta ahora *he hecho* _____ tareas de organización,

   _____ (llevar) la agenda de dirección y

   _____ (preparar) reuniones en la empresa.

2. Ha _____ (ser) una experiencia muy buena.

   _____ (yo / trabajar) con personas de varios países,

   _____ (organizar) eventos internacionales y así

   _____ (aprender) mucho.

3. Creo que trabajo bien bajo presión. Siempre _____ (trabajar) a un buen ritmo.

---

9 Experiencias ¿Qué ha hecho ya en su vida? Anote varias cosas. Luego
⇨ 2 pregunte a sus compañeros. ¿Alguna experiencia inolvidable?

– *¿Has comido insectos alguna vez?* _____
+ *No, nunca.* _____
– *¿Te has mudado alguna vez de ciudad?* _____
+ *Sí, me he mudado de ciudad ya tres veces.* _____

10 **a** **¿Cómo está Juan?** Mire los dibujos y diga cómo está:

> nervioso/-a • cansado/-a • triste • contento/-a •
> de buen / mal humor • enfadado/-a • preocupado/-a

b **¿Por qué crees que está así?** **¿Qué le ha pasado?** Lea el ejemplo y cuente.
¿Y tú, cómo estás hoy?

– ¿Qué le pasa a Juan? ¿Por qué está tan contento en el 1?
+ Es que esta semana ha tenido una entrevista de trabajo y hoy lo han llamado por
teléfono. ¡Ha conseguido el puesto!

¿Cómo está?	¿Qué le ha pasado?
Laura / contenta	... hoy (hacer) un examen y (tener) una buena nota.
Lucas / cansado	... esta semana (salir) todos los días por la noche, (llegar) a casa muy tarde y (dormir) muy poco.
Javi / nervioso	... esta mañana (discutir) con su novia y no le (contestar) a los WhatsApps.
Carla / de buen humor	... (ganar) un viaje a Mallorca en la tele.
Quique / triste	... (perder) el móvil.
¿Otros?	

> Hoy, esta semana, este
> mes, ... sind Signalwörter
> für das Perfekt.
> Ayer, la semana pasada, el
> año pasado, ... sind Signal-
> wörter für das indefinido.

---

11 **Práctica en prácticas** Lea el correo electrónico y conteste a las preguntas.

3

1. ¿Por qué le escribe Marcos a Luis?
2. ¿Cuándo tuvo la entrevista de trabajo? ¿Cómo le fue?
3. ¿Cuándo firmó el contrato para las prácticas?
4. ¿Cuándo ha empezado a trabajar?

Para: Luis
Asunto: prácticas

¡Hola Luis!

¿Sabes una cosa? ¡Por fin he encontrado un sitio para mis prácticas! El mes pasado
mandé algunos currículos y la semana pasada tuve una entrevista en una empresa
de Elche. La verdad es que me fue bien, pero ya sabes, con tantos candidatos nunca
puedes estar seguro.
¡Pues me han llamado esta semana! Ayer firmé el contrato y hoy ha sido mi primer
día.
Te cuento ...

Marcos

Para practicar más

1 a ¿Tú o usted? Lea los consejos e instrucciones. ¿De quién / Para quién
pueden ser? ¿Tutean o hablan de usted? Escriba luego la otra forma (de tú
o de usted):

1. Describe tu trayectoria profesional.
2. Pregunta algo.
3. Escribid el nombre y el apellido y pensad bien las respuestas.
4. Vuelve pronto y conduce con cuidado.
5. Coma menos y evite la cómida rápida.

b ¿Te doy un consejo? ¿Qué consejos les da a estas personas?

— Soy nuevo en la ciudad y no conozco a nadie.
— Quiero sacar buenas notas en mi instituto.
— Tengo que hacer unas prácticas, pero todavía no sé dónde (*Praktikumsplatz*).
— Voy a ir a Madrid dentro de tres meses. ¿Qué puedo hacer para aprender bien español?
— En las entrevistas de trabajo me bloqueo y no sé qué decir.
— En mi currículo puse que hablo muy bien inglés, pero no es verdad. ¿Y si me hablan en inglés? ¿Qué hago?

> buscar (un trabajo / en Internet / un intercambio ...) ●
> estudiar (con compañeros de clase / todos los días un poco ...) ●
> practicar (con españoles / el inglés antes ...) ● leer (las ofertas / páginas web ...) ●
> la comunicación no verbal ● los conocimientos de idiomas

---

2 Experiencias ¿Cuáles de estas cosas ha hecho ya en su vida y cuáles no?
Anótelas. Luego pregunte a sus compañeros. ¿Alguna experiencia
inolvidable?

- ☐ buscar / perder un trabajo
- ☐ estar en una playa nudista
- ☐ hacer un crucero
- ☐ comer insectos / serpiente

- ☐ pasar toda la noche sin dormir
- ☐ mudarse de ciudad
- ☐ conocer a un/a famoso/-a
- ☐ conocer a alguien en un chat

---

3 Lea otra vez el correo de Marcos. Subraye todos los verbos en *indefinido*
con un color y los verbos en *perfecto* con otro color. Lea la explicación y diga
por qué usa cada tiempo en cada caso.

Contraste pretérito perfecto / pretérito indefinido

pretérito perfecto	pretérito indefinido
Acontecimientos pasados, en un tiempo cercano al presente o en un espacio de tiempo que aún no ha terminado.	Acontecimientos pasados, en un tiempo lejano o distinto al momento en que se habla.
Hoy ha sido mi primer día de trabajo.	**Ayer firmé** el contrato de prácticas.
Marcadores temporales: hoy, esta mañana, esta semana, este fin de semana, este mes, este año, ya, hasta ahora, todavía no, últimamente, nunca	**Marcadores temporales:** ayer, anoche, la semana pasada, el mes pasado, el año pasado, el otro día

Panorama sociocultural

Empresas ejemplares Cada vez son más las empresas en España que tienen en cuenta aspectos sociales como el bienestar de sus empleados y el cuidado del medio ambiente.

Javier, *Madrid*

Yo trabajo en una PyME que respeta el medio ambiente. Usamos materiales como botellas de plástico y neumáticos. Hacemos productos de moda, ropa y accesorios usando solo materiales reciclados. Fabricamos, por ejemplo sandalias con neumáticos usados. Otro ejemplo son nuestras fundas para móviles o las mochilas hechas con botellas de plástico recicladas.

Mercedes, *Barcelona*

Nosotros somos una empresa pequeña. Fabricamos lámparas y trabajamos en colaboración con artesanos indígenas de Colombia y también de Brasil. Así los indígenas tienen un trabajo digno y nosotros vendemos cosas bonitas.

Ricardo, *Valencia*

Todos los empleados, estamos muy contentos en la empresa. Los precios de la comida en la cantina son realmente buenos. Además, tenemos un gimnasio y una guardería. En fin, un montón de facilidades.

Adriana, *Málaga*

Creo que un aspecto muy positivo de esta empresa es la responsabilidad social. Las mujeres y los hombres tenemos las mismas oportunidades. Y es fácil compaginar familia y trabajo. Yo, por ejemplo, tuve una jornada laboral de solo 5 horas después de la baja por maternidad. ¡Es genial!

Antonio, *Madrid*

Para nosotros es muy importante fomentar la formación y el desarrollo profesional. Cuando una persona es nueva en la compañía recibe un programa de formación. Además, la flexibilidad es también otro factor importante. Por ejemplo, si un empleado quiere irse un año o más a trabajar a una de nuestras empresas en el extranjero, puede hacerlo y después puede volver a su puesto.

12 **Lea el título del texto.** ¿Qué imagina que puede hacer una empresa para «ser ejemplar»? Lea el texto completo y compruebe.

13 **a Estos son algunos estándares sociales para empresas.** ¿Con cuáles cumplen las empresas de los textos?

> respeto a los derechos humanos ● respeto al medio ambiente ●
> fomento del desarrollo personal de los empleados ●
> fomento del desarrollo profesional de los empleados ●
> el bienestar de los empleados ● posibilidad de conciliar familia y trabajo

b Busque en las páginas web de distintas empresas. ¿Cuáles son los estándares sociales que se mencionan? Apunte algunos ejemplos y preséntelos.

Un blog: ¿Buscas trabajo?

1 **Van a elaborar una página para un blog sobre «cómo encontrar trabajo». Formen grupos de tres o cuatro personas.**

Cada grupo elige **una sección del blog** en la que va a escribir:

BLOG: ¿BUSCAS TRABAJOS?

▷ ▷ Consejos y recomendaciones para superar con éxito una entrevista:
El aspecto y la comunicación no verbal
El estilo: la ropa (prendas y colores), pelo, adornos, perfume
Lenguaje no verbal: mirada, voz, gestos, postura

▷ ▷ Consejos para un amigo español o una amiga española que quiere trabajar en Alemania:
Decálogo para no «meter la pata» en la entrevista

▷ ▷ Simulador de entrevistas de trabajo:
Elaboren un perfil de candidato.
Elaboren un guión de preguntas para los seleccionadores.
Simulen una entrevista de trabajo repartiendo los papeles: candidatos y seleccionadores.

▷ ▷ Cuenta tu experiencia:
Relaten alguna experiencia de sus prácticas.
Incluyan: para qué puesto se presentó / cómo fue la entrevista de trabajo / tareas que realizó como estudiante en prácticas o en un trabajo de vacaciones / valoración de la experiencia.
Relato de una experiencia que no salió bien (contando qué error hizo).
¡Aprendan de los errores!

2 **Presenten resultados al resto de la clase y comenten qué les ha parecido. Practiquen la escucha activa: resuman lo que han dicho sus compañeros y digan qué es lo que más les ha gustado o sorprendido.**

 Desafío

– Escriban un pequeño texto contando alguna experiencia de trabajo de vacaciones o de sus prácticas.
– Incluyan: para qué puesto se presentó / cómo fue la entrevista de trabajo / tareas que realizó / cómo fue la experiencia – qué fue bien y qué salió mal.
– Escucha activa: presenten su texto al resto de la clase. Los compañeros escuchan y resumen lo que han escuchado.
– Digan qué es lo que más les ha gustado o sorprendido.

Repaso

A Bejahter Imperativ

	hablar	leer	resumir
tú	habla	lee	resume
vosotros/-as	hablad	leed	resumid
usted	hable	lea	resuma
ustedes	hablen	lean	resuman

Der bejahte Imperativ in der Du-Form entspricht der 3. Person Singular Präsens:

Habla despacio. = Sprich langsam.
Habla despacio. = Er/Sie spricht langsam.

Bei der Ihr-Form (**vosotros**) wird das **r** des Infinitivs durch **d** ersetzt:

hablar – hablad; **ver – ved**; **escribir – escribid**.

Reflexive Verben: **dúchate – duchaos**

Unregelmäßige Formen in der Du-Form:
hacer – **haz**; ser – **sé**; decir – **di**; tener – **ten**;
venir – **ven**; ir – **ve**; salir – **sal**; poner – **pon**

Die Pronomen stehen immer nach dem Verb, auch bei Reflexivpronomen.
Háblame un poco de tu currículum.
Preséntate.

B Das pretérito perfecto

he	Verbos en **-ar** → **ado**
has	trabajar – **trabajado**
ha	Verbos en **-er** → **ido**
hemos	aprender – **aprendido**
habéis	Verbos en **-ir** → **ido**
han	vivir – **vivido**

Das Perfekt steht bei Handlungen innerhalb eines Zeitraums der Vergangenheit, den der Sprecher als noch nicht abgeschlossen betrachtet. Daher steht es häufig mit Zeitangaben wie **hoy, esta semana, este año**.

Participios irregulares:
hacer – **hecho**; decir – **dicho**; ver – **visto**;
escribir – **escrito**; poner – **puesto**; morir – **muerto**;
volver – **vuelto**

Das Perfekt wird im Spanischen für vergangene Handlungen und Ereignisse verwendet, die einen Bezug zur Gegenwart haben.

Este año he trabajado dos meses en Madrid.

– ¿Qué tal **te ha ido** en la entrevista?
+ Creo que **me ha ido** muy bien.

¿Has estado alguna vez en Londres?

Es steht auch bei vergangenen Handlungen und Ereignissen, deren Zeitpunkt nicht näher angegeben wird, oft zusammen mit **alguna vez, muchas veces, ya, nunca**.

C Pretérito perfecto und indefinido im Vergleich

Ayer firmé el contrato de prácticas.

Das **indefinido** steht bei einem Zeitraum in der Vergangenheit, der als abgeschlossen gilt.

Hoy ha sido mi primer día de trabajo.

Das **perfecto** steht bei einem Zeitraum in der Vergangenheit, der als noch nicht abgeschlossen gilt und/oder in die Gegenwart hineinreicht.

Comunicación

Ratschläge geben

Prepara bien la entrevista.
Llegad puntuales.
Escucha al entrevistador.
Cuide su aspecto personal.
Llegue con tiempo.
Hable con naturalidad.
¡Relájese!

Vorstellungsgespräche führen

– ¿Qué hago durante la entrevista?
+ Escuche primero. Responda tranquilo. Resuma bien sus respuestas. Mire al entrevistador.
¿Puede hablar un poco de usted?
¿Cómo trabaja usted bajo presión de tiempo?
¿Ha trabajado alguna vez en equipo?
¿Cuáles son sus puntos fuertes?
¿Y los débiles?
¿Cómo es su nivel de inglés?
¿Por qué cree que es la persona adecuada para el puesto?
He trabajado en varias empresas.
Hasta ahora he hecho tareas de organización.
He preparado reuniones en la empresa.
Ha sido una experiencia muy buena.
He trabajado con personas de varios países.
Creo que trabajo bien bajo presión.

Über Erfahrungen in der Vergangenheit sprechen

He estado dos meses en Londres.
Este verano ha hecho prácticas en una empresa.
El año pasado hice un curso de español.
Ayer empecé a trabajar.
– ¿Te has mudado alguna vez de ciudad?
+ Sí, me he mudado de ciudad ya tres veces.
– ¿Cuándo tuvo Marcos la entrevista de trabajo? ¿Cómo le fue?
¿Cuándo firmó el contrato de prácticas?
¿Cuándo ha empezado a trabajar?
Me han llamado esta semana.
Ayer firmé el contrato.
Hoy ha sido mi primer día.

V E R Y C O M P R E N D E R
V Í D E O

1 Mire los fotogramas. ¿Dónde están Patricia y Alejandro? ¿Cómo es el local? ¿Qué hora puede ser? Ordene y describa las fotos.

2 a Vea ahora el vídeo sin sonido. ¿Qué toman Patricia y Alejandro? ¿Comparten la comida? ¿Y la cuenta?

b Vea ahora el vídeo con sonido y compare con sus suposiciones.

3 Mire estos fotogramas y descríbalos. ¿Para qué cree que llama Alejandro? ¿Y por qué pone Patricia esa cara en el último fotograma?

4 Vea el segundo vídeo y conteste las preguntas:

¿Adónde quieren ir y cuándo? ¿A qué hora quedan? ¿Dónde? ¿Qué películas le gustan a Patricia? ¿Qué película van a ver? ¿Quién va a comprar las entradas? ¿Por qué? ¿Qué van a hacer después?

5 En parejas, imaginen cómo sigue. ¿Qué cree que hace Patricia? ¿Y qué dice él? Preparen el final y represéntenlo en clase.

¿Lo llama? ¿Le escribe? ¿Va a su casa y le hace una escena? ...

E S P A Ñ A
I N T E R C U L T U R A L

¿Quién paga la cuenta?

En España normalmente una persona, hombre o mujer, paga todo, y otra vez es otra persona quien paga todo. O bien se divide la cuenta a partes iguales, pero no es habitual pagar cada uno su propia consumición y los camareros no hacen cuentas separadas.

C Ó M O   E S C R I B I R   B I E N

La carta comercial

Die Geschäftskorrespondenz hat sich stark vereinfacht:

1. Dirección del remitente
Firmendresse des Absenders

2. Dirección del destinatario
Empfänger

3. Fecha
Das Datum

4. Asunto
Betreff, z. B.:

5. Referencia
Bezug

6. Saludo
Grußformel

7. Despedida
Schlussformel

8. Firma
Unterschrift
Wichtige Dokumente
müssen von Hand unterschrieben
werden. Man benutzt Abkürzungen, um
seine Funktion in der Firma anzugeben.

C/ Maiquez, 20 (1ºA)
28009 Madrid

Formell: **A la atención de ...** *Zu Hdn. von ...*
Stella Maris, S.L., Servicios Integrales
Plaza Mercadel, 3
17050 Gerona

Madrid, 30 de agosto de 2015 oder **Madrid, 30/8/15**

Petición de información *Bitte um Auskunft, Anfrage*
Oferta especial de temporada *Angebot der Saison*

S/ carta del ... *Ihr Brief vom ...*
N/ llamada del ... *Unser Anruf vom ...*
S/ anuncio en ... *Ihre Anzeige in ...*

In Rundbriefen: **Señores: / Señores y señoras:** oder
Estimado cliente / Estimada clienta:
Die Empfänger sind nicht persönlich bekannt:
Estimados señores: *Sehr geehrte Damen und Herren, ...*
Die Empfänger sind persönlich bekannt:
Estimada señora Molina: *Sehr geehrte Frau Molina,*

Formell: **Atentamente, ...** oder **Le/s saluda atentamente, ...** oder
Lo/s / La/s saluda atte. (in Lateinamerika) ...
Weniger formell: **Un cordial saludo, ...** oder **Cordialmente, ...**

p. p. por poder *per Prokura*
p. o. por orden *im Auftrag*
p. d. por delegación *in Vertretung*

La profesión, día a día

- über den Arbeitsalltag sprechen
- ein Arbeitsessen organisieren
- **imperfecto**
- Kontrastierung von **indefinido** und **imperfecto**
- **Indefinitpronomen**
- **cuando**

1 Mire las fotos e imagine. ¿Quiénes son? ¿Dónde están? ¿En qué trabajan? ¿Qué están haciendo? Después escuche y compare.

46

2 ¿Qué piensa usted? Intercambie opiniones. Escuche otra vez y relacione con las personas de las fotos.

46

	sí	no	
1. Hoy en día no es necesario «estar localizable».	☐	☐	_____
2. Es agradable trabajar con gente de fuera.	☐	☐	_____
3. La financiación es lo principal.	☐	☐	_____
4. Hablar idiomas no es ninguna gran ventaja.	☐	☐	_____
5. La vida privada prácticamente no existe.	☐	☐	_____
6. Es duro trabajar por la noche y durante los fines de semana.	☐	☐	_____

Reunión de trabajo

3 **Lea el folleto.** Nuria busca un restaurante para la cena. ¿Qué ofrece este?

→ 2

> ubicación • características • servicios • horarios • precios

La Casona Vieja

Restaurante cien por cien español en Marruecos, en Gueliz, el centro nuevo de Marrakech
- 2 salones y 3 patios orientales
- Ambiente familiar
- Cocina tradicional y mediterránea
- Especialidades regionales

Precio:
- Intervalo de precios: 15–35 €
- Menú mediodía: 11 €

Horario:
Abierto de lunes a sábado de 13.00 a 16.00 y de 20.00 a 23.30

Servicios:
- Organizamos comidas de negocios
- Para más información, mire nuestra página web.

---

4 **Reserva de mesa** Lea los mensajes y la invitación. Informe. ¿Dónde tiene lugar la comida? ¿Cuándo? ¿Quién invita? ¿Cuántas personas son?

La Casona Vieja

Para picar
tortilla, calamares, patatas bravas, mejillones, jamón, aceitunas

De primero
ensalada mixta, sopa del día, gambas al pilpil, paella valenciana, falafel, lasaña

De segundo
pescado asado con arroz, filete de ternera con patatas fritas, pollo con cuscús, cordero asado, croquetas de tofu

Postres
flan casero, helado con fresas, crema catalana, fruta del tiempo, palomitas de maíz, café

Bebidas
Selección de vinos españoles y marroquíes, agua, zumos, cervezas, té de menta, anís, cafe

---

Para: Salma El Benaye, La Casona Vieja
Asunto: comida de negocios

Buenos días, Salma:

Necesito una mesa para una cena de trabajo el próximo viernes 18 de marzo, a las 21 h. Somos 15 personas. ¿Hay comida para alérgicos y veganos?

Saludos, Nuria

Xpandex & Co

Para: Nuria Velez, Xpandex
Asunto: Re: comida de negocios

Hola Nuria:

Os he reservado una mesa para 15 personas en un salón pequeño. Tenemos platos para veganos y para alérgicos, también kosher y halal. ¿Me llamas para concretar?

Un abrazo, Salma

Adjunto: menú

> Marruecos tiene su nombre de la ciudad Marrakech. Está en el sureste del país y es una de las cuatro Ciudades Imperiales, junto a Fes, Meknes y Rabat.

5 **Por teléfono** Escuche la llamada y rellene el formulario.

🎧 47

→ 3

Fecha: _____   Menú: _____

Empresa: _____   Hora: _____

Número de personas: _____   Contacto: _____

6 Una invitación Lea el texto y apunte los datos en su agenda.

Día	Hora	Evento	Lugar
Vi. 18 de marzo	20 h	llegada	aeropuerto
	22 h		
Sá. 19 de marzo	por la mañana		
	por la tarde		
Do. 20 de marzo			
Lu. 21 de marzo			

> Mit dem **pretérito imperfecto** beschreibt man: Situationen, Zustände und Gewohnheiten sowie wiederkehrende und andauernde Handlungen in der Vergangenheit.
> Es gibt nur drei unregelmäßige Verben: **ir**, **ser** und **ver**.

Para: equipo
Asunto: Marrakech

Estimados compañeros:

La próxima reunión del equipo de márquetin será el 18 de marzo en Marrakech, mi ciudad. Estáis todos en el Hotel Oasis. Nos encontramos a las 22.00 en La Casona Vieja.

El sábado hay una visita guiada de la ciudad. Por la tarde podéis ir de compras, a los museos ... El domingo queremos hacer una excursión al desierto. Tenemos que salir temprano, pero será una maravilla. El lunes toca volver a casa en avión a las 10.40.

Un saludo cordial y buen viaje,

Nuria Vélez

Xpandex & Co.

7 Escuche la entrevista e informe. Lea y subraye las nuevas formas verbales.

¿Cómo era?	¿Qué hacía Fernando?
la casa de la abuela	de chico
el restaurante de los padres	de joven

Empresarios españoles • Casona Vieja en Marrakech ... y aquí estoy

Fernando, tu «Casona vieja» es todo un éxito. ¿Por qué has venido aquí?
Es una historia larga. Mis padres tenían un restaurante en Castellón. Yo estudiaba Arte y algunos fines de semana ayudaba un poco. Había mucho trabajo, pero yo no tenía ninguna posibilidad, no podía desarrollarme personalmente. A mi padre no le gustaba ninguno de mis proyectos y discutíamos por todo ... De chico, iba de vacaciones a Marrakech. Eran vacaciones fantásticas. Mi abuela contaba historias o cantaba en el patio. Yo escuchaba, miraba las estrellas y disfrutaba el olor a jazmín. Siempre soñé con volver.

8 Pregunte. ¿Cómo pasaban sus compañeros las vacaciones cuando eran niños?

— Trabajé en un campamento de verano. + Yo algunas veces iba a ...

Comida de negocios

9 **Un test** Haga el test e intercambie opiniones con sus compañeros.

1. ¿Cuáles son los motivos?
   - [a] conocerse mejor
   - [b] motivar
   - [c] celebrar algo

2. ¿De qué hablar?
   - [a] del trabajo
   - [b] de todo un poco
   - [c] de deporte

3. ¿Cuándo llegar?
   - [a] puntual
   - [b] un poco antes
   - [c] 15 minutos más tarde

4. ¿De qué no hablar?
   - [a] del trabajo
   - [b] de política
   - [c] de la familia

5. ¿Qué pedir?
   - [a] lo más rico
   - [b] lo más práctico
   - [c] lo que pide la mayoría

6. ¿Cuándo irse?
   - [a] antes del postre
   - [b] después del café
   - [c] al final de todo

10 **¡Todos a la vez!** ¿De qué creen que hablan durante la comida? Escuche y compruebe. Escuche otra vez y lea. Apunte las últimas frases.

49

| de sus planes ● de la comida ● del lugar ● de lo que pasó / hicieron |

1. – ¿Por qué llegasteis tan tarde?
   + Es que había huelga de personal en el aeropuerto y el avión no podía salir.

   – _____

2. – ¿Vosotros llegasteis ayer, no? ¿Cómo pasasteis el día?
   + Nos levantamos tarde porque estábamos cansados del viaje y ...
   – ¿Estuvisteis en la plaza Yamaa el Fna?
   + Por supuesto. Es una maravilla, pero había muchísima gente.

   – _____

3. – ¿Vas a hacer la excursión por el desierto, Natascha?
   + ¿En camello? ¡Yo, ni loca!
   – No, mujer no. Vamos con un todoterreno y comemos en un oasis.

   + _____

4. – Las palomitas con chocolate están buenísimas.
   + Sí, sí, pero engordan muchísimo.

   – _____

5. – Ayer por fin no vino Huan. ¡Qué pena!
   + Sí, es una lástima. Nuria, ¿tú sabes por qué no vino?
   Δ Lo necesitaban en Hong Kong, pues había problemas técnicos.

   – _____

11 **Intercultura** En grupos: preparen nuevos diálogos. Léanlos todos a la vez. ¿Cómo deben hablar para entenderse?

12 **En resumen** Lea el correo y subraye en rojo los verbos en indefinido y en azul los verbos en imperfecto. Resuma la información.

> ¿Adónde fue Nuria ayer por la tarde? ● ¿Sus compañeros llegaron todos bien? ●
> ¿Quiénes faltaron a la reunión? ● ¿Cómo lo pasaron? ● ¿Les gustó la comida? ●
> ¿A qué hora llegó Nuria al hotel? ● ¿Por qué no llamó a Omar?

Die Haupthandlung beschreibt man immer im **indefinido** oder **perfecto**. Das **imperfecto** bildet oft den Hintergrund oder Rahmen für Handlungen, die im **indefinido** stehen.

Para: Omar
Asunto: :-))

Hola Omar:

Perdona que anoche tampoco pude llamarte. Es que «estaba muerta». Por la tarde fui al aeropuerto a esperar a todos. Todos llegaron bien, solo faltaban Alex y Natascha. Pregunté en el aeropuerto pero nadie podía decirme qué pasaba, nadie sabía nada. Te imaginas, yo no sabía qué hacer. Pasé unos nervios terribles. Al fin recibimos un SMS de Natascha. En Fráncfort había huelga de personal. Fuimos al hotel sin ellos.

La reunión estuvo bien. Desafortunadamente, los compañeros alemanes llegaron a medianoche, así que no estuvieron en la cena. Éramos solo doce esta vez, pero lo pasamos muy bien. Teníamos un salón que daba al patio, de modo que podíamos conversar tranquilos. Yo pedí gambas al pilpil y estaban riquísimas. Todo me gustó mucho. El local era bonito y tenían comida para todos los gustos.

Cuando llegué al hotel, eran más de las dos de la mañana. Quería escribirte, pero me dormí enseguida. Bueno, si puedo te llamo esta noche, ¿vale?

Un abrazo,

Nuria

Die Konjunktion **cuando** kann verschiedene Bedeutungen haben:
cuando + **indefinido** = als
cuando + **imperfecto** = als / (immer) wenn
cuando + **presente** = (immer) wenn

---

13 **En detalle** Lea otra vez el correo y complete las frases con explicaciones y detalles.

1. Nuria no llamó a Omar porque _____

2. Nuria preguntó en el aeropuerto pero nadie _____

3. El avión de Fráncfort no llegó puntual. Es que _____

4. Nuria pidió gambas al pilpil y _____

5. Llegó muy tarde al hotel _____

---

14 **Descubrir** Mire otra vez los ejemplos y complete la regla.

Das Neue, was „geschah", was „passiert ist" steht immer im _____

Der Hintergrund, „was war" steht im _____

Para practicar más

1 **¿Y su trabajo?** **Pregunte a sus compañeros por su trabajo.**

← 2

¿Cómo vas al trabajo? ¿Qué haces mientras esperas? ¿Trabajas durante el viaje?

---

2 **En un portal** **Mire el comentario. ¿Cómo es el ambiente, la comida, el personal? ¿Piensan que es el restaurante adecuado para una comida de trabajo?**

← 3

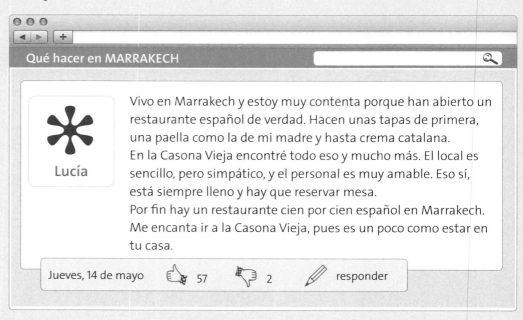

Qué hacer en MARRAKECH

Lucía

Vivo en Marrakech y estoy muy contenta porque han abierto un restaurante español de verdad. Hacen unas tapas de primera, una paella como la de mi madre y hasta crema catalana.
En la Casona Vieja encontré todo eso y mucho más. El local es sencillo, pero simpático, y el personal es muy amable. Eso sí, está siempre lleno y hay que reservar mesa.
Por fin hay un restaurante cien por cien español en Marrakech. Me encanta ir a la Casona Vieja, pues es un poco como estar en tu casa.

Jueves, 14 de mayo   👍 57   👎 2   ✏ responder

---

3 **¿Y ustedes?** **¿Qué comen? ¿Y qué no? ¿Por qué?**

← 4

− *Yo soy vegetariana, pero a veces como pescado.* + *Yo como solo comida halal.*
Δ *Yo como de todo, y todo me gusta. Pero mi hermana tiene intolerancia al gluten.*

---

4 **La rutina diaria** **¿Qué ha hecho hoy Nuria en su trabajo? ¿Y qué hace usted?**

← 6

buscar información	comparar opiniones	pedir detalles
tomar una decisión	confirmar datos / noticias	recibir / hacer llamadas

− *¿Tú también tienes que ...?* + *Sí, claro y también ...*

---

5 **Usted decide.** **Lea las frases y marque la forma correcta de verbo.**

← 14

1. El año pasado Fernando ⬚ abrió / abría ⬚ un restaurante.

2. La Casona Vieja ⬚ fue / era ⬚ la casa de su abuela.

4. En Marrakech no ⬚ hubo / había ⬚ ningún restaurante español.

5. El ambiente del restaurante ⬚ fue / era ⬚ muy agradable.

Panorama sociocultural

Un abrazo entre dos culturas

15 Lean e informen. Lean el artículo y resuman la información: ¿Cuándo estuvieron los árabes en España? ¿Qué influencia tuvieron? ¿Y los españoles en el Norte de África? ¿En qué se ve su influencia?

Solo 14 kilómetros separan la Península Ibérica de África. En 711 los árabes y bereberes cruzaron Gibraltar y pronto dominaron la península. La Reconquista duró 500 años. Fue una guerra entre cristianos y musulmanes. En 1492 los Reyes Católicos reconquistaron la península, unificaron los territorios y expulsaron a los árabes y a los judíos. Muchos fueron a Marrakech, a Casablanca o al Sáhara Occidental. Aún se ve su influencia en la arquitectura y se oye hablar español. Marruecos fue durante años Protectorado español. Todavía hay dos ciudades autónomas en el Norte de África: Ceuta y Melilla. En España, la influencia cultural de ocho siglos de dominación árabe fue grande y afectó a muchos sectores:

Agricultura y alimentación: Los árabes trajeron a Europa el arroz y el azúcar. También frutas y verduras como limones y naranjas, zanahorias y berenjenas.

Arquitectura e ingeniería: Construyeron modernos sistemas de regadío y enormes palacios y mezquitas como la Alhambra de Granada. La arquitectura musulmana influyó en la cristiana. El «estilo mudéjar» reúne elementos de las dos.

Ciencia y medicina: Los matemáticos ya conocían el número cero. Los químicos crearon nuevos medicamentos, los médicos fundaron los primeros hospitales. Astrónomos y navegantes trajeron de China el papel, la brújula y el astrolabio. Con estos, los españoles pudieron navegar hasta el Nuevo Mundo.

Lengua y literatura: La influencia en la lengua es enorme. Palabras como alcohol, álgebra, alquimia son de origen árabe, así como la palabra «ojalá». ¿Y quién no ha oído hablar de los cuentos de «Las Mil y Una Noches»?

Filosofía: En la Escuela de Traductores de Toledo se tradujeron obras científicas y filosóficas: Aristóteles, el Corán, numerosos libros de medicina y otros.

Música y danza: La guitarra y el flamenco recuerdan la música tradicional del Norte de África en la instrumentación y en lo vocal, así como en la danza.

La Alhambra de Granada

La Mezquita de Córdoba

16 Discusión Lean otra vez el artículo y elijan un tema de discusión. Infórmense mejor. Busquen argumentos e intercambien opiniones.

¿En qué aspectos cree que cambió más la vida?
¿Fue un «abrazo» o un «choque» cultural?
¿Qué significa la palabra «ojalá»?

Organizar una comida de negocios

1 Rompehielos

Imagínenese que ustedes reciben una de estas visitas en su empresa.

> clientes de España • proveedores chinos • clientes de México •
> clientes de los EE. UU.

Discutan. ¿Qué pueden hacer ustedes con estas visitas? ¿Adónde pueden ir con ellos? Hagan propuestas.

– ¿Qué tal si ... + Podemos ... – Tenemos que ... + ¿Por qué no ...?

2 Preparar la visita

Piensen quiénes pueden ser los invitados: cuántas personas son, de dónde vienen, cómo vienen, dónde se alojan, cómo llegan al lugar de la comida.

Imagínense el motivo de la comida. Decidan si es mejor hacer un desayuno, un almuerzo o una cena, piensen los horarios y el tipo de ropa adecuada.

Decidan qué quieren comer y preparen el menú. Piensen si van a usar palillos o cubiertos, si van a comer al aire libre o sentados a una mesa o en el suelo.

3 Dar la bienvenida y conversar

Decidan quién va a decir unas palabras de bienvenida.
También pueden entregar flores, regalos, etc.

Pregunten por las preferencias de comidas. Pregunten si siguen una dieta especial por motivos religiosos u otros motivos.

Preparen diferentes temas de conversación: sobre arte, películas, libros ...

Hagan una lista y escriban breves diálogos.

4 Parte práctica

Traigan o, si es posible, preparen comidas típicas.
Decoren el salón o la cocina y pongan música.
Coman y conversen con sus invitados.
Invítenlos a probar las distintas especialidades.
¡Buen provecho!

Para muy curiosos

Busquen información sobre distintas costumbres al organizar una comida para invitados en todo el mundo. Cada grupo elige y presenta una costumbre.

Proyecto

Repaso

A Pretérito imperfecto

Regelmäßige Verben

	estar	tener	venir
yo	esta**ba**	ten**ía**	ven**ía**
tú	esta**bas**	ten**ías**	ven**ías**
él / ella / usted	esta**ba**	ten**ía**	ven**ía**
nosotros/-as	está**bamos**	ten**íamos**	ven**íamos**
vosotros/-as	esta**bais**	ten**íais**	ven**íais**
ellos / ellas / ustedes	esta**ban**	ten**ían**	ven**ían**

ir: iba, ibas, iba, íbamos, ibais, iban
ser: era, eras, era, éramos, erais, eran
ver: veía, veías, veía, veíamos, veíais, veían

Die meisten Verben im **pretérito imperfecto** werden regelmäßig gebildet.
Das **imperfecto** beschreibt:
– die Kulisse, also den Hintergrund vor dem sich die Haupthandlung abspielt: Ort, Zeit, Wetter, Umstände, usw.
– Ebenso Situationen, Zustände, Gewohnheiten und wiederkehrende oder andauernde Handlungen in der Vergangenheit.

Es gibt nur drei unregelmäßige Verben: **ir**, **ser**, und **ver**.

B Imperfecto und indefinido im Kontrast

Los padres **tenían** un restaurante.
El local **era** pequeño.

Mit dem **imperfecto** wird der Hintergrund beschrieben.

Fernando **dejó** los estudios.
Se **fue** de Castellón.

Mit dem **indefinido** werden die Informationen gegeben, die im Vordergrund stehen und die Handlung vorantreiben.

Fernando **estudiaba** Arte. Los fines de semana **ayudaba** a su padre.

Das **imperfecto** beschreibt länger andauernde und wiederholte Handlungen sowie Gewohnheiten in der Vergangenheit.

Fernando y Jorge **vinieron** a Marruecos y **abrieron** un restaurante.

Das **indefinido** beschreibt neu einsetzende Handlungen sowie einmalige Aktionen.

C Indefinitpronomen: algún, alguno/-a, algunos, algunas, ningún, ninguno/-a

– ¿Tienes **alguna** pregunta? + No, **ninguna**.

Algún, alguno/-a, algunos/-as, ningún, ninguno/-a werden mit oder ohne Substantiv verwendet.

¿Quiere probar **algún** vino?
No quiero **ningún** postre.

Vor männlichen Substantiven im Singular verlieren **ningún** und **algún** das **o**.

No como **ningún** producto lácteo.
¿No quieres **ninguna** tapa?

Ningún, ninguno/-a haben keinen Plural.

Comunicación

Über den Arbeitsalltag sprechen

Mi función en la empresa es organizar conferencias virtuales y reales. Hablar idiomas es una gran ventaja.
Es duro trabajar por la noches y los fines de semana.
Ahora gano más, pero no tengo vida privada.
Y tengo suerte. Mi profesión es muy creativa. Me gusta trabajar con las manos.

Ein Arbeitsessen organisieren

Necesito una mesa para una cena de trabajo.
¿Hay comida para alérgicos y veganos?
Estáis todos en el Hotel Oasis.
Nos encontramos a las diez de la noche en La Casona Vieja.
El sábado hay una visita guiada de la ciudad.

Vorschläge machen

¿Qué tal si comemos en la cantina?
¿Por qué no pedimos *catering*?
Podemos ir a ...
Mejor ...
Buena idea pero ...
De acuerdo.
Vale, perfecto.

Im Restaurant auswählen

Yo quiero ... ¿y tú?
Prefiero las aceitunas.
¿Qué pedimos de primero?
¿Paella para todos?
Buena idea. ¿Y para beber?

Über das Essen sprechen

– El pollo al ajillo está exquisito. ¿Quieres probarlo?
+ Sí, claro. Gracias.
– Las palomitas con chocolate están buenísimas.
+ Sí, sí, pero engordan muchísimo.
– ¿Están buenas las gambas?
+ Sí, están buenísimas.
– Los churros engordan, ¿no?
+ Sí, engordan mucho.
–¿El queso tiene muchas calorías?
+ ¡No sé!

– ¿Qué tal el pescado?
+ Exquisito.
– ¿Te ha gustado la paella?
+ Sí, pero no puedo más.
– ¿Os gusta el ambiente?
+ Nos gusta mucho.
– Bueno, ¿pagamos?
+ Sí, sí, ya es tarde.

Über Zustände und Gewohnheiten in der Vergangenheit sprechen

Yo estudiaba Arte, cuando decidí irme a Marruecos.
Había mucho trabajo, pero no podía desarrollarme personalmente.
De chico, iba de vacaciones a Marrakech.
Eran vacaciones fantásticas.

Viaje de negocios

- am Arbeitsplatz kommunizieren und verhandeln
- über kulturelle Unterschiede reden
- Ökonomie und Ökologie gegeneinander abwägen
- **condicional simple**
- **futuro simple**

1 Intercambien experiencias. Pregunten a sus compañeros. Si no han hecho nunca un viaje de negocios, su fantasía les ayuda.

¿Has hecho algún viaje de negocios? ¿Adónde viajaste? ¿Cómo fuiste? ¿Estuviste en un buen hotel? ¿Por cuánto tiempo? ¿Cómo fue tu experiencia? ¿Con quiénes te reuniste? ¿Y dónde? ¿Tuviste éxito? ¿Lo pasaste bien?

2 Mire las fotos. Compare ventajas y desventajas de los viajes, las conferencias telefónicas, el correo electrónico, etc. ¿Cree que los viajes son necesarios hoy en día? ¿Por qué / no?

> más barato ● más personal ● no contamina ● ahorra tiempo ●
> evita peligro de espionaje ● comunicación más directa ●
> participan distintas personas ● queda todo documentado ● ...

3 Preparar un viaje ¿Qué hacer para llegar en forma y evitar el estrés?
⇨ 1 Hagan una lista de consejos útiles.

Invitación inesperada

4 Mire y lea el folleto. ¿Le interesa? ¿Le gustaría visitarlo? Pregunte a sus compañeros.

– ¿Te gustan los parques? ¿Te gustaría ir a este? + Me encantaría. Me gustan ...

Parque temático en la
Sierra de Guadarrama
Parque de aventuras
para toda la familia

CULTURA

En la Península Ibérica hay numerosos restos de dinosaurios bien conservados. Se han construido grandes parques temáticos y se han abierto importantes centros de investigación científica. Ejemplos son Barranco Perdido en La Rioja y Territorio Dinópolis en Teruel.

5 Lea la carta. ¿De quién es? ¿A quién escribe? ¿Cómo se han conocido?

☐ en una feria
☐ por un anuncio en ...
☐ a través de otra empresa

☐ en Internet
☐ a través del consulado
☐ por la Cámara de Comercio

Holzen & Mehr GmbH
Sauerland Alle 35
59929 Brilon Wald (Alemania)

Guadarrama, 11 de agosto de 2015

Estimados señores:

La Cámara de Comercio alemana nos ha dado su dirección y con la presente nos permitimos presentarnos.

Barranco Grande es uno de los parques temáticos más grandes de España y el número de visitantes aumenta de año en año. Actualmente estamos planeando una nueva zona de aventura para un público joven y buscamos una empresa con experiencia en diseño y construcción de instalaciones al aire libre. Nos gustaría saber si ustedes están en condiciones de suministrarnos productos de calidad, diseñados especialmente para Barranco Grande. Nos interesaría una colaboración a largo plazo.

Esperamos su respuesta con mucho interés y les saludamos atentamente,

p. p. Luis García Ferrer
Director general

p. o. Javier Soto García
Director técnico

1 adjunto

Barranco Grande – Colón 2, 28440 Guadarrama, España – barr@aventura.es – Tel.: 915742668

6 Informe. Lea otra vez la carta. ¿Qué sabe de Barranco Grande? ¿Qué planes tienen? ¿Qué necesitan? ¿Qué les gustaría?

7 Lea los correos. Informe. ¿Hay posibilidades? ¿Qué deben hacer?

Para: barr@aventura.es
Asunto: Su petición de información del 11 de agosto

Estimados señores:

Gracias por su carta y el folleto adjunto. Estamos muy interesados en una colaboración con Barranco Grande. Nuestra empresa se ha especializado en el diseño y la contrucción de todo tipo de construcciones de madera. Lo mejor sería venir a Brilon, así podrían ver algunas de nuestras instalaciones en parques de la región y conocerían distintas posibilidades técnicas. A continuación tendríamos oportunidad de hablar de su proyecto y planear la colaboración.
Por supuesto, si llegamos a un acuerdo, nuestros arquitectos viajarían pronto a España, para diseñar todas las instalaciones según sus deseos y la geografía del lugar.
Si desean ponerse en contacto con nosotros, pueden llamar a nuestra secretaria. Ella habla español.

Muchos saludos,

p. o. Olaf Holzen

Para: Holzen.Olaf@Holzen-Mehr.de
Asunto: Su petición de información del 11 de agosto

Buenos días, Sr. Holzen:

Gracias por su invitación.
Nos gustaría mucho ver sus instalaciones y conocerlo personalmente.
Nos pondremos en contacto para fijar la fecha. Nos gustaría también ver al arquitecto. ¿Sería posible?

Saludos,

Javier Soto García

Verben mit a
Bei Personen bildet man den Akkusativ mit der Präposition **a**, nicht aber bei Gegenständen.
¿Ves a la vendedora?
¿Ves al profesor?
Aber:
¿Ves un aparcamiento?

El condicional
Das **condicional** bildet man mit dem Infinitiv und den folgenden Endungen: -ía, -ías, -ía, -íamos, -íais, -ían.

Mit dem **condicional** wird eine Möglichkeit ausgedrückt:
Podrían ver nuestras instalaciones.
Nuestros arquitectos viajarían a España.

---

8 Mire la carta y los correos. ¿Qué diferencias hay? Busque en el diccionario y apunte cómo se dicen en español las siguientes expresiones: Absender, Anschrift, Datum, Betreff, Anrede, Grußformel, Unterschrift, Anlage.

9 Escuche la llamada. ¿Es fácil fijar la fecha? ¿Por qué / no? ¿Qué va a hacer Jana?
50

10 Escuche otra vez. Ordene los recursos en su cuaderno. ¿Quién dice qué: la empleada, el cliente o los dos?
50
2

¿Quién habla? ● ¿En qué puedo ayudarle? ● ¿Está bien para usted/es? ● De acuerdo. ● Tan pronto no es posible. ● Le confirmo todo por correo. ● Para nosotros estaría bien. ● Lo siento, es festivo. ● Tenemos una feria. ● A principios / mediados / finales de ... ● Tenemos todo el mes completo. ● Gracias, muy amable. ● Gracias a usted. ● Llamo para fijar una fecha.

Cultura laboral

11 **a Experiencias** Javier ha viajado con Marisol a Alemania. Escuche la conversación y conteste: ¿Han tenido éxito? ¿Lo han pasado bien?

51

b Informe. Escuche otra vez e informe detalladamente: ¿Cómo fueron a la fábrica? ¿Dónde se reunieron? ¿Qué tal el ambiente? ¿Qué hicieron?

51

> **El futuro**
> Die Zukunft bildet man mit dem Infinitiv und den folgenden Endungen:
> **-é, -ás, -á, -emos, -éis, -án.**
>
> Das Futur verwendet man für Handlungen in der Zukunft sowie Vermutungen, die sich auf die Gegenwart beziehen.
>
> Auch in der Zukunft verändern manche Verben den Stamm:
> **No podré ir.**
> **Tendremos que trabajar.**

12 **Futuro** Escuche otra vez y mire las nuevas formas verbales que ha oído en el diálogo. ¿Cuáles se refieren al futuro y cuáles son suposiciones?

51
3
4

vendrán ● será ● podremos ● charlarán ● trabajarán

---

13 **Intercultura** ¿Qué soñó Marisol antes del viaje? ¿Por qué? ¿Cómo es en España?

En Alemania

Marisol soñó que ...

Y que ...

En España

La gente camina tranquila.

Normalmente ...

---

14 **Condicional** Lea lo que hacen en el sueño los alemanes. ¿Qué harían Javier y Marisol?

1. Muestran muchas fotos.   *Ellos mostrarían menos fotos.*

2. Comen a las 12.30.

3. Llevan a los invitados a la cantina.

4. Planifican todos los detalles.

5. Después del trabajo se van enseguida.

15 En grupos Cada uno lee la opinión de una de estas personas e informa a
sus compañeros con respecto a la comunicación, los horarios, las pausas,
el lenguaje y la forma de trabajar. Comparen luego las opiniones: ¿Qué les
gusta a estas personas? ¿Y qué no? ¿Qué les falta?

— ¿Qué dice Isabel de los horarios? + No dice nada. ¿Y qué dice Belén ...?

Una gran diferencia está en la forma de comunicarse. Los españoles e hispanos que
trabajan en Alemania tienen que aprender a usar un lenguaje más directo y práctico,
pues es importante ser concreto y hablar de forma clara y precisa. Por el contrario, los
alemanes que van a trabajar a España, a veces no se acostumbran al lenguaje
emocional y expresivo lleno de rodeos.
Isabel

Trabajar en el extranjero no es fácil. Además de tener que aprender otro idioma, necesitas
conocer las costumbres del país. A mí me gusta trabajar en Alemania porque la gente es
muy directa y siempre sabes lo que esperan de ti. Pero necesité acostumbrarme a tener
poco tiempo para comer, y me falta el salir a tomar una cervecita con los colegas después
de trabajar. Vivo en Frankfurt y aquí todos tienen prisa: después del trabajo muchos
toman cursos y otros viven lejos y corren a tomar sus trenes para volver a casa a cenar.
Belén

Yo trabajé durante un tiempo en una fundación en Berlín, preparando jornadas
culturales. Allí organizaban todo al detalle y se tomaban decisiones incluso sobre el color
de uñas que debe tener la señora del folleto publicitario. Las reuniones duraban horas y
horas. Pero al final siempre hay algún imprevisto y muchas cosas no salen como están
planeadas. Por eso también es importante saber improvisar y reaccionar en cada
momento.
Paula

Trabajé en la enseñanza en España en los años 80 y tengo muy buenos recuerdos de
esa época. En la escuela donde trabajaba las clases empezaban a las 9, lo que me parece
mejor para profesores y alumnos. Sobre las 11 los colegas íbamos juntos a tomar un
café. Y también en la universidad el contacto entre los compañeros era más personal
que aquí. Por ejemplo tomábamos juntos un aperitivo antes de ir a comer. En las dos
instituciones alumnos y profesores se tuteaban, lo que es normal y tiene un significado
distinto que en Alemania.
Rainer

16 ¿Ha trabajado en el extranjero? Cuente sus experiencias laborales o las
experiencias de las personas que conoce. ¿Qué les ha gustado? ¿Y qué no?
¿Qué diferencias encuentran?

*Mi padre trabajó en montaje en Arabia Saudí. Los horarios eran muy diferentes por el calor.
Le pagaban muy bien. Pero se aburría un poco.*

Para practicar más

1 **¿Y cómo pagar en el extranjero?** Intercambien opiniones.

3

- ☐ con tarjeta de crédito
- ☐ de débito
- ☐ con dinero en efectivo
- ☐ con el móvil
- ☐ con dinero virtual
- ☐ _____

---

2 **Escuche otra vez.** Apunte los recursos en un póster.

10 🎧 50

Wie kann ich Ihnen helfen?	Es tut mir leid, es ist Feiertag.
Ich rufe an, um einen Termin zu vereinbaren	Passt Ihnen das?
So schnell ist es nicht möglich	Ja, das passt sehr gut.
Anfang, Mitte, Ende ...	Soll ich Ihnen ein Zimmer reservieren?
	Ich bestätige alles per E-Mail.

---

3 **Suposiciones** ¿Qué hará Diego? ¿Por qué no vendrá a la reunión?

12

---

4 **¿Qué tiempo hará?** Mire en Internet y diga cómo será la semana.

12

El lunes lloverá, el martes nevará, el miércoles ...

---

5 **Mediación** Su empresa quiere abrir una filial en Nicaragua. ¿Es una buena idea? ¿Creen que habrá un _boom_? ¿Por qué? ¿Por qué no?

19

---

6 **El futuro** Complete las formas del futuro y haga frases con estos verbos:

19

tener • haber • construir • poder • contaminar • ser

El Canal _____ 278 kilómetros. Lo _____ una empresa

china. Se _____ mandar más productos a Europa.

_____ una catástrofe ecológica. El lago se _____ y no

_____ agua.

Panorama sociocultural

17 El nuevo canal Mire los mapas e informe sobre el proyecto. ¿Desde dónde hasta dónde irá el canal de Nicaragua? ¿Qué piensa: será un proyecto grande?

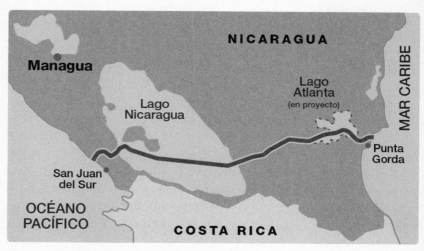

18 Lea, comente y compare. Lea el texto. Después comente el artículo y opine: ¿Qué piensa de la construcción del canal? ¿Cuáles son los factores positivos y negativos? Busque más información sobre el tema y compare.

Nicaragua está entre Honduras y Costa Rica. Tiene dos grandes lagos, una cadena de volcanes y una selva tropical. Las ciudades están en la Costa del Pacífico y la población es de 6.000.000 de personas. Con la construcción del canal se crearán 200.000 puestos de trabajo y nueva infraestructura: una autopista, dos puertos, un aeropuerto y un oleoducto.

El Canal de Nicaragua tendrá 278 kilómetros de largo y más de 300 metros de ancho, y permitirá el paso de enormes barcos, con contenedores a bordo. Una empresa de Hong Kong es la responsable de la construcción y explotación del canal, y ya hay 50.000 obreros chinos trabajando en Nicaragua.

Pero no todo es positivo, los ecologistas protestan porque el canal causará grandes daños en la región: se contaminará el lago Nicaragua y será una catástrofe para la selva tropical. Y además, muchos piensan que Nicaragua puede perder soberanía.

19 Discusión Hagan un juego de roles con estas personas y expongan los pros y los contras.

5
6

> Un importador de una empresa • Una ecologista de Nicaragua

Un día de trabajo

1 Preparación

La clase se divide en dos grupos. Cada grupo monta una empresa en un país de su gusto. Deberán tener en cuenta los cánones culturales y laborales del país elegido. Todos los grupos tienen la misma lista de trabajos para el día. Deberán hacer la mayor cantidad posible e indicar cómo lo han hecho.

2 Negociación

Cada grupo reparte el trabajo del día como quiere. Pueden elegir un gerente o decidir democráticamente quién hará qué. Decidan cuáles son las actividades «más urgentes». Las otras pueden aplazarlas o delegarlas a otros bajo su responsabilidad.

Lista de actividades para hoy

- Entrevistar a un/a nuevo/-a empleado/-a y hacer un breve protocolo de la entrevista. En caso de ser aceptado/-a, escribirle un correo electrónico.

- Buscar datos y preparar «el perfil económico» de un país en el que quieren abrir una filial.

- Recibir a un nuevo cliente o proveedor. Explicarle sus deseos. Luego escribir un correo agradeciendo la visita e indicando si ven posibilidades de colaborar o no y por qué.

- Preparar para la próxima feria un folleto con los datos más importantes de su empresa y muestras de productos y regalos para los visitantes.

3 Presentación

Cada grupo expone en un panel los documentos del trabajo preparado. Una persona explica cómo ha desarrollado cada actividad.

Desafío

Un assessment centre
Sus amigos han sido invitados a un assessment centre.
- Prepare una lista con consejos prácticos para solucionar diferentes tareas bajo gran presión de tiempo.
- Explique cual es la función de cada tipo de tarea.
- Discuta si un assessment centre es un buen instrumento para seleccionar personal.

Repaso

A Konditional: regelmäßige Formen

hablar	comer	vivir
hablaría	comería	viviría
hablarías	comerías	vivirías
hablaría	comería	viviría
hablaríamos	comeríamos	viviríamos
hablaríais	comeríais	viviríais
hablarían	comerían	vivirían

Das **condicional simple** wird gebildet mit dem Infinitiv und den folgenden Endungen: **-ía, -ías, -ía, -íamos, -íais, -ían.**

Nos gustaría hablar con el arquitecto.
¿Podrías hacerlo tú?
Sería interesante, pero no tenemos tiempo.

Es drückt aus: Höflichkeit, Bitte, Irrealität, Ratschlag, Vorschlag, Vorwurf, Wunsch.

B Futuro simple

hablar	comer	vivir
hablaré	comeré	viviré

Mañana hablaremos.
Costará diez euros.

Die Zukunft bildet man mit dem Infinitiv und den folgenden Endungen: **-é, -ás, -á, -emos, -éis, -án.** Das Futur verwendet man für Handlungen in der Zukunft sowie für Vermutungen, die sich auf die Gegenwart beziehen.

C Einige Verben verändern den Stamm

Infinitiv	Stamm	Konditional	Zukunft
decir:	dir		
haber:	habr		
hacer:	har	-ía	-é
poder:	podr	-ías	-ás
querer:	querr	-ía	-á
saber:	sabr	-íamos	-emos
poner:	pondr	-íais	-éis
tener:	tendr	-ían	-án
venir:	vendr		
salir:	saldr		

Unregelmäßige Formen
Einige Verben haben im **futuro simple** und **condicional** unregelmäßige Formen. Bei diesen Verben werden an den unregelmäßigen Stamm die Konditional- bzw. die Endungen der Zukunft angehängt.

Comunicación

Nos dirigimos a ustedes por recomendación de ...
Hemos leído en una revista especializada que ...
Ya nos conocimos en la feria de ...
Hemos encontrado su dirección en ...
Quisiéramos saber si ustedes ...

Am Telefon einen Termin vereinbaren

- – ¿Podemos hablar en español, por favor?
- + Sí, no hay problema. ¿Quién habla?
- – Soy ..., de la empresa ...
- + ¿En qué puedo ayudarle?
- – Llamo para fijar una fecha.
- + ¿Cuándo quieren venir?
- – A mediados de ...
- + Lo siento, tenemos todo el mes completo.
- – ¿Y a finales de ...?
- + En la semana 44 podría ser.
- – Sí, perfecto. ¿El lunes a las ... está bien?
- + Muy bien, le confirmo todo por correo.
- – Muy amable, gracias.

Über Ergebnisse reden

Tuvimos éxito y lo pasamos bien.

Über zukünftige Pläne sprechen

En diciembre comenzarán las obras de construcción.
El Canal generará 200.000 puestos de trabajo.
Nos pondremos en contacto para fijar la fecha.
Pronto vendrán ellos aquí para ver el terreno.
Podremos hablar de todo.
Estoy segura de que será una excelente colaboración.

Feria medioambiental

Unidad 12

- argumentieren
- über die Planung einer Veranstaltung sprechen
- Gespräche auf einer Messe führen
- presente de subjuntivo

1 **Fuentes de energía** Mire las fotos. ¿Cómo cree que era antes? ¿Qué fuentes de energía (no) se usaban hace 100 años? ¿Se usaban energías renovables como biomasa, sol, agua, viento?

— El viento se usaba, pero ... + Molinos de agua había, sí ... Δ La técnica no era como hoy.

---

2 **Energías renovables** Marque los aspectos positivos (p) y negativos (n). Intercambien opiniones. ¿Están todos de acuerdo?

- ☐ Los molinos son un peligro para los animales.
- ☐ No contaminan el medio ambiente.
- ☐ No hay peligro como en Fukushima.
- ☐ Las energías renovables no son constantes, pues no siempre hay ...
- ☐ Da más autonomía regional.
- ☐ Necesitan enormes inversiones.

— Pienso que ... + Sí, pero ... Δ Sin embargo ... — El problema es que ... + Además ...

Grandes preparativos

Bogotá es la capital de Colombia y con siete millones de habitantes también la ciudad más poblada del país. Se encuentra en los Andes. A 2640 metros es una de las capitales más altas del mundo.

3 Lea el póster. ¿Dónde se celebra la feria? ¿Qué se presenta?

FERIA MEDIOAMBIENTAL DE BOGOTÁ *Pabellón 5*

PRESENTA TECNOLOGÍA DE PUNTA DESARROLLADA EN ESPAÑA

España es un líder mundial en la producción de energía solar.
En los últimos años también en el diseño, la construcción y el montaje de plantas de energías renovables. En este momento se están construyendo plantas fotovoltaicas con *know how* español en todo el mundo.
En el *pabellón 5* presentamos las empresas más conocidas del sector.

---

4 En busca de nuevos mercados Lea el folleto de la empresa «Sol○sol» y ⇨ 2 conteste las preguntas. ¿A qué se dedica? ¿Es grande? ¿Qué experiencia tiene? ¿Cómo contactar con ella?

Sol○sol S.L., Zaragoza

La mejor S○Lución: SOL○SOL

Empresa pionera en el sector de energías renovables
Tecnología de punta, desarrollada en Zaragoza

Somos una PyME especializada en la construcción y el montaje de paneles fotovoltaicos. Hemos construido plantas solares en Estados Unidos, India, México, Emiratos Árabes y Vietnam.

Para más información, vengan a visitarnos en el Pabellón 5. Los esperamos sin compromiso.

---

5 Un buen stand Escuche e informe. ¿Cómo quieren que sea el stand?
🎧 Complete. Después lea y compruebe.
52

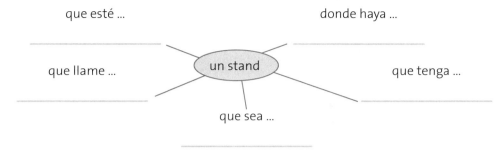

que esté ...   donde haya ...

que llame ...   **un stand**   que tenga ...

que sea ...

Teresa: El Sr. Alarcón, de la Feria quiere que lo llames.
Gonzalo: ¡Uff, qué estrés! Quiere que firmemos el contrato y alquilemos el stand.
Teresa: ¡No me digas! ¿Y cómo quieres que sea el stand?
Gonzalo: ¡Qué sé yo! Que sea bueno, bonito y barato. ¿Qué pensáis vosotros?
Teresa: Lo principal es que esté en un buen lugar y que llame la atención.
Paloma: Y que haya buena luz y ¡lugar para trabajar!
Gonzalo: ¡Mmm! ¿Es necesario que pongamos un bar?
Teresa: Pues sí, es mejor. ¡Es importante que la gente se sienta bien!
Gonzalo: El problema es el precio. Y el arquitecto pide que paguemos por adelantado.
Paloma: Eso es normal. Espero que nos haga un buen descuento.
José Luis: No te preocupes, Gonzalo. Yo lo llamo y hablo con él.
Gonzalo: Gracias, José Luis. Dile que nos pase una oferta en firme.

---

6 ¿Y usted qué opina? ¿Cómo debe ser el stand ideal? Intercambie opiniones.

– *Es importante que sea bonito y atractivo. + Es mejor que ...*
– *Es necesario que ... + Lo principal es que ...*

---

7 ¿Qué quieren todos? Relacione. ¿Qué quiere cada uno?

El Sr. Alarcón •
Teresa •
Paloma •
El arquitecto •
Gonzalo •

• quiere que •
• desea que •
• espera que •
• recomienda que •

• le paguen por adelantado.
• pidan un descuento.
• haya buena luz.
• Gonzalo lo llame.
• alquilen un stand que llame la atención.
• le pasen una oferta en firme.

> Mit dem **subjuntivo** wird oft ausgedrückt, was eine Person fühlt oder sich wünscht.

---

8 ¿Quién debe hacerlo? ¿Quién quiere qué? ¿A quién se refieren los deseos?
⇨ 3 Complete las frases.

| la empresa Sol☉sol • el arquitecto • José Luis • Gonzalo |

1. La Feria Medioambiental espera que _____ alquile un stand.

2. El Sr. Alarcón quiere que _____ firme el contrato.

3. Paloma espera que _____ les haga un descuento.

4. Gonzalo desea que _____ llame al arquitecto.

Ojalá Marta me llame...

Por fin, ha llegado el día

9 ¡Cuánta gente! Intercambie experiencias con sus compañeros. ¿Ha estado en una feria? ¿En cuál? ¿Cómo cliente o visitante? ¿Cómo era el ambiente?

---

10 Una invitación Lea el mensaje e informe. ¿Qué hay? ¿Cuándo y dónde? ¿Quién invita?

> Estimada Sra. Benítez:
>
> SolOsol tiene el agrado de invitarle a la Feria Medioambiental de Bogotá, que se celebrará el próximo junio y estará abierta al público.
> Usted tendrá la oportunidad de conocer las últimas novedades del sector.
> Este año, nuestro producto estrella son los paneles solares de bolsillo.
> Esperamos que venga a visitarnos en el pabellón 5 y la saludamos muy atentamente,
>
> Gonzalo Soriano. SolOsol, S.L.

---

11 Mediación Mire un producto interesante de la Feria Medioambiental. Lea el folleto e informe en alemán.

el producto • los datos técnicos • las condiciones de compra

Datos técnicos

Material casco: **fibra de vidrio**
Año de construcción: **2014**
Longitud: **10,9 metros**

Barco de parapente

El barco parapente ahorra hasta un 100 % de energía. Tiene un diseño deportivo y el tamaño perfecto para 14 personas. Su estructura inferior le da estabilidad para navegar en el mar, lo hace resistente a las más severas condiciones meteorológicas y da seguridad al conductor.

Datos comerciales

Precio:	EUR 40.000
Puerto:	Puerto de Málaga, España
Plazo de entrega:	4–8 semanas después del pedido
Condiciones de pago:	En plazos 9 meses después de la entrega

12 Conversaciones Escuche los diálogos y apunte los datos. Después lea, compruebe e informe.

53–55

Nombre	¿Con quién habla?	¿Por qué se interesa?	¿Cómo quedan?
	Paloma		
		–	
			Gonzalo la llama.

Diálogo 1

Sr. Sosa: Mi nombre es Sosa y soy de Perú. ¿Sería posible hablar con la señora Ruiz?
Paloma: Sí, cómo no, pero va a tener que esperar ...
Sr. Sosa: ¿Cree que va tardar mucho?
Paloma: No, no creo que tarde. ¿Puedo ayudarle yo?
Sr. Sosa: Me haría un gran favor. Quisiera información sobre molinos de viento.
Paloma: Lo siento, yo trabajo en energía solar. Puede ver un vídeo mientras espera.

Diálogo 2

Sr. Martí: Gracias por todo. Su stand es muy interesante.
Teresa: Me alegro de que le guste, pero no ha visto todo ...
Sr. Martí: Lo siento, no tengo más tiempo. Cuando vaya a España, los visito.
Teresa: Pues, aquí tiene unos folletos. ¡Que tenga buen viaje, señor Martí!
Sr. Martí: ¡Ah, gracias, muy interesante!

Diálogo 3

Sra. Benítez: Tengo una cita con Gonzalo. Mi nombre es Inés Benítez. Perdone que llegue tarde.
Paloma: No es nada. Voy a ver si está, tome asiento. Lo siento, ¡Gonzalo acaba de irse!
Sra. Benítez: ¡Qué lástima! Le doy mi tarjeta para que me llame. Es por el biocombustible.
Paloma: Gonzalo la llama seguro.
Sra. Benítez: De acuerdo. Adiós y gracias.
Paloma: Hasta la próxima y gracias por su visita. Esto es para usted.

---

13 Correcto o falso Lea los diálogos 1 y 2. Después lea estas frases y corrija las falsas.

1. El Sr. Sosa se interesa por la tecnología solar.
2. Paloma cree que la Sra. Ruiz va a tardar.
3. El Sr. Sosa toma un café mientras espera.
4. El Sr. Martí tiene mucho tiempo.
5. El Sr. Martí quiere ir a España.
6. Teresa no tiene folletos.

---

14 Palabras clave Mire las palabras clave que introducen el subjuntivo. Complete las frases y haga un póster.

> No creo que ... ● Siento que ... ● Me alegro de que ... ● No pienso ... ●
> Espero que ... ● Que ...

Ausdrücke mit subjuntivo
Negative Meinungs-
äußerung:
**No creo que tarde en
llegar.**
**No pienso que sea
importante.**
Oder: Nach Gefühlsverben,
wenn Haupt- und Neben-
satz unterschiedliche
Subjekte haben:
Me alegro de que ...
Siento que ...

Para practicar más

1 ¿Cómo es en su región? ¿Qué experiencias tiene con diferentes fuentes de energía? Pregunte a sus compañeros.

← 2

> – Aquí cerca hay un parque eólico. + En Möhnesee se produce energía hidroeléctrica.
> – Tenemos placas solares. + La calefacción es geotérmica. Δ Mi coche usa biogas / biodiesel.

---

2 Ahora ustedes Su empresa quiere participar en una feria. Hay una lista interminable de cosas que organizar. ¿Quién hace qué? ¿Y cuándo?

← 4

> – El jefe ha alquilado un stand y la empresa Schenker transporta todo.
> + Sí, pero, ¿quién prepara los folletos?

☐ alquilar un stand
☐ contratar a un arquitecto
☐ reservar un hotel (personal y clientes)
☐ invitar a los clientes

☐ preparar folletos y material informativo
☐ preparar muestras y regalos
☐ actualizar catálogos y precios
☐ traducirlos a varios idiomas

---

3 Descubrir Lea otra vez el texto del 6. Busque ejemplos y complete la tabla.

← 8

> Der Indikativ bezieht sich auf die Realität und beschreibt sie objektiv.
> Der **subjuntivo** bezieht sich auf die Wunsch- und Gefühlswelt und wird im Hinblick auf andere Personen verwendet.
>
> **Im Relativsatz** drückt er Bedingungen aus, die jemand oder etwas erfüllen soll:
>
> Un hotel que esté cerca, un stand que sea _____
>
> **Im Nebensatz** drückt er Wünsche und Forderungen, Hoffnungen und Gefühle aus:
>
> Quieren que _____ Espera que _____
>
> **Er steht nach bestimmten unpersönlichen Ausdrücken wie:**
> Es importante que ... Es necesario que ... Lo principal es que ...

---

4 ¿Cuál es la diferencia? ¿Por qué se usan diferentes modos?

← 14

1 Creo que va a venir enseguida.
2 Cuando tengo tiempo, leo.
3 Mientras trabajo, tomo café.
4 Quizás tiene razón Ana.

A No creo que venga.
B Cuando tenga tiempo, voy a ir al cine.
C Mientras pueda, iré en bicicleta.
D Quizás tenga razón Luis.

---

5 ¿Y usted? ¿Usa biocombustibles? ¿Por qué? ¿Por qué no? Marque su opinión. Escriba un artículo para una revista.

← 14

☐ Es una energía renovable.
☐ Sólo se exporta.
☐ Ahorra petroleo.

☐ El maiz es un alimento.
☐ No contamina.
☐ Es «el pan» de mucha gente.

Panorama socioeconómico

Acuerdos económicos regionales

15 Resumen Lea y resuma la información. ¿Desde cuándo existen estos acuerdos? ¿Cuáles son los países participantes?

El **MERCOSUR**, el **NAFTA** y la **ALIANZA DEL PACÍFICO** son tratados regionales que tienen por objetivo el libre comercio. Productos y servicios pasan de un país a otro, sin pagar impuestos. La meta es fortalecer la región en un mundo cada vez más globalizado.

Sede del Mercosur en Montevideo, Uruguay

MERCOSUR: Mercado Común del Sur

El Mercosur, creado en 1991, está integrado por Argentina, Brasil, Paraguay, Uruguay, Venezuela y desde 2012 también por Bolivia. Además, hay algunos países asociados. En este momento: Chile, Perú, Ecuador, Colombia, Guyana y Surinam. El Mercosur cuenta con una industria dinámica y competitiva, y es la mayor potencia económica de América del Sur. La gente puede vivir y trabajar donde quiere. Los niños aprenden español y portugués en la escuela.

A largo plazo, la meta es la integración regional, ya que estos países tienen una historia común y constituyen una comunidad cultural. Ya Simón Bolívar, el libertador de América y héroe de la independencia, soñaba con una «Latinoamérica unida y sin fronteras».

TLCAN o NAFTA: Mercado Común del Norte

El «Tratado de Libre Comercio de América del Norte» (TLCAN), más conocido como NAFTA (North American Free Trade Agreement), es un acuerdo entre Canadá, México y los Estados Unidos. Los objetivos son abrir las fronteras económicas, facilitar las inversiones internacionales y proteger la propiedad intelectual. Existe desde el año 1994 y ha podido lograr acuerdos entre tres economías muy distintas y competitivas.

México DF, la capital de México

Alianza del Pacífico

Esta alianza fue creada en 2011 por Chile, Colombia, México y Perú. La meta es lograr una integración de la región, un mayor desarrollo de la economía y menos desigualdad entre sus habitantes. Además, Alianza del Pacífico tiene el objetivo de fomentar las relaciones económicas y comerciales con la región Asia – Pacífico.

Lima, la capital de Perú

16 Discutir y comentar ¿Cree que estos tratados logran sus objetivos? ¿Pueden existir uniones económicas sin una unión política?

17 Búsqueda de información Elija uno de estos temas e informe.

UE (Unión Europa) • TTIP (Acuerdo Transatlántico de Comercio e Inversión) • UNASUR (Unión de Naciones Suramericanas)

Feria final

1 Su propia feria

Discutan a qué sector quieren dedicarse. Imaginen un tema para una feria. Busquen un nombre y un lema. Preparen un póster, anunciando el evento, la fecha y el lugar donde tendrá lugar y qué evento será la atracción principal.

2 Dividan la clase

Un grupo preparará la guía para el visitante. El otro el manual de entrenamiento para el personal.

Guía para el visitante
Ustedes esperan muchos visitantes extranjeros. Preparen una guía práctica, con frases adecuadas para que sus clientes puedan orientarse fácilmente en la feria: averiguar en qué pabellón está qué y cómo llegar hasta allí, cuándo tiene lugar un determinado evento, cómo presentarse en un stand, preguntar por una persona, pedir información, fijar una cita, disculparse por llegar tarde, exponer el motivo de su visita, hacer un cumplido, agradecer y despedirse.

Manual de entrenamiento
Preparen una lista de situaciones típicas en un stand de feria y busquen las frases adecuadas para recibir a sus clientes, preguntar el nombre, averiguar si tiene una cita, informar sobre distintas cosas, disculpar a un colega que está ocupado, ofrecer asiento, ofrecer ayuda, invitar a tomar algo o a ver una presentación, dar material informativo o dar un regalo, prometer seguir en contacto, despedirse y desear un buen viaje.

3 «Entrenamiento personal»

Formen grupos mixtos y simulen en juegos de roles situaciones típicas de la feria. Por supuesto pueden decorar su stand a su gusto, poner música, etc. Los clientes pueden llegar todos a la vez, tener prisa, producir estrés, protestar por algo, cambiar de idioma si son de otro país, etc. ¡La feria es un gran desafío, pero ustedes están preparados profesionalmente!

Desafío

Correo a un/a compañero/-a joven
Escriban un correo electrónico a un compañero o a una compañera con menos experiencia profesional. Contesten a las siguientes preguntas:
¿Cuál ha sido su experiencia en la feria? ¿Cuál es la mayor dificultad? ¿Qué es lo más divertido? ¿Qué consejos le daría?

Repaso

A Presente de subjuntivo

Regelmäßige Verben

	reservar	vender
yo	reserve	venda
tú	reserves	vendas
él / ella / usted	reserve	venda
nosotros/-as	reservemos	vendamos
vosotros/-as	reservéis	vendáis
ellos / ellas / ustedes	reserven	vendan

	escribir
yo	escriba
tú	escribas
él / ella / usted	escriba
nosotros/-as	escribamos
vosotros/-as	escribáis
ellos / ellas / ustedes	escriban

Das **presente de subjuntivo** wird aus der 1. Person des Indikativ Präsens abgeleitet. Die Verben auf **-ar** bekommen Endungen mit **-e**, die Verben auf **-er** und **-ir** Endungen mit **-a**.

Verben mit Veränderung des Stammvokals

	e → ie: pensar	o → ue: volver
yo	piense	vuelva
tú	pienses	vuelvas
él / ella / usted	piense	vuelva
nosotros/-as	pensemos	volvamos
vosotros/-as	penséis	volváis
ellos / ellas / ustedes	piensen	vuelvan

	e → i: pedir
yo	pida
tú	pidas
él / ella / usted	pida
nosotros/-as	pidamos
vosotros/-as	pidáis
ellos / ellas / ustedes	pidan

Gruppenverben mit Veränderungen des Stammvokals im Präsens ändern auch im **presente de subjuntivo** den Vokal in den entsprechenden Personen. Bei den Gruppenverben auf **-ir** ändern sich alle Personen.

Der Indikativ bezieht sich auf die Realität und beschreibt sie objektiv. Der **subjuntivo** bezieht sich auf die Wunsch- bzw. Gefühlswelt und bewertet sie subjektiv.

Wünsche und Forderungen
Quiere que las chicas reserven el hotel.
¿Desea que le mande información?

Hoffnungen und Gefühle
Espero que encontremos un vuelo.
¡Ojalá tengamos suerte!
Me alegra de que tengamos un stand.
Lástima que no esté cerca.

Verben mit unregelmäßiger 1. Person im Indikativ

conocer: conozca, conozcas, conozca ...
hacer: haga, hagas, haga, hagamos, ...
decir: diga, digas, diga, digamos

Unpersönliche und feststehende Ausdrücke mit bewertendem Charakter
Es necesario que confirme la reserva.
Es mejor que pague con tarjeta.
Es posible que haya lugar.

Unregelmäßige Verben

ser: sea, seas, sea, seamos, seáis, sean
estar: esté, estés, esté, estemos, estéis, estén
ir: vaya, vayas, vaya, vayamos, vayáis, vayan
dar: dé, des, dé, demos, deis, den
haber: haya, hayas, haya, hayamos, hayáis, hayan
saber: sepa, sepas, sepa, sepamos, sepáis, sepan

Auch im Relativsatz bezeichnet der **subjuntivo** ein gesuchtes bzw. gewünschtes Merkmal:
Buscan un stand que esté en un lugar bonito.

Comunicación

Argumente austauschen

- Pienso que las energías renovables son buenas. No contaminan el medio ambiente.
+ El problema es que necesitan enormes inversiones. Y tampoco son constantes.
- Sin embargo, no son tan peligrosas como la energía nuclear.
+ Sí, pero a mí no me gustan los molinos de viento.

Über die Organisation einer Veranstaltung sprechen

- El Sr. López quiere que lo llames.
+ ¡Uff, qué estrés!

- ¿Cómo quieres que sea el stand?
+ Que sea bonito y barato.

- ¿Es necesario que pongamos un bar?
+ Sí, es importante que la gente se sienta bien.
- No te preocupes, Noelia. Yo llamo al Sr. López y hablo con él.

Gespräche auf der Messe führen

- Me llamo Alba Ruiz y soy de Ecuador. ¿Sería posible hablar con el Sr. Meyer?
+ Sí, cómo no. Pero ahora no está. Va a tener que esperar un poco.
- ¿Cree que va a tardar mucho?
+ No, no creo que tarde.

- Hola, soy Angel García. Quisiera información sobre molinos de viento.
+ Aquí tiene unos folletos.
- Ah, gracias, muy interesante.

- Buenos días, soy Beatriz Carmona. Tengo una cita con el Sr. Sosa. Perdone que llegue tarde.
+ No es nada. Tome asiento, por favor.
- Hola, soy Julio Ledesma. ¿Está Gonzalo Uribe?
+ Lo siento, acaba de irse.
- ¡Qué lástima! Le doy mi tarjeta para que me llame.
+ Lo va a llamar seguro. Adiós y gracias.

VER Y COMPRENDER
VÍDEO

1   **a**   Mire el fotograma e imagine: ¿se conocen? ¿Quiénes pueden ser? ¿Dónde están? ¿Qué hacen?

    b   **Vea ahora el vídeo y compruebe. Luego conteste:**

1. ¿Qué favor le pide Alberto a Alejandro? ¿Qué problema tiene? ¿Qué dice Alejandro?
2. Alberto no sabe qué regalarle a Carmen. ¿Qué le aconseja Alejandro? ¿Qué opina usted de sus propuestas?

2   **En grupos, preparen consejos para**

... ligar con alguien.
... salir por primera vez.
... elegir un regalo.

3   **En la siguiente secuencia Alejandro quiere saber en qué consiste el trabajo de periodista. Apunten ideas e intercambien opiniones. ¿Cómo creen que se informa Patricia?**

4   **Mire el vídeo y compare con sus opiniones. Luego responda:**

1. ¿Qué medios utiliza Patricia para informarse? ¿Qué periódicos lee y por qué? ¿Qué dice de Internet?
2. ¿Qué medios utiliza Alejandro para informarse? ¿Qué problema tiene con Internet?
3. Para Alejandro las redes sociales son muy útiles. ¿Por qué? ¿Y para Patricia?

5   **Escriba un pequeño texto. ¿Qué opina usted de las redes sociales? ¿Son útiles? ¿Cuáles usa y para qué actividades? ¿Qué desventajas tienen?**

UNA BUENA PRESENTACIÓN

¿Cómo hablar en público?

Mucha gente teme hablar en público, pero es necesario saber presentar e intercambiar información. Si usted sigue nuestros consejos, no tendrá problemas.

¿Cómo preparar una presentación?

- Lo primero es recopilar información actual. Pero, ojo, no todas las páginas de la Red son fiables. Compruebe la información, hay bibliotecas virtuales en español muy útiles.
- Tenga en cuenta a quién se dirige y concéntrese en el mensaje que quiere transmitir.
- Estructure su ponencia con claridad. Haga una lista y marque el tiempo previsto.
- Recuerde que es importante visualizar. Encargue *beamer*, *clip charts*, etc.

¿Cómo hacer para no estar nervioso/-a?

- Lo importante es prepararse bien y llegar descansado.
- Si es posible, visite antes la sala y asegúrese de que todo está en orden.
- El día de la presentación, relájese, dé un paseo y ¡no pretenda ser perfecto/-a!

¿Cómo empezar?

- Sonría para crear buen ambiente y trate de involucrar al público.
- Explique en pocas palabras la estructura de la ponencia.
  No olvide: solo una pequeña parte del mensaje consiste en lo que usted dice. Sus gestos, su mímica, su lenguage corporal y el contacto visual con el público transmiten una buena parte del mismo, y más de la mitad del mensaje lo aportan su voz, el volumen de esta, su manera de hablar, etc.

¿Cómo seguir y terminar?

- No esté demasiado serio/-a: una anécdota simpática es más efectiva que cien estadísticas.
- Haga pausas para mantener la atención. Utilice preguntas retóricas.
- Muy importante: no se exceda en el tiempo y reserve unos minutos para las preguntas de los oyentes. Si es posible, deje contestar al público.
  Por último, haga una «evaluación relámpago» y termine dando las gracias.

Y usted, ¿ha tenido que hacer alguna vez una presentación? ¿De qué temas fue? ¿Se puso nervioso/-a?

1 proponer ▶ pp. 84, 92

Es ist Wochenende. Überlegen Sie sich verschiedene Aktivitäten, die Sie gerne unternehmen möchten und machen Sie drei Vorschläge.

¿Tienes ganas de ir a cenar el sábado por la noche?

2 quedar con alguien ▶ pp. 84, 92

Sie möchten sich mit Freunden am Wochenende zum Kaffee treffen. Vereinbaren Sie den Tag, Treffpunkt und Uhrzeit.

¿Quedamos para tomar café el domingo en el Café Gijón? ¿Te parece bien a las cinco?

3 pedir en un restaurante ▶ pp. 85, 92

Sie sind in Spanien mit Freunden im Restaurant. Der Kellner stellt folgende Fragen: ¿Saben ya qué van a tomar?, ¿Y qué desean para beber?, ¿Quieren postre?, ¿Desean alguna cosa más? Was antworten Sie?

Para mí, de primero una ensalada mixta y de segundo pescado frito.

4 comentar una oferta de trabajo ▶ p. 94

Sie lesen gerade diese Stellenanzeige und sprechen darüber mit einem Kollegen / einer Kollegin.

Buscan estudiantes para prácticas en un hotel.

Prácticas recepcionista en hotel mallorquín
Estudiantes para recepción durante julio y agosto.
Tareas informativas, registro de entrada y de salida, atención al cliente. Estudios de FP2 (Pref. Turismo/Viajes).
Necesario español e inglés. Se valorará el alemán.
Personas abiertas, dinámicas y capaces de trabajar en equipo.
Experiencia deseable.
Ofrecemos sueldo + alojamiento.

5 presentar el perfil profesional ▶ p. 95

Sie suchen gerade eine Arbeit / einen Praktikumsplatz. Stellen Sie kurz Ihr berufliches Profil vor.
(Ausbildung, Berufserfahrung und Sprachkenntnisse)

Estudié Formación Profesional.

6 dar consejos ▸ pp. 104, 108

Ein/e Freund/in hat morgen ein Vorstellungsgespräch. Können Sie ihm/ihr drei Tipps geben, um einen guten Eindruck zu hinterlassen?

Cuida tu aspecto personal.

7 describir ▸ pp. 93, 95, 96, 98, 105, 112

In einem Vorstellungsgespräch sollen Sie sich selbst beschreiben. Sagen Sie, welche Ihre Stärken und Schwächen sind.

Soy muy responsable y creativo/-a. A veces soy demasiado exigente.

8 hablar de experiencias pasadas ▸ pp. 95, 96, 98

Erzählen Sie, was Sie zu dieser Zeit gemacht haben:
Ayer … El año pasado … En las últimas vacaciones … Hoy … Este año … Este fin de semana …

Ayer empecé mis prácticas.

9 hablar de un día de trabajo ▸ pp. 115, 119, 124

Wie sieht ein ganz normaler Arbeitstag bei Ihnen aus? Arbeitszeiten? Aufgaben? Vor- und Nachteile Ihres Berufes? Arbeitsklima?

Tengo un trabajo muy creativo.

10 informar de una reunión de trabajo ▸ pp. 117, 120, 124

Informieren Sie anhand dieser Stichpunkte einen Kollegen über das nächste internationale Arbeitstreffen Ihrer Firma:
Fecha: 16 y 17 de mayo. Lugar: Granada. Alojamiento: Parador de San Francisco. Punto de encuentro: Aeropuerto Madrid Barajas. Hora: 20:00. Restaurante: Al-Andalus (comida típica regional).
Alternativa: visita guiada a la ciudad / Alhambra y el Albaicín.
Regreso: domingo, 19:30.

Vamos a tener la próxima reunión en Granada, los días 16 y 17 de mayo.

11 describir y valorar ▸ p. 128

Nach der Rückkehr in die Firma fragt Sie ein/e Kollege / Kollegin nach dem Arbeitstreffen.
¿Cómo fue el viaje? ¿Y la reunión?
¿Cómo era el hotel? ¿Y qué tal la cena?
Was antworten Sie?

El viaje fue un poco estresante.

12 concertar una cita por teléfono ▶ p. 127

Ihr Chef wird eine Geschäftsreise nach Spanien machen und hat Ihnen den Auftrag gegeben, telefonisch einen Termin zu vereinbaren. Wie antworten Sie auf diese Fragen:
¿En qué puedo ayudarle? ¿Cuándo quieren venir?
¿El lunes, 4 de mayo, a las 11 está bien?
¿Les reservo hotel?

Me llamo Lisa Neumann y llamo de la empresa Syntec de Berlín. Llamo para ...

13 comparar ▶ p. 129

Arbeiten in Spanien, Arbeiten in Deutschland
Erinnern Sie sich an die Unterschiede?
Nennen Sie drei Beispiele
(forma de hablar, ritmo de vida, organización, horarios, trato, usw.)

En Alemania hablan de forma más directa, clara y precisa. En España hablan de forma más expresiva y emocional.

14 nombrar y organizar ▶ p. 137

Die Firma, in der Sie arbeiten, wird an einer Messe teilnehmen.
Welche Aufgaben würden Sie während der Vorbereitung übernehmen?
Welche Aufgaben werden während der Messe erledigt?

Hay que organizar el *stand*.

Partnerseite

Unidad 3, S. 37 ¿Qué hacen? Stellen Sie sich gegenseitig Fragen. Ihr Partner / Ihre Partnerin schaut auf die Seite 37.

Para avanzar más

Die folgenden zwölf Seiten sind für alle, die nach dem Abschluss einer *Unidad* noch weiter mit diesem Stoff arbeiten wollen: auf höherem Niveau als in der *Unidad* selbst.

Es gibt für jede *Unidad* eine Seite, auf der Sie in den Bereichen Vokabular und Grammatik größere Fortschritte machen können. Gleichzeitig können Sie vertiefend in die Thematik der Einheit einsteigen: So erfahren Sie z. B. in *Unidad 5* mehr über Argentinien, in *Unidad 10* mehr über das arabische Erbe auf der Iberischen Halbinsel und in *Unidad 11*, warum Lateinamerika „ein Kontinent mit Zukunft ist". Kennen Sie den Begriff „Espanglish"? Mehr lesen Sie zu diesem Thema auf der Extraseite zu *Unidad 2*.

Mit der Bearbeitung dieser Teile tun Sie einen wichtigen Schritt auf Ihrem Weg zum Niveau B1.

Viel Spaß dabei: ¡que lo pasen muy bien!

Unidad 1: Primeros contactos

1 Preguntar Ergänzen Sie die Fragen und beantworten Sie sie.

¿Qué ...?
¿De dónde ...?
¿Por qué ...?
¿En qué ...?
¿De quién ...?
¿Quién ...?
¿De dónde eres?
¿En qué trabajas?
¿Con quién ...?
¿Cuándo ...?
¿Cómo...?
¿Dónde ...?
¿De qué ...?

---

2 Llamar por teléfono Zu zweit. Rufen Sie Ihre Mitarbeiter in verschiedenen Ländern an. Fragen Sie, wie es ihnen und anderen Kollegen dort geht. Stellen Sie weitere Fragen.

España	México	Colombia	Argentina
Diga.	¿Bueno?	¿Aló?	Hola
Dígame.	¿Dígame?	¿Sí?	¿Quién habla?
Hasta luego.	Bye.	Adiós.	Chau.

---

3 Escribir un correo electrónico Übertragen Sie den Text ins Spanische und beantworten Sie im Anschluss die E-Mail.

De: Sebastian
Asunto: Sommerfest

Hallo an alle,
am Freitag, den 30. August ist das Sommerfest in Freinohl.
Wir sind alle um 18.00 Uhr da.
Tschüß & bis Samstag!
Sebastian

---

4 Mediación Lesen Sie den Text und unterstreichen Sie, was Sie verstehen. Geben Sie den Inhalt sinngemäß auf Deutsch wieder. Sagen Sie dann auf Spanisch, wie Sie selbst mit anderen kommunizieren.

Comunicación virtual

¿Cómo nos ponemos en contacto con los demás? Actualmente casi tenemos tabletas y teléfonos inteligentes y la comunicación virtual es cada vez más importante.

Hoy en día la información está en la Red y el contacto es muy directo. Si necesitamos un vuelo, vamos a la página web de una compañía aérea. Si necesitamos una habitación en Buenos Aires, miramos en Internet las fotos de todos los hoteles de la ciudad. «Me gusta el Hotel Plaza». ¡Clic! ¡Ya está! ¡Tengo la habitación reservada!

Unidad 2: ¡En español, por favor!

1 **Lesen Sie zu zweit** Entscheiden Sie, um was für eine Sprache es sich handelt. Markieren Sie spanische und englische Wörter. Übertragen Sie sinngemäß den Inhalt.

- Hola, good morning, ¿cómo estás?
+ «Fine, ¿y tú?»
- ¿Nos vemos luego en el mall? ¿Quieres tomar un break?
+ Tengo que hacer el laundry hoy – y tengo que pagar los bills.
- Hasta luego.
+ Bye.

2 **Escribir** Berichten Sie in einer E-Mail, welche Sprachen Sie sprechen. Mischen Sie manchmal verschiedene Sprachen? Benutzen Sie englische Ausdrücke?

con mis padres • en la oficina • con mis amigos

– Yo siempre digo «sorry». + En los conciertos hay «standing ovations».

3 **Descubrir** Lesen Sie die Sätze und streichen Sie in der Regel durch, was nicht zutrifft. Übertragen Sie dann sinngemäß die Sätze auf Deutsch.

Se habla alemán.   Se vende esta casa.   Se alquilan bicicletas.   SE PROHIBE APARCAR.

Das Verb nach dem unpersönlichen Pronomen **se** steht im Singular, wenn es kein Objekt gibt oder wenn das Objekt im **Singular / Plural** steht. Das Verb steht im Plural, wenn das Objekt im **Singular / Plural** steht.

4 **Mediación** Lesen Sie den Artikel und beantworten Sie die Fragen auf Deutsch. Lesen Sie nochmals und ergänzen Sie weitere Informationen.

¿Cómo se llama el nuevo idioma? • ¿Dónde se habla? • ¿Quiénes hablan este idioma?

Un nuevo idioma
El **espanglish** es una mezcla de inglés y español. En los Estados Unidos viven actualmente unos cincuenta y dos millones de hispanos, la mayoría en Florida, California y Texas. También en los barrios «latinos» de Nueva York la gente habla tanto español como inglés. Como están siempre en contacto con los dos idiomas, mezclan palabras y expresiones. La mezcla se llama **espanglish** y ya es una nueva lengua. Hay periódicos, programas de radio y televisión, películas y también literatura en **espanglish**.

5 **Opine.** Was halten Sie von dieser neuen Sprache? Welche Vor- und Nachteile hat sie Ihrer Meinung nach?

Unidad 3: Visita en la empresa

1 Preguntar Lesen Sie die Broschüre und stellen Sie Ihrem / Ihrer Partner/in zehn Fragen dazu.

❁ Flower Power & Cía.

La empresa *Flower Power & Cía.* es una pequeña empresa del sector de la perfumería. Tiene veinticinco años de experiencia en la producción de perfumes florales. La fábrica está en el polígono industrial de Burgos, a unos veinte kilómetros de la ciudad. Es una planta moderna. Las flores entran en la calle de producción y salen los perfumes listos para la exportación.

En la planta trabajan ciento ochenta personas, en tres turnos, seis días por semana.
El gerente general es el biólogo Raúl Rubio. Tiene cuarenta y cinco años de edad y es muy dinámico. Está altamente cualificado y muy comprometido con *Flower Power*.

2 Una red profesional Stellen Sie Ihr berufliches Profil vor.

nombre ● edad ● datos personales ● profesión ● cualificaciones ● experiencia ● sector

3 Visita Bereiten Sie einen Kundenbesuch vor. Erklären Sie die Tagesordnung. Wie geht es am Nachmittag weiter?

9.00 saludos y presentaciones	*Empezamos a las ... con ...*
11.00 café	*A las ... tomamos ...*
11.15 presentación: situación actual de la empresa	
12.00 preguntas y comentarios	
13.00 comida	
...	

4 Intercultura Im Spanischen verwendet man gerne den „absoluten Superlativ", wie z. B. *muchísimo*, *interesantísimos*, *facilísima*, wenn etwas besonders, ungewöhnlich oder extrem ist. Schauen Sie die Beispiele an. Ergänzen Sie die Regel und bilden Sie danach neue Sätze.

El superlativo absoluto: Adjektiv ohne _____ mit den Endungen: _____ , _____ , _____ , _____

1. España es un país muy **interesante**. *Es un país interesantísimo.* _____
2. El vasco o euskera es **difícil**. _____
3. Flower Power es una empresa **moderna**. Los perfumes son muy **buenos**. _____
4. En España hay **muchos** turistas. Gastan **mucho** dinero. _____

5 Investigar Suchen Sie auf spanischen Websites weitere Informationen über die *PyMEs*.

Unidad 4: Diseñado con amor

1 ¿Qué tipo de moda le gusta? Was für ein Typ sind Sie? Was tragen Sie gerne? Fragen Sie Ihre Partner.

– ¿Y tú, qué usas? ¿Qué color te gusta? + Yo generalmente llevo ...
– ¿Cuál es tu prenda favorita? + A veces uso ...
– ¿Algo que nunca llevas? + Nunca llevo ...

2 ¿Le gusta ir de tiendas? Sie gehen gerne shoppen. Suchen Sie sich zwei Partner.

– A mí, me encanta mirar las nuevas colecciones. ¿Y a ti?
+ Pues, más o menos. Δ Yo odio ir de tiendas porque ...

3 Las camisetas hablan. Lesen Sie den Artikel, evtl. auch mit einem Wörterbuch. Übertragen Sie ihn sinngemäß ins Deutsche. Wo sehen Sie Probleme auf dem Weg, den das T-Shirt zurücklegt?

Mi camiseta y yo

Naomi está muy feliz con su camiseta nueva. La joven estudiante acaba de comprarla en un mercado de Kenia. Naomi estudia Economía. En clase, analiza la industria textil en un mundo globalizado y ahora imagina los pasos de su camiseta. Los describe en un cuento moderno que titula «Mi camiseta y yo». La historia empieza en una plantación de algodón en el Altiplano Peruano. De allí el algodón va en camión por los Andes hasta llegar a Lima. Un barco **lo** lleva a Shanghai. En una enorme fábrica hacen miles de camisetas de algodón. Las camisetas listas cruzan el Océano Pacífico, pasan por el Canal de Panamá y llegan a Miami. Allí unos artistas cubanos las pintan con motivos originales.

Una chica americana que también se llama Naomi compra una de esas camisetas en una boutique exclusiva de la Fifth Avenue de Nueva York. Paga por ella más de cien dólares. El sábado la lleva en una fiesta. Después la lleva tres o cuatro veces en la oficina. Un año más tarde, la camiseta está entre otras muchas en un mercado de ropa usada en África. Una chica llamada Naomi **la** compra feliz por cinco dólares ...

4 Investigar Recherchieren Sie Informationen zur Produktion eines T-Shirts. Welchen Weg legt es bis zum Verkauf im Laden zurück? Stellen Sie diesen Weg dann mit einfachen grafischen Mitteln auf Spanisch dar.

5 Practicar Setzen Sie die fehlenden Pronomen ein.

1. – ¿Compras la camiseta? + Sí, _____ compro.

2. – ¿Necesitas el abrigo? + No, no _____ .

3. – ¿Usas las zapatillas? + Sí, _____ .

4. – ¿Quieres los vaqueros? + No, no _____ .

5. – ¿Me llamas a la oficina? + Claro que _____ .

6. – ¿A nosotros también? + Sí, _____ llamo también.

Unidad 5: Experiencia en el extranjero

1 **¿Comprende estas palabras?** Lea otra vez y apunte las palabras que se usan en España. ¿Por qué cree que son diferentes?

colectivo _____ Subte _____ living-comedor _____

asado _____ ok _____ auto _____

---

2 **Mediación** Elija y lea uno de los dos textos. Informe a sus compañeros de curso.

El español rioplatense

Normalmente todos los hispanohablantes se entienden sin dificultad, aunque hay algunas diferencias. El español del Río de la Plata es quizás la variante más alejada del español peninsular. Es que en Argentina y Uruguay ha habido mucha inmigración de países centroeuropeos y de otros países y se usan algunas palabras diferentes, muchas veces de origen inglés o francés.

Además allí existe todavía el «voseo». Esta es una forma muy antigua y respetuosa, que en España ya no se usa. Se dice «vos sos» en lugar de «tú eres», o «vos comés» en lugar de «tú comes». Cuando uno está en el país, se acostumbra muy pronto y no tiene problemas. Otra palabra muy típica es el famoso «che», que se utiliza para dirigirse a una persona: ¿Qué hacés, che? Che, Juan, ¿quién es el Che Guevara? Pues, ¿quién es?

Estudiar en Argentina

En Argentina prácticamente no existen becas de estudio. Por eso, estudiar es difícil. La mayoría de los estudiantes vive con sus padres y muchos trabajan para ayudar a sus familias. Encontrar un piso para compartir no es fácil. Sin embargo, con la crisis económica cada vez hay más familias de clase media que abren sus casas y pisos a los estudiantes y comparten todo con ellos. Generalmente son casas bonitas y cómodas.

Las pocas residencias estudiantiles de Buenos Aires son todas privadas y son muy caras. Ofrecen buenos servicios, comodidades y hasta lujo, pero generalmente hay mucho control.

Sin embargo, muchas de las habitaciones son compartidas por dos, cuatro o seis estudiantes. Allí viven generalmente estudiantes del interior del país. Muchos estudian solo para «hacer tiempo», porque no encuentran trabajo.

---

3 **Reflexión** ¿Le gustaría pasar una temporada en Argentina y en su capital? ¿Por qué? ¿Por qué no? Intercambien opiniones en clase.

---

4 **Elija una ciudad y preséntela.** Explique dónde está, cuántos habitantes tiene, qué posibilidades ofrece y cuáles son los puntos fuertes y los principales problemas.

> Tokio (Japón) • Ciudad de México (México) • Nueva Delhi (India) • Shanghai (China) •
> Sao Paulo (Brasil) • Buenos Aires (Argentina) • Lagos (Nigeria) • Dhaka (Bangladesh) • Karachi (Pakistán)

Unidad 6: México en cifras

1 Discusión ¿Cómo prefiere informarse? Marque su opinión y compare.

- ☐ A mí, me gusta leer textos de especialistas.
- ☐ Me encantan las cifras. Me formo mi propia opinión.
- ☐ Yo no entiendo las estadísticas, no me interesan.
- ☐ Creo que muchas veces las estadísticas son falsas.
- ☐ Prefiero otro material: mapas, fotos, gráficos, películas.

2 Un folleto turístico Prepare un folleto sobre Alemania u otro país.

Geografía	Economía	Cultura
ubicación, ríos y montañas clima y biodiversidad grandes ciudades	agricultura, minería, etc. principales industrias importancia del turismo	puntos de interés histórico festivales y otros eventos destinos turísticos

3 ¿Te quedas o te vas? Complete el diálogo con *irse, quedarse, encontrarse, sentirse ...*

1. – Yo ya _____. ¿Vosotros _____?

   + ¡No, Luis! ¿Por qué quieres irte?

2. – Mañana tengo que _____ temprano.

   + ¡Hombre, pero si es domingo!

3. – Es que tengo fútbol. Yo _____ a las 9 de la mañana.

   + Media hora más y _____ todos juntos. ¿Vale?

4. – Vale, pero entonces tomamos un taxi.

   + ¿Por qué? ¿No _____ bien?

5. – Sí, sí, pero es tarde y estoy muy cansado.

   + Bueno, vale. _____ a las dos en punto, en la puerta.

4 Ahora ustedes Elijan una de estas situaciones y preparen diálogos parecidos.

en la oficina ● en una reunión de trabajo ● en un bar ● en un cumpleaños

Unidad 7: ¡Buen fin de semana!

1 **Mi fin de semana ideal** En el texto Elena cuenta cómo es un fin de semana ideal para ella. Léalo y resuma: ¿Qué actividades de ocio hace? ¿Cuándo? ¿Con quién?

> ¿Mi fin de semana ideal? Pues, me encanta tener libre el viernes, así el fin de semana es más largo. Normalmente viajo mucho por mi trabajo, por eso me encanta estar con mi novio el fin de semana. Para empezar hago deporte en el gimnasio o voy a la piscina. El sábado duermo hasta tarde y quedo con mi novio y mis amigos, vamos de compras y salimos por la noche a tomar algo o a bailar. Y el domingo también duermo mucho. Prefiero salir fuera a comer o cenar porque no me gusta cocinar. Me encanta conocer restaurantes y probar comidas diferentes. Y por la noche veo alguna serie antes de dormir.

2 **¿Y cómo es un fin de semana ideal para usted?** Escriba un pequeño texto (como en 1) y después preséntelo en clase.

3 **A veces no es fácil elegir.** Miren las opciones y lean los ejemplos. Después hagan diálogos con otras opciones. Usen los verbos *ir*, *pedir*, *elegir*, *querer*, *preferir* y *recomendar*.

– *¿Vamos al cine o al teatro?* + *Yo prefiero el cine.*
– *¿Qué pedimos, el salmón o las gambas?* + *Yo quiero el salmón.*

un café	un restaurante		correr	jugar al fútbol		la piscina	el gimnasio		ir de compras	pasear
la carne a la brasa	la dorada		la tosta de queso	las gambas		la disco	el bar		el vino	la cerveza
la tarta de chocolate	el helado									

4 **¿En un bar de tapas o en un restaurante?** Lea estas frases y decida dónde están las personas. Escriba B o R. ¿Qué palabras le ayudan? Márquelas.

- ☐ ¿Nos trae el menú, por favor?
- ☐ Dos tostas de gambas.
- ☐ ¿Qué tienen de postre?
- ☐ ¿Qué queréis de pincho?
- ☐ Una botella de vino tinto y otra de agua sin gas.
- ☐ ¿Qué vais a tomar?
- ☐ ¿Van a tomar café?
- ☐ Yo pago esta ronda.
- ☐ De primero una ensalada.
- ☐ ¿Qué lleva de guarnición?

5 **Investigar** Sobre el origen de las tapas hay varias leyendas. Busque información y presente su favorita.

Unidad 8: ¿Preparados para encontrar trabajo?

1 Mediación Markus necesita hacer unas prácticas para terminar su formación profesional. Está mirando una oferta. Su compañera de piso española quiere saber muchas cosas: ¿Qué piden? ¿Qué ofrecen? ¿Qué tienes que hacer? ¿Qué puede contestar Markus?

Stellenangebot: Suchen Sie einen Praktikumsplatz?

Wir sind ein Übersetzungsbüro mit Schwerpunkt europäische Sprachen. Unseren Praktikanten bieten wir Einblicke in die Organisation verschiedener Sprachprojekte.

Voraussetzungen:
Gute PC-Kenntnisse und verschiedene Fremdsprachen

Praktikumsinhalte:
– Einführung in die Unternehmensorganisation.
– Kundenakquise / Marketing / Sprachkurs-Organisation
– Korrespondenz und Telefonate mit ausländischen Kunden
– Übersetzungen
– evtl. Sprachunterricht bzw. Tätigkeit als Betreuer in unserem Sommercamp

Haben wir Ihr Interesse geweckt? Dann senden Sie uns bitte Ihre Bewerbungsunterlagen zu. Sie können sich <u>online</u> oder schriftlich bewerben.

Wir stellen auf Wunsch eine Unterkunft zur Verfügung.

---

2 Prioridades Imagine su futuro puesto de trabajo. ¿Qué es lo más importante para usted en el momento de buscar en las ofertas de trabajo? Seleccione los tres motivos más importantes para usted y hable de ellos en clase:

la estabilidad • tener muchas vacaciones • la posibilidad de aprender • creatividad • contrato fijo • oportunidades de desarrollo profesional • tratar con gente • pasarlo bien • un buen sueldo (ganar mucho dinero) • viajar y conocer el mundo • aprender idiomas • buen clima de trabajo • un buen horario

---

3 Una joven emprendedora Complete con los verbos en *indefinido*.

Sira Pérez de la Coba _____ la carrera de Ingeniero de Telecomunicación.

Después _____ a Estados Unidos donde _____ una especialización en visión

artificial. _____ para empresas líder en el sector de tecnología como Indra o Telvent.

Entonces _____ una idea: ... _____ la aplicación Shot & Shop. Por ella,

_____ un Premio PyME a la Innovación Tecnológica.

Unidad 9: ¡Suerte en la entrevista!

1 Reglas para la clase Complete las normas con las formas del imperativo (tú). Escriba dos reglas más. ¿Y si las reglas son para «vosotros»? ¿Cómo son las formas?

Reglas para la clase de español

1. ¡_____ puntual! Así no interrumpes la clase.		*ser*
2. _____ al profesor o la profesora cuando explica y		*escuchar*
_____ interés.		*mostrar*
3. _____ los deberes a tiempo.		*hacer*
4. _____ el móvil en tu mochila.		*poner*
5. _____ hablar siempre en español.		*intentar*
6. _____ solo en los recreos.		*comer*
7. _____ con tus compañeros en grupo.		*trabajar*
8. _____ para los exámenes, ¡no solo el último día!		*repasar*
9. _____		
10. _____		

2 a ¿Tiene usted alguna pregunta? Si tiene una entrevista de trabajo, es muy importante preparar algunas preguntas para el momento en que escucha: *¿Tiene usted alguna pregunta?* Pero, ¡mucho cuidado!, una pregunta inadecuada puede resultar muy negativa. Entonces, ¿qué puede preguntar? Aquí tiene dos consejos:

1. Preguntas sobre la empresa (para demostrar que se ha informado)
2. Preguntas sobre el puesto (para saber si realmente le interesa)

b Aquí tiene ejemplos de preguntas en alemán. ¡Prepárelas en español! ¿Puede añadir otras?

1. Welche konkrete Aufgaben übernehme ich?
2. Wie lange dauert die Einarbeitungsphase?
3. Welche Entwicklungsmöglichkeiten bietet Ihre Firma?
4. Wann werden Sie eine endgültige Entscheidung treffen?

c Aquí tiene algunas preguntas en español. ¿Qué significan? ¿Cuál es la palabra clave de cada una?

1. ¿Puedo hacer algo para prepararme para el trabajo si deciden contar conmigo?
2. ¿Cuáles son las competencias más importantes para el puesto?
3. ¿Cuál es el proyecto más importante de la empresa ahora?

Unidad 10: La profesión, día a día

Un abrazo cultural

Durante casi ocho siglos (711–1492), los árabes estuvieron en la Península Ibérica. Su influencia cultural es enorme.

El abrazo de las culturas distintas tuvo frutos también en la música, el arte, la ciencia, la agricultura, la arquitectura y en la lengua. Muchas palabras que empiezan con a- o al- son de origen árabe, como arroz, alcohol, atún, azúcar, azafrán y por supuesto también la «arroba», que usamos todos los días en nuestras direcciones electrónicas.

ARROBA (del árabe ar-rub) antigua medida de peso, once kilogramos y medio aproximadamente.

---

1 Otro abrazo cultural ¿Conoce otras influencias culturales importantes? ¿Qué pasa con los inmigrantes en Alemania? ¿Qué aportes culturales hacen?

Un pasado multicultural

En 1492 los Reyes Católicos unificaron una gran parte de la Península Ibérica uniendo los territorios de los reinos de Aragón y Castilla y reconquistando el último territorio musulmán, el reino de Granada. Durante esa época desapareció la coexistencia entre las tres culturas de la Península que había tenido sus altos y bajos a lo largo de los diferentes períodos de la Edad Media. Así, la época dorada para la convivencia entre musulmanes, cristianos y judíos tuvo lugar en el Al-Andalus de los siglos X y XI. También en territorios cristianos, las diferentes culturas allí asentadas vivieron períodos de tolerancia y relaciones generalmente pacíficas durante los siglos XI y XIII. Un ejemplo de una convivencia productiva fue Toledo, conocida como «la ciudad de las tres culturas» y en la que se fundó la famosa «Escuela de Traductores».

Con el final de la reconquista muchos musulmanes dejaron la Península. También los judíos que conservaron su religión se vieron obligados a exiliarse, y se establecieron en zonas como el Norte de África, Oriente Próximo, el Imperio Otomano y los Países Bajos.

---

2 Elija uno de estos temas. Infórmese y prepare un póster con la información.

1   Los musulmanes y judíos expulsados de los reinos cristianos de la Península y su historia
2. Influencia de los árabes en España.

---

3 Busque información actual. La inmigracion ilegal a Europa a través del mar. Haga una presentación.

☆ **Ceuta y Melilla**

Ceuta y Melilla son los últimos enclaves españoles en África. Pese a sus vallas y estricta vigilancia policial, muchos africanos tratan de llegar a estas ciudades para pasar desde ahí a España y al resto de Europa. Muchos cruzan el Mediterráneo en pequeños botes. con la ilusión de una vida mejor. La tragedia es que muchos no llegan porque sus barcos se hunden y los pasajeros se mueren en el mar. Los magrebíes del Norte de África son un grupo de inmigrantes importante en España. En muchas ocasiones solo encuentran trabajos temporales y mal pagados, generalmente en la agricultura.

Unidad 11: Latinoamérica tiene futuro

1 **Lea el texto.** **Elija un subtítulo para cada párrafo.**

> una política de dependencia ● una sociedad de clases ● «enchufismo» y corrupción ●
> economía y medio ambiente

Latinoamérica es un continente rico, pero sigue siendo pobre. ¿Cuál es el problema? Durante años imperó la división internacional del trabajo. Cada país producía lo que mejor podía: México plata, Costa Rica plátanos, Venezuela petróleo, Colombia las esmeraldas más bellas del mundo, Brasil caucho, Perú oro, Chile cobre, Argentina carne, etc. Con las divisas podían importar todo lo demás. Por eso hay poco desarrollo y mucha dependencia.

En este momento hay un *boom* minero. En Bolivia, por ejemplo, se extraen «tierras raras», indispensables para construir móviles y ordenadores. En la Cordillera de los Andes, empresas extranjeras explotan a gran escala oro, plata y otros minerales. El problema es que su extracción requiere enormes cantidades de agua y contamina toda la región.

¿Cómo es posible que los gobiernos acepten esto? Es que no son gobiernos fuertes. Si bien todos los países latinoamericanos son repúblicas democráticas, son democracias débiles. En Latinoamérica casi no hay clases medias. Las diferencias sociales son enormes. La mayoría de la población es muy pobre. Durante años, las oligarquías formadas por clanes familiares tenían todo en sus manos. Si un gobierno parecía de izquierda, los militares lo echaban y nombraban a un dictador.

Por suerte, la era de las dictaduras ha terminado. Latinoamérica se ha democratizado. Han llegado al poder los partidos de izquierda, las mujeres e incluso los indígenas. Sin embargo, no siempre han podido acabar con la violencia como en Colombia o con la corrupción como en Chile. Sigue el «enchufismo» — una política de dar importantes puestos a familiares y amigos. Pero los ciudadanos toman cada vez más conciencia: votan y protestan para crear un futuro mejor para su continente.

---

2 **Positivo y negativo** **Busque lo bueno y lo malo de Latinoamérica. Haga una tabla contrastiva.**
Después haga un resumen en clase.

positivo	negativo
es un continente rico	poco desarrollo, dependencia

Unidad 12: Feria medioambiental

1 En la feria Lea las frases y marque quién las dice: ¿El cliente? ¿El vendedor? ¿Los dos?

1. ☐ ¿Quién puede asesorarme sobre ...?
2. ☐ Cualquier pregunta, estoy a su disposición.
3. ☐ ¿Quiere que le mande los folletos?

4. ☐ Le doy una respuesta lo antes posible.
5. ☐ Espero que podamos hacer algo juntos.
6. ☐ Ojalá tengan mucho éxito en la feria.

---

2 Mediación Apunte los recursos de comunicación equivalentes en español.

- Hoffentlich kommt er / sie gleich.
- Sie würden mir einen großen Gefallen tun.
- Ich hoffe, wir bleiben in Verbindung
- Hoffentlich kommen viele Leute.

- Machen Sie sich keine Sorgen.
- Es freut mich, dass es Ihnen gefällt.
- Danke für alles, es war mir ein Vergnügen.
- Möchten Sie, dass ich Ihnen alles schicke?

---

3 ¿Qué piensa usted? Marque las frases con las que está de acuerdo. Discuta con sus compañeros.

1. ☐ Creo que pronto se construirá en el Sahara la planta solar más grande del mundo.
   ☐ Yo no creo que se construya, pues hay muchos problemas políticos.

2. ☐ No pienso que barcos parapentes puedan transportar contenedores.
   ☐ Yo pienso que es posible, pues el viento tiene mucha fuerza.

3. ☐ Mientras haya carbón y petróleo no habrá problemas.
   ☐ Claro, pero cuando se acaben, pasaremos frío.

4. ☐ Quizás los científicos encuentren pronto nuevas fuentes de energía.
   ☐ Quizás ya están trabajando en eso y nadie lo sabe.

---

4 Descubrir Mire otra vez las frases. ¿Qué expresiones requieren subjuntivo? Complete la tabla.

Expresiones con indicativo	Expresiones con subjuntivo
Opinión afirmativa	
Creo que	No creo que ...
Presente y futuro	**Futuro**
Voy cuando puedo.	
Mientras trabajo, escucho música.	
Cuando acabo, tomo un café.	
Distinto significado: quizás	

Aussprache

Das Alphabet und die Aussprache

Im spanischen Alphabet gibt es 27 Buchstaben. Es gibt fünf Vokale: **a**, **e**, **i**, **o** und **u**. Dazu kommen 22 Konsonaten. Es gibt aber auch drei Zweibuchstaben-Kombinationen (**dígrafos**): **ch**, **ll** und **rr**.

Buchstabe	Name	Beispiele	Erklärung / Aussprache
A, a	a	**t**a**p**a, **c**a**v**a, **a**mig**a**	
B, b	be	**b**ien, tam**b**ién, **b**ailo	In den meisten spanischsprachigen Ländern werden **b** und **v** gleich ausgesprochen.
C, c	ce	**c**apital, me**c**ánico, **c**lase **c**erveza, ofi**c**ina	Vor **a**, **o**, **u**, **r**, **l** wird **c** immer wie [k] ausgesprochen. Vor **e** und **i** spricht man es [θ], ähnlich wie das englische **th**, in Südspanien jedoch **s**, ebenso auf den Kanaren und in Lateinamerika.
D, d	de	**d**ónde, estu**d**iante	
E, e	e	cam**ar**ero, val**e**	
F, f	efe	ca**f**é, **f**iesta, pro**f**esor	
G, g	ge	a**g**ua, catálo**g**o, len**g**ua **g**racias, in**g**lés, **g**ente pá**g**ina, **g**uitarra, Mi**g**uel	Vor **a**, **o**, **u**, **r**, **l** wird **g** [g] ausgesprochen. Vor **e** und **i**, spricht man es [χ], ähnlich wie auf *Deutsch Kuchen*, *ach* und wie den Buchstaben **j** (im Spanischen).
H, h	hache	**h**ola, **h**oy, **h**ija	Wird nicht ausgesprochen.
I, i	i	com**i**da, b**i**en, d**í**a	
J, j	jota	**j**efe, mensa**j**e, naran**j**a	
K, k	ka	**k**ilo, **k**ilómetro	**K** kommt im Spanischen sehr selten vor.
L, l	ele	**l**ista, españo**l**, a**l**to	
M, m	eme	nú**m**ero, Ale**m**ania	
N, n	ene	**n**ada, clie**n**te, ca**n**sado	
Ñ, ñ	eñe	ca**ñ**a, a**ñ**o, dise**ñ**o	
O, o	o	c**o**rreo, m**ó**vil, zum**o**	
P, p	pe	**p**equeño, em**p**resa	
Q, q	cu	tran**q**uilo, a**q**uí, **q**uién	Wird wie [k] ausgesprochen. Es folgt immer ein **u** (wie im Deutschen) und danach folgen immer **e** oder **i**.
R, r	erre	to**rr**e, aho**rr**ar, a**rr**oba **r**ápido, En**r**ique, son**r**isa cla**r**o, aho**r**a, vaque**r**os	**rr**: immer zwischen zwei Vokalen, stark gerollt **r**: am Wortanfang und nach **l**, **n**, **s**, stark gerollt **r**: in allen anderen Fällen, einfach gerollt
S, s	ese	**s**alud, nece**s**itar, **s**in, fie**s**ta	
T, t	te	capi**t**al, fiesta, **t**odo, us**t**ed	
U, u	u	m**u**cho, c**u**rso, ag**u**a	
V, v	uve	**v**isita, fa**v**or, a**v**ión, no**v**ia	wie **b**

W, w	uve doble	ki**w**i	Kommt sehr selten vor.
X, x	equis	ta**x**ista, é**x**ito, e**x**portar	Kommt praktisch nie am Wortanfang vor.
Y, y	ye / i griega	**y**a, o**y**e, ma**y**o, a**y**er	Wird [j] ausgesprochen, am Wortende aber wie ein **i**. In einigen Ländern Lateinamerikas wie Argentinien und Uruguay hat **y** eine besondere Ausprache, ähnlich wie das deutsche **ch** (ich)
Z, z	zeta	**z**apatilla, a**z**úcar, lu**z**	In Spanien spricht man **z** wie **c** vor **e** und **i** aus. In Südspanien, auf den Kanaren und in Lateinamerika spricht man es **s** aus.

Die drei Buchstabenkombinationen (**dígrafos**) im Spanischen sind:

Buchstabe	Name	Beispiel	Aussprache
Ch, ch	che	no**ch**e, **ch**ica, mo**ch**ila	Ch wird [ʧ] ausgesprochen.
Ll, ll	elle	ca**ll**e, parri**ll**a, amari**ll**o	Die meisten Muttersprachler sprechen **ll** wie **y**.
RR, rr	Erre doble	ca**rr**o, pe**rr**o, co**rr**e	Starkt gerollt (wie am Wortanfang)

Satzzeichen und Rechtschreibung

Frage- und Ausrufezeichen

Im Spanischen schreibt man das Fragezeichen (**signo de interrogación**) und das Ausrufezeichen (**signo de admiración**) zweimal: am Anfang des Satzes oder Satzteils und als abschließendes Zeichen. Am Anfang stehen sie in umgedrehter Form – auf dem Kopf.

¿Cómo estás? ¿De dónde eres? ¿Hablas español?
¡Hola! ¡Qué calor! ¡Qué guapo! ¡Qué rico está!

Anführungszeichen

Im Spanischen werden die Anführungszeichen (**comillas**) oben geschrieben.

A García Márquez lo llamaban familiarmente «**Gabo**».

Klein- und Großschreibung

Anders als im Deutschen werden im Spanischen Substantive klein geschrieben.
Klein geschrieben werden auch Wochentage, Monate und Jahreszeiten so wie die Nationalitäten.
Eigennamen (von Personen, Ländern, Städten, Flüssen, usw.) werden immer groß geschrieben. Studienfächer und die Wissenschaften werden auch groß geschrieben.

Vivo en un **piso** con dos **chicos alemanes** y una **chica inglesa**.
Me gustan los idiomas. Estudio **Filología Alemana** e **Inglesa**.
El río **Guadalquivir** pasa por Sevilla.

Doppelkonsonanten

Im Spanischen gibt es nicht so viele Wörter mit Doppelkonsonanten wie im Deutschen.
Nur die Konsonanten **c** (ele**cc**iones), **l** (**ll**uvia), **r** (ca**rr**o) und **n** (i**nn**ovación) können doppelt in spanischen Wörtern auftreten. (Denken Sie an das Wort **colorín**, wenn Sie sich die vier Konsonanten merken möchten!)

Betonung und Regeln der Akzentsetzung

Jedes Wort hat eine Silbe, die betont ist. Für die Akzentsetzung gibt es drei Grundregeln:

1. Wörter, die auf der letzten Silbe betont werden (**palabras agudas**) und auf **-n**, **-s**, oder Vokal enden, tragen eine Tilde (grafischer Akzent): **café, francés, perdón, está, invitación**.
2. Wörter, die auf der vorletzten Silbe betont werden (**palabras llanas**) und auf Konsonant (außer **-n** oder **-s**) enden, tragen eine Tilde: **fácil, fútbol, azúcar, dólar, móvil**.
3. Alle Wörter, die auf der drittletzten Silbe (**palabras esdrújulas**) oder davor betont werden, tragen eine Tilde: **catálogo, teléfono, prácticas, éxito, fantástico, tráfico**.

Einige einsilbige Wörter ändern sich in der Bedeutung, je nachdem, ob sie mit Tilde geschrieben werden oder nicht:

el amigo (*der* Freund) – **Él** es un amigo. *Er ist ein Freund.*
tu coche (*dein* Auto) – ¿Qué coche tienes **tú**? *Was für ein Auto hast **du**?*
Se queja. *Er beschwert **sich**.* No **sé** quién es. *Ich **weiß** nicht, wer er ist.*
Mi casa *mein Haus* Para **mí**, un zumo, por favor. *Für **mich**, bitte einen Saft.*
¿**Te** gusta? *Gefällt es dir?* Tomo **té** verde. *Ich trinke einen grünen **Tee**.*
Si quieres. *Wenn du willst.* **Sí**, quiero. *Ja, ich will.*
Soy **de** aquí. *Ich bin **von** hier.* **Dé** un donativo. *Geben Sie eine Spende.*

Alle Frage- und Ausrufewörter tragen eine Tilde:

¿**Qué** tal? ¿**Cómo** te llamas? ¿**De dónde** eres? ¿**Dónde** trabajas? ¿Cón **quién** vives?
¿**Cuántos** años tienes?
¿**Cuál** es tu número de móvil? ¿**Cuándo** quedamos? ¿**Adónde** vamos? ¡**Qué** pena!
¡**Cuánto** lo siento!

Grammatik

Das Substantiv

Das Geschlecht der Substantive

Im Spanischen gibt es maskuline (männliche) und feminine (weibliche) Substantive.
Substantive, die auf **-o**, **-or**, **-ón** enden, sind meistens männlich.
Substantive, die auf **-a**, **-dad**, **-ción** und **-sión** enden, sind meistens weiblich.
Es gibt auch Ausnahmen wie z. B. **día**, **mapa**, **mano**, **moto**.

Der Plural der Substantive

Substantive, die auf Vokal enden, bilden den Plural mit **-s**. Substantive, die auf Konsonant enden, bilden den Plural mit **-es**.

	Singular	Plural	Ausnahmen
männlich	vino	vinos	día – días
	señor	señores	mapa – mapas
	jamón	jamones	
weiblich	cerveza	cervezas	mano – manos
	señora	señoras	moto – motos
	ciudad	ciudades	
	profesión	profesiones	

Berufsbezeichnungen

Maskuline Berufsbezeichnungen auf **-o** oder **-or** bilden die feminine Form auf **-a** oder **-ora**.
Berufsbezeichnungen auf **-ista**, **-ante** und **-ente** oder auch **-ía** sind für Frauen und Männer gleich.

männliche Berufsbezeichnungen	weibliche Berufsbezeichnungen
el fotógrafo	la fotógrafa
el programador	la programadora
el / la taxista	
el / la cantante	
el / la asistente	
el / la policía	

Der Artikel

Der Artikel ist ein Begleiter des Substantivs und zeigt (mit wenigen Ausnahmen) den Genus des Substantivs an.
Der Artikel stimmt mit dem Substantiv in Genus und Zahl überein.

Der bestimmte und unbestimmte Artikel

	bestimmter Artikel		unbestimmter Artikel	
	Singular	Plural	Singular	Plural
maskulin	**el** zumo	**los** zumos	**un** vino	**unos** vinos
feminin	**la** cerveza	**las** cervezas	**una** tapa	**unas** tapas

Die Präpositionen **a** und **de** verschmelzen mit dem bestimmten Artikel **el**:

> Voy **al** cine. *Ich gehe ins Kino.*
> Vivo cerca **del** centro. *Ich wohne in der Nähe vom Zentrum.*

Gebrauch der bestimmten Artikel

Der bestimmte Artikel wird gebraucht, wenn man von etwas spricht, das schon erwähnt wurde oder bekannt ist.

> **La** reunión es en **la** sala 3. *Die Besprechung findet im Raum 3 statt.*
> **Los** clientes alemanes ya están aquí. *Die deutschen Kunden sind schon hier.*

Man verwendet den bestimmten Artikel bei **señor/a**, wen man über eine Person spricht oder wenn jemand vorgestellt wird.

> **La señora** Gómez es la jefa de personal. *Frau Gómez ist die Leiterin der Personalabteilung.*

Wenn man aber die Person direkt anspricht, wird der Artikel weggelassen.

> ¿Cómo está, **señor** Gutiérrez? *Wie geht es Ihnen, Herr Gutiérrez?*
> ¿Qué toman, **señores**? *Was trinken Sie, meine Herren?*

Der Artikel **el** wird verwendet, um einen bestimmten Tag zu bezeichnen. Der Artikel **los** wird verwendet, um die Regelmäßigkeit verschiedener Tätigkeiten auszudrücken.

> **El martes** vamos a Barcelona. *Am Dienstag fahren wir nach Barcelona.*
> El concierto es **el sábado**. *Das Konzert ist am Samstag.*
> **Los viernes** tengo clase de inglés. *Freitags habe ich Englischunterricht.*
> **Los miércoles** voy al gimnasio. *Mittwochs gehe ich ins Fitnessstudio.*

Der Artikel fällt weg vor nicht zählbaren Substantiven oder Kategorien.

> No tomo café / alcohol. *Ich trinke keinen Kaffee / keinen Alkohol.*
> No como carne. *Ich esse kein Fleisch.*

Gebrauch der unbestimmten Artikel

Der unbestimmte Artikel im Plural **unos / unas** wird verwendet, um ungefähre Mengenangaben zu bezeichnen (*einige / mehrere*):

> ¿Pedimos unas tapas para todos? *Bestellen wir mehrere Tapas für alle?*
> Salamanca está a unos 200 kilómetros de Madrid. *Salamanca liegt etwa 200 Kilometer von Madrid entfernt.*

In Verbindung mit **tener** entfällt meist der unbestimmte Artikel:

> ¿Tiene coche? *Haben Sie ein Auto?*
> El piso no tiene terraza. *Die Wohnung hat keine Terrasse.*
> ¿Tienes novia? *Hast du eine Freundin?*
> ¿Tiene hijos? *Haben Sie Kinder?*

Vor **otro/-a** und **medio/-a** steht nie der unbestimmte Artikel.

> Un kilo de naranjas y medio kilo de tomates, por favor.

Der unbestimmte Artikel wird nicht vor Berufen verwendet. Wenn wir aber weitere Informationen zum Beruf hinzufügen, dann steht der unbestimmte Artikel.

> **Marcelo es taxista. Lucía es profesora.**
> **Nadal es un tenista español. Sofía es una médica muy buena.**

Das Adjektiv

Das Adjektiv stimmt immer in Geschlecht und Zahl mit dem Substantiv überein.

Singular		Plural	
maskulin	feminin	maskulin	feminin
(edifici**o**) modern**o** (puebl**o**) pequeñ**o**	(fábric**a**) modern**a** (ciu**dad**) pequeñ**a**	(edifici**os**) modern**os** (puebl**os**) pequeñ**os**	(fábric**as**) modern**as** (ciuda**des**) pequeñ**as**
(product**o** / empres**a**) important**e** (aeropuert**o** / esta**ción**) grand**e** (product**o** / empres**a**) internacional (centr**o** / ciu**dad**) industrial		(product**os** / empres**as**) important**es** (aeropuert**os** / estaci**ones**) grand**es** (product**os** / empres**as**) internacional**es** (centr**os** / ciuda**des**) industrial**es**	

Die meisten Adjektive enden auf **-o** (maskulin) bzw. auf **-a** (feminin): **moderno/-a, pequeño/-a, bonito/-a, bueno/-a, caro/-a, simpático/-a.**

Viele Adjektive, die auf **-e** oder einen **Konsonanten** enden, sind in der maskulinen und femininen Form gleich: **grande, interesante, alegre, inteligente, diferente.**

Adjektive, die auf **-ista** enden, sind in der maskulinen und femininen Form gleich: **optimista, realista, socialista, idealista,** usw.

Das Adjektiv wird auch angeglichen, wenn es nach den Verben **ser** oder **estar** steht.

> **Los productos son muy buenos.** *Die Produkte sind sehr gut.*
> **Alicia está enferma.** *Alicia ist krank.*
> **El jefe está nervioso.** *Der Chef ist nervös.*
> **Carlos y tú estáis invitados.** *Carlos und du, ihr seid eingeladen.*

Der Plural der Adjektive wird nach der gleichen Regel gebildet wie der des Substantivs.

Bezieht sich ein Adjektiv auf mehrere Substantive unterschiedlichen Geschlechts, dann verwendet man das Adjektiv in der maskulinen Form im Plural.

> **Sara y Pedro son mis compañeros de trabajo. Son muy simpáticos.**

Die weibliche Form bei **Nationalitäten** wird auf **-a** gebildet, auch wenn sie auf Konsonant enden:

Nationalitätsbezeichnungen			
Singular		Plural	
maskulin	feminin	maskulin	feminin
argentino	argentina	argentinos	argentinas
español	española	españoles	españolas
inglés	inglesa	ingleses	inglesas
alemán	alemana	alemanes	alemanas

Es gibt auch Nationalitätsbezeichnungen, die für maskulin und feminin gleich sind wie: **belga, canadiense, croata, iraquí, israelí, marroquí, vietnamita,** usw.

Einige Farbadjektive, die auf -a enden, haben nur eine Form für maskulin und feminin und können im Plural unveränderlich bleiben: **el pantalón rosa** – los pantalones **rosa/s**, la camisa **naranja** – las camisas **naranja/s**.

Steigerung und Vergleich

Der Komparativ bei Ungleichheit

Der Komparativ wird mit **más** bzw. **menos** gebildet.
Adjektive werden in Geschlecht und Zahl an das Substantiv angeschlossen.
Die Steigerungsformen von **bueno/-a** und **malo/-a** sind unregelmäßig: **mejor / peor**.
Die Steigerungsformen von **pequeño/-a** und **grande** sind (neben der regelmäßigen Form) **menor** y **mayor**. Sie werden auch im Sinne von *junger* und *älter* benutzt.

Adjektive/Substantive: más / menos + Adjektive + **que** (*mehr / weniger ... als*)

> La ropa aquí es **más** cara **que** en la otra tienda.
> Felix es **menos** atractivo **que** Roberto.
> Mi móvil nuevo es **mejor que** el viejo.
> Manuel tiene **menos** trabajo **que** Marta.
> Zara es **mayor** que Custo.
> Mi hermana es **menor** que yo.

Verben: Verb + más / menos que (*mehr / weniger ... als*)

> Laura gana **más que** Enrique.
> La empresa vende **menos que** antes.

Der Komparativ bei Gleichheit

Die Adjektive werden in Geschlecht und Zahl an das Substantiv angeglichen.

Adjektive: tan + Adjektiv + como (*genauso / ebenso ... wie*)

> Zara es **tan** famos**a como** Mango.

Substantive: tanto/-a/-os/-as + Substantiv + como (*so viel/e ... wie*)

> No tengo **tanta** ropa **como** tú.
> Luis tiene **tantos** amig**os** como Carla.
> Hablo **tantas** lengu**as como** Javier.

Verb: tanto + como (*genau so viel ... wie*)

> Toño gana **tanto como** Manuel.

Der Superlativ

Der Superlativ wird mit dem bestimmten Artikel und dem Komparativ gebildet:
el / la / los / las + más / menos + Adjektiv:

> **El color más** bonit**o** es el azul.
> **La mejor ciudad** para vivir es Palma.
> Aquí venden **los vaqueros más** barat**os**.
> Son **las gafas más** original**es**.

Auch hier werden die Adjektive in Geschlecht und Zahl an das Substantiv angeglichen.
Die Superlative von **bueno/-a** und **malo/-a** sind ebenfalls unregelmäßig: **mejor / peor**.

Die Pronomen und Begleiter

Die Subjektpronomen

Im Spanischen lässt man die Subjektpronomen (auch Personalpronomen genannt) oft weg , das Subjekt geht aus der Verbform hervor. Man verwendet sie nur, um eine Person hervorzuheben oder um Missverständnisse und Verwechslungen zu vermeiden.

> – ¿De dónde eres? + Soy de Alemania.
> – ¿Y ellos? ¿También son alemanes? + No, él es alemán, pero ella es de Austria.

	Person	Subjektpronomen	
Singular	1. Person	**yo**	*ich*
	2. Person	**tú** (informell) **usted** (formell)	*du* *Sie*
	3. Person	**él / ella**	*er / sie*
Plural	1. Person	**nosotros / nosotras**	*wir*
	2. Person	**vosotros / vosotras** (informell)	*ihr*
		ustedes (formell)	*Sie*
	3. Person	**ellos / ellas**	*sie*

Die Subjektpronomen haben im Plural je eine maskuline und eine feminine Form: **nosotros / nosotras, vosotros / vosotras, ellos / ellas**.
Man benutzt die maskulinen Formen **nosotros**, **vosotros** und **ellos**, wenn alle Personen männlich sind oder wenn die Personen männlich und weiblich sind. **Nosotras, vosotras** und **ellas** verwendet man nur, wenn alle Personen weiblich sind.

> – ¿De dónde sois **vosotras**? *(Nur weibliche Personen)*
> + De Granada. ¿Y **vosotros**? *(männliche Personen oder gemischt)*
> – **Nosotros** somos de aquí, de Madrid. *(männliche Personen oder gemischte Gruppe)*

Auch die formelle Anrede hat zwei Formen: **usted** und **ustedes**.
Bei einer Person verwenden wir: **usted** + das Verb in der 3. Person Singular.
Bei mehreren Personen verwenden wir: **ustedes** + das Verb in der 3. Person Plural.

> ¿Cómo se llam**a usted**? ¿Y **ustedes**, de dónde **son**?

Die Formen **vosotros / vosotras** werden in Lateinamerika nicht benutzt. Stattdessen verwendet man **ustedes**.

> ¿Qué **hacéis vosotros** el sábado? ¿Qué **hacen ustedes** el sábado?

Die Form **tú** wird in einigen Ländern und Regionen Lateinamerikas (wie Argentinien, Uruguay, in Teilen Mittelamerikas und Kolumbien) nicht verwendet. Man benutzt **vos** statt **tú**.

Die Objektpronomen

Die direkten Objektpronomen

Das direkte Objektpronomen steht für ein direktes Objekt (Akkusativ). Es bezieht sich auf Personen oder Sachen (wen? oder was?).

> ¿Dónde está **la bicicleta**? No **la** veo.
> ¿Dónde está **Pablo**? No **lo** veo.

direkte Objektpronomen	Akusativpronomen
me	*mich*
te	*dich*
lo (le) la	*Ihn / sie / es / Sie*
nos	*uns*
os	*euch*
los (les) las	*Ihnen / Ihnen*

Lo kann auch für einen Satz stehen:

> – ¿Dónde está el Campus? *Wo ist der Campus?*
> + No **lo** sé. *Ich weiß es nicht.*

In Spanien wird als direktes Objektpronomen für maskuline Personen **le / les** statt **lo / los** benutzt. Bezieht sich das Objektpronomen auf einen maskulinen Gegenstand, wird immer **lo / los** gebraucht.

> – ¿Conoces a **Diego**? + No, no **lo / le** conozco.

Wenn es sich beim direkten Objekt um eine Person handelt, wird es mit der Präposition **a** angeschlossen.

> Espero el autobús a Zona Norte. *Ich warte auf den Bus zur Zona Norte.*
> Espero **a** Mario. *Ich warte auf Mario.*
> Busco la estación Retiro. *Ich suche die U-Bahnstation Retiro.*
> Busco **a** mi compañera de piso. *Ich suche meine Mitbewohnerin.*

Die Pronomen im Akkusativ stehen direkt vor dem konjugierten Verb. Wenn das Verb in einem Satz verneint wird, steht die Verneinung **no** vor dem Pronomen.

> – ¿Dónde están las empanadas? **No las** veo.
> + Ahí las tienes, en tu mesa.

Im Konstruktionen wie **ir** + **a** + *inf.*, **tener** + **que** + *inf.*, **querer** + *inf.*, **poder** + *inf.* und **estar** + **gerundio** können die Pronomen an **zwei Stellen** stehen, vor dem konjugierten Verb oder hinter dem Infinitiv / Gerundium (niemals aber zwischen den beiden!)

> **¿El alquiler? Lo** tienes que pagar hoy. / Tienes que pagar**lo** hoy.
> Tengo **una habitación** libre. **¿La** quieres ver? / ¿Quieres ver**la**?
> – ¿Quién lava **los platos**? + **Los** puedo lavar yo. / Yo puedo lavar**los**.

Normalerweise ersetzen die Pronomen das Substantiv. Nur wenn das Substantiv vor dem Verb steht, verwendet man Substantiv und Pronomen:

> **La carne la** compramos nosotros. *Das Fleisch kaufen wir.*
> **El vino lo** compras tú, ¿no? *Den Wein, (den) kaufst du, nicht wahr?*
> **Las empanadas** las prepara Doña Lola. *Die Empanadas macht Doña Lola.*

Die indirekten Objektpronomen

Das indirekte Objektpronomen steht für ein indirektes Objekt (Dativ). Es bezieht sich normalerweise auf Personen (wem?).

> Mañana **le** mando el catálogo. *Ich schicke Ihnen morgen den Katalog.*
> ¿Qué **me** vas a regalar por mi cumpleaños? *Was schenkst du mir zum Geburtstag?*
> **¿Te** gusta esta camiseta? *Gefällt dir dieses T-Shirt?*
> A ellos **les** molesta el tráfico. *Der Verkehr stört sie.*

Das unbetonte indirekte Objektpronomen steht vor dem konjugierten Verb.
Wenn das Verb in einem Satz verneint wird, steht die Verneinung **no** vor dem Pronomen.

Betonte indirekte Objektpronomen	Unbetonte indirekte Objektpronomen	Dativpronomen
A mí	me	*mir*
A ti	te	*dir*
A él / ella / usted	le	*Ihm / ihr / Ihnen*
A nosotros/-as	nos	*uns*
A vosotros/-as	os	*euch*
A ellos / ellas / ustedes	les	*Ihnen / Ihnen*

Es gibt auch betonte indirekte Objektpronomen. Sie stehen zusammen mit der Präposition **a**.
Sie werden verwendet, wenn die Person besonders hervorgehoben werden soll oder wenn Missverständnisse vermieden werden sollen.

> ¿Os molesta la música?
> **A mí** no **me** molesta, pero **a Mario le** molesta porque está estudiando.

Die indirekten Objektpronomen werden immer mit den Verben **gustar**, **encantar**, **interesar**, **molestar** und **doler** verwendet.

Die Possessivbegleiter

Die Possessivbegleiter (Adjektive) richten sich nicht nach dem „Besitzer", sondern nach dem „Besitz" und stehen immer vor dem Substantiv (ohne Artikel).

Besitzer	Possessivbegleiter („Besitz": Singular)	Possessivbegleiter („Besitz": Plural)	
	maskulin / feminin	maskulin / feminin	
yo	**mi** amigo / amiga	**mis** amigos / amigas	*mein/e*
tú	**tu** amigo / amiga	**tus** amigos / amigas	*dein/e*
él / ella / usted	**su** amigo / amiga	**sus** amigos / amigas	*sein/e* *ihr/e* *Ihr/e*
nosotros/-as	**nuestro** amigo / **nuestra** amiga	**nuestros** amigos / **nuestras** amigas	*unser/e*
vosotros/-as	**vuestro** amigo / **vuestra** amiga	**vuestros** amigos / **vuestras** amigas	*Euer / eure*
ellos / ellas / ustedes	**su** amigo / amiga	**sus** amigos / amigas	*ihr/e* *Ihr/e*

Die Possessivbegleiter **mi**, **tu**, **su** werden sowohl für maskuline als auch für feminine Substantive verwendet:
mi piso – **mi** casa, **tu** hotel – **tu** habitación, **su** jefe – **su** compañera.

Su und **sus** können sich auf verschiedene Besitzer beziehen:

> Mario está en **su** habitación.
> Marcela está en **su** habitación.
> ¿Es esta **su** maleta, Sr. Alarcón?
> ¿**Su** nombre, por favor?
> ¿**Su** tarjeta, por favor?

Nur die 1. und 2. Person Plural **nuestro** und **vuestro** haben eine weibliche Form: **nuestra** und **vuestra**.

> **nuestro** hijo – **nuestra** hija
> **vuestro** hermano – **vuestra** hermana

Demonstrativbegleiter und -pronomen

Die Demonstrativbegleiter und -pronomen verweisen auf Personen oder Gegenstände, die sich in verschiedenen Entfernungen vom Sprecher oder der Sprecherin befinden.
Die Demonstrativbegleiter werden an das Substantiv angeglichen. Sie können auch alleine stehen (Demonstrativpronomen) und das Substantiv ersetzen.
Este/-a/-os/-as werden verwendet, um auf Personen oder Gegenstände zu verweisen, die sich in unmittelbarer Nähe der Sprecher befinden.
Ese/-a/-os/-as werden verwendet, um auf Personen oder Gegenstände zu verweisen, die sich weiter weg vom Sprecher befinden.
Aquel / Aquella/-os/-as verweisen auf Personen oder Gegenstände, die noch weiter weg vom Sprecher entfernt sind.

Die Pronomen **esto**, **eso** und **aquello** beziehen sich auf etwas (keine Personen), das nicht näher bestimmt wird. Sie stehen immer ohne Substantiv und sind unveränderlich.

	Singular		Plural	
	maskulin	feminin	maskulin	feminin
aquí, acá (in der Nähe der Sprecher)	este cuarto	esta cama	estos cuartos	estas camas
ahí (zwischen nah und weit)	ese cuarto	esa cama	esos cuartos	esas camas
allí, allá (weit)	aquel cuarto	aquella cama	aquellos cuartos	aquellas camas

– **Esta habitación** es muy grande. + **Esa** es más pequeña.
Este es mi cuarto y **ese** es el cuarto de Nacho.
Aquella casa es la residencia y **aquel** edificio de allá es la universidad.

Die Zahlen

0	cero	11	once	22	veintidós	60	sesenta	800	ochocientos
1	uno	12	doce	23	veintitrés	70	setenta	900	novecientos
2	dos	13	trece	24	veinticuatro	80	ochenta	1000	mil
3	tres	14	catorce	25	veinticinco	90	noventa	2015	dos mil quince
4	cuatro	15	quince	26	veintiséis	100	cien	3.236	tres mil doscientos
5	cinco	16	dieciséis	27	veintisiete	200	doscientos		treinta y seis
6	seis	17	diecisiete	28	veintiocho	300	trescientos	5000	cinco mil
7	siete	18	dieciocho	29	veintinueve	400	cuatrocientos	100 000	cien mil
8	ocho	19	diecinueve	30	treinta	500	quinientos	1000 000	un millón
9	nueve	20	veinte	40	cuarenta	600	seiscientos	7000 000	siete millones
10	diez	21	veintiuno	50	cincuenta	700	setecientos		

Achtung bei:
20 vein**te**: Aber: 22 vein**ti**uno, vein**ti**dos usw.
Ab 30 **treinta**, 31 **treinta y** uno, **treinta y** dos, **treinta y** tres, usw.

Die glatte **Zahl 100** heißt **cien**: **cien** personas, **cien** euros.
Von 101–199 wird **ciento** gebraucht: **ciento** tres personas, **ciento** quince euros.
Die Zehner werden direkt an die Hunderter angeschlossen, ohne „y"! „Y" wird nur zwischen Zehnern und Einern verwendet: 452 **cuatrocientos cincuenta y dos**.
Die Hunderter ab 200 werden an das Geschlecht des zugehörigen Substantivs angeglichen: **doscientos kilos**, **quinientos gramos**, **trescientas tiendas**.
Mil ist unveränderlich: **dos mil empleados**, **treinta mil euros**.
Zwischen **millón / millones** (glatt) steht **de** vor dem dazugehörigen Substantiv: **dos millones de hablantes**.

Das Verb

Im Spanischen gibt es drei Konjugationen. Die Verben, die in der Grundform auf **-ar** enden, gehören zur ersten Konjugation, die auf **-er**, zur zweiten und die Verben auf **-ir** gehören zur dritten Konjugation.

Regelmäßige Verben im Präsens

	tom**ar**	comprend**er**	recib**ir**
yo	tom**o**	comprend**o**	recib**o**
tú	tom**as**	comprend**es**	recib**es**
él / ella / usted	tom**a**	comprend**e**	recib**e**
nosotros/-as	tom**amos**	comprend**emos**	recib**imos**
vosotros/-as	tom**áis**	comprend**éis**	recib**ís**
ellos / ellas / ustedes	tom**an**	comprend**en**	recib**en**

Unregelmäßige Verben

Einige Verben bilden die 1. Person Singular unregelmäßig.

hacer	salir	poner	conocer	saber	ver	dar
ha**go**	sal**go**	pon**go**	cono**zco**	**sé**	**veo**	**doy**
haces	sales	pones	conoces	sabes	ves	das
hace	sale	pone	conoce	sabe	ve	da
hacemos	salimos	ponemos	conocemos	sabemos	vemos	damos
hacéis	salís	ponéis	conocéis	sabéis	veis	dais
hacen	salen	ponen	conocen	saben	ven	dan

Bei einigen Verben erfolgt ein Vokalwechsel auf der betonten Silbe. Bei der 1. und 2. Person Plural bleibt der Stamm unverändert. Die Endungen der Verben werden entsprechend der Konjugationsgruppe gebildet.

	e → ie	o → ue	u → ue	e → i
	querer	poder	jugar	pedir
yo	qu**ie**ro	p**ue**do	j**ue**go	p**i**do
tú	qu**ie**res	p**ue**des	j**ue**gas	p**i**des
él / ella / usted	qu**ie**re	p**ue**de	j**ue**ga	p**i**de
nosotros/-as	queremos	podemos	jugamos	pedimos
vosotros/-as	queréis	podéis	jugáis	pedís
ellos / ellas / ustedes	qu**ie**ren	p**ue**den	j**ue**gan	p**i**den

Die Verben **cerrar**, **empezar**, **pensar**, **preferir** **entender**, **sentir** gehören zu der Gruppe **e → ie**.
Die Verben **acostarse**, **dormir**, **encontrar(se)**, **contar**, **costar**, **llover**, **morir** gehören zu der Gruppe **o → ue**.
Zu der Gruppe **e → i** gehören z. B. **repetir**, **elegir**, **seguir** und **servir**.

Folgende Verben haben beides: eine unregelmäßige 1. Person und **einen Vokalwechsel** in der betonten Silbe:

	tener	venir	decir
yo	ten**go**	ven**go**	di**go**
tú	t**ie**nes	v**ie**nes	dices
él / ella / usted	t**ie**ne	v**ie**ne	dice
nosotros/-as	tenemos	venimos	decimos
vosotros/-as	tenéis	venís	decís
ellos / ellas / ustedes	t**ie**nen	v**ie**nen	dicen

Unregelmäßige Verben sind:

	ser	estar	ir
yo	soy	estoy	voy
tú	eres	estás	vas
él / ella / usted	es	está	va
nosotros/-as	somos	estamos	vamos
vosotros/-as	sois	estáis	vais
ellos / ellas / ustedes	son	están	van

Orthographische Veränderungen

Bei einigen Verben kommt es zu Veränderungen in der Schreibweise:
- Bei Verben auf **-ger** oder **-gir**, wird **g** zu **j**, wen ein **o** folgt – **recoger: yo recojo, tú recoges** ...; **elegir: yo elijo, tú eliges** ...
- Bei Verben auf **-guir**, wird **gu** zu **g**, wenn ein **o** oder **a** folgt – **seguir: yo sigo, tú sigues** ...

Die reflexiven Verben

Reflexive Verben haben **-se** im Infinitiv. Sie haben ein Reflexivpronomen, das meist vor dem konjugierten Verb steht.

Die Konjugation richtet sich nach dem gleichen Muster wie bei den Verben auf **-ar**, **-er** und **-ir**. Besonderheiten oder Unregelmäßigkeiten werden beibehalten, z. B. der Stammvokalwechsel **e → ie** (**despertarse: me despierto** *aufwachen*) oder **o → ue** (**encontrarse: me encuentro** *sich treffen*).

	levantarse	acostarse
yo	**me** levanto	**me** acuesto
tú	**te** levantas	**te** acuestas
él / ella/ usted	**se** levanta	**se** acuesta
nosotros/-as	**nos** levantamos	**nos** acostamos
vosotros/-as	**os** levantáis	**os** acostáis
ellos / ellas / ustedes	**se** levantan	**se** acuestan

Es gibt Verben, die im Spanischen reflexiv sind, aber nicht im Deutschen: **llamarse** – *heißen*, **levantarse** – *aufstehen*, **quedarse** – *bleiben*.

Andere sind im Deutschen reflexiv, aber nicht im Spanischen, z. B.: **descansar** – *sich ausruhen*.

Im Spanischen gibt es auch Verben, die sowohl reflexiv als auch nicht reflexiv sein können. Es gibt dann einen Unterschied in der Bedeutung: **llamar** – *anrufen* – **llamarse** – *heißen*, **quedar** – *sich treffen*; **quedarse** – *bleiben*, **encontrar** – *finden*; **encontrarse** – *sich treffen*.

> ¿**Me llamas** más tarde? Rufst du mich später an? ¿Cómo **te llamas**? *Wie heißt du?*
> El sábado **quedo** con mis amigos. *Am Samstag treffe ich mich mit meinen Freunden.*
> **Me quedo** en la oficina hasta las ocho. *Ich bleibe bis acht im Büro.*
> No **encuentro** mi mochila. *Ich finde meinen Rücksack nicht.*
> **Nos encontramos** en la Plaza Mayor. *Wir treffen uns auf der Plaza Mayor.*

> **Me levanto** a las seis de la mañana. *Ich stehe um sechs Uhr morgens auf.*
> ¿A qué hora **te acuestas**? *Um wie viel Uhr gehst du ins Bett?*
> En las vacaciones **descanso** en la playa. *In den Ferien erhole ich mich am Strand.*
> **Me divierto** mucho en México. *Ich habe viel Spaß in Mexiko.*
> Daniel **se ha enamorado** de Lupita. *Daniel hat sich in Lupita verliebt.*

Der Gebrauch von *ser* und *estar*

Für das Verb *sein* gibt es im Spanischen zwei Verben: **ser** und **estar**.

Das Verb **ser** wird bei den folgenden Eigenschaften von Personen, Gegenständen und Ereignissen verwendet:

1. Identifikation … um Personen oder Dinge zu identifizieren.	**Soy** Ana María. Él **es** el Sr. Torres, el jefe. Esta **es** la Casa Torres. – ¿**Es** usted el Sr. Meyer? + Sí, **soy** yo.
2. Herkunft … zur Angabe der Herkunft von Personen oder Dingen	– ¿**Eres** de aquí? + No, **soy** de Chile. ¿De dónde **es** usted? + **Soy** de Alemania.
3. Beruf … um den Beruf anzugeben	– ¿Qué haces? + Soy asistente comercial. La sra. Martín **es** empresaria. ¿**Eres** estudiante?
4. Besitz … um den Besitz anzugeben	– ¿De quién **es** la maleta? + **Es** de Alicia. Este **es** el coche de la empresa.
5. Eigenschaften … um Personen oder Dinge zu beschreiben oder zu bewerten	Yo **soy** bastante responsable. Los clientes **son** un poco exigentes. Mis compañeros **son** muy amables. La vista **es** muy bonita.
6. Veranstaltungen (etwas, das stattfindet) … um das Datum und den Ort einer Veranstaltung oder eines Ereignisses anzugeben	El seminario **es** en Lisboa. – ¿Dónde **es** la fiesta? + En el Bar Paniagua. La clase de español **es** en el aula 4.
7. Uhrzeit und Datum … um Uhrzeit und Datum anzugeben	Hoy **es** 12 de abril de 2015. La cita **es** el lunes. – ¿A qué hora **es** la reunión? + A las 9:00. – ¿Qué hora **es**? + **Son** las 8 de la mañana.

Das Verb **estar** wird in den folgenden Situationen gebraucht:

1. Ortsangabe / Lage … um anzugeben, wo sich jemand oder etwas befindet	Carmen **está** en un seminario en Lisboa. – ¿Dónde **está** el aula 4? + **Está** en el primer piso. El Sr. Schulte y yo **estamos** unos días en Barcelona. **Estoy** en el aeropuerto. Los catálogos **están** en el bolso.
2. Angabe des Befindens … um zu fragen / sagen, wie es jemandem geht.	– ¿Qué tal, Carmen? ¿Cómo **estás**? + Bien, ¿y tú? – ¿Cómo **está**, Sr. Gutiérrez? + Muy bien, gracias.
3. Zustand … um einen vorübergehenden Zustand anzugeben	Hoy **estoy** un poco cansado. Alicia **está** muy nerviosa.
4. Familienstand	Carlos **está** soltero. Marta **está** casada con un chico alemán. – ¿**Está** usted casado? + No, estoy divorciado.

Der Gebrauch von *hay* und *estar*

Das Verb **haber** hat eine einzige, unpersönliche Form als Hauptverb: **hay** (*es gibt*).
Mit **hay** drücken wir aus, was existiert oder vorhanden ist.
Mit **estar** geben wir an, wo sich eine konkrete Person oder Sache befindet.

Hay wird gebraucht mit:	Estar wird gebraucht mit:
dem unbestimmten Artikel Cerca de aquí **hay una fábrica** de chocolate.	dem bestimmten Artikel **La fábrica de chocolate está** cerca de Barcelona.
Substantiv ohne Artikel En Latinoamérica **hay paisajes** fantásticos. En España **hay turistas** de todo el mundo.	Possessivbegleitern ¿Dónde está su oficina? Nuestros productos están en todo el mundo. Mi hijo está en el extranjero.
Zahlen und Mengenangaben En España **hay cuatro idiomas** oficiales. En Latinoamérica **hay muchas lenguas** indígenas como el nahuátl o el quechua. En el hotel **hay tres piscinas**.	Eigennamen **Paraguay está** en América del Sur. **La Sagrada Familia está** en Barcelona. **Rosa está** en casa.

Die Verben *saber* und *poder*

Die Verben **saber** und **poder** entsprechen dem deutschen Verb *können*.
Das Verb **saber** steht für *können* im Sinne von *wissen* oder für eine Fähigkeit (für etwas, das man gelernt hat).

¿**Sabes** alemán? *Kannst du Deutsch?*
Sé tocar la guitarra. *Ich kann Gitarre spielen.*
No **sé** conducir. *Ich kann nicht Auto fahren.*

Das Verb **poder** wird verwendet, um eine Möglichkeit (*können*) oder um eine Erlaubnis (*dürfen*) auszudrücken.

¿**Puedo**? *Darf ich?*
¿**Puedo** invitarte a un café? *Darf ich dich zum Kaffee einladen?*
¿Me **puedes** ayudar con el inglés? *Kannst du mir mit Englisch helfen?*
Podemos ir a tomar algo. *Wir können was trinken gehen.*

saber	Wissen	¿**Sabes** dónde está el Macchu Pichu?
	Fähigkeit	No **sé** cocinar. ¿**Sabes** bailar salsa? Luisa sabe tocar el saxofón.
poder	Möglichkeit	Hoy **no puedo** salir, no tengo tiempo. ¿Me **puedes** ayudar con el español?
	Erlaubnis	¿**Puedo** hablar con usted? ¿**Puedo** pasar? ¿Se **puede**?

Die Verben *gustar, encantar, interesar, parecer*

Mit den Verben **gustar** (*gefallen, mögen, gerne tun*) und **encantar** (*sehr gefallen, lieben*) werden Vorlieben ausgedrückt. Beide Verben werden immer mit dem indirekten Objektpronomen, meistens in der 3. Person verwendet.
Man verwendet **gusta / encanta**, wenn ein Substantiv im Singular oder ein Infinitiv folgt:

¿Te **gusta** el deporte? *Magst du Sport?*
Me **encanta** esa camiseta. *Ich liebe dieses T-Shirt.*
No me **gusta** ir de compras. *Ich gehe nicht gerne shoppen.*

Man verwendet **gustan / encantan**, wenn ein Substantiv im Plural folgt:

> **Me gustan los zapatos italianos.** *Ich mag italienische Schuhe.*
> **Me encantan los vaqueros.** *Ich liebe Jeans.*

indirekte Objektpronomen (Dativ)	Verb	Subjekt	
(A mí)	**me**	gusta encanta	la música la moda viajar
(A ti)	**te**		
(A él / ella / usted)	**le**		
(A nosotros/-as)	**nos**	gustan encantan	las gafas de sol las series de la tele los hoteles pequeños
(A vosotros/-as)	**os**		
(A ellos / ellas / ustedes)	**les**		

Andere Verben, die genau so verwendet werden, sind: **interesar**, **parecer**, **quedar** (*jdm. stehen, passen*), **molestar** (*stören*) und **doler** (*weh tun*).

Die betonten indirekten Objektpronomen (**a mí, a ti, a él**, usw.) können verwendet werden, um die Person hervorzuheben oder um Missverständnisse zu vermeiden.

> **A mí me encanta Buenos Aires. ¿Y a ti?** *Mir gefällt Buenos Aires sehr. Und dir?*
> **– ¿A vosotros os gusta escribir en facebook?** *Schreibt ihr gerne in facebook?*
> **+ A mí, sí.** *Ich schon.*
> **– Pues a mí, no.** *Ich nicht.*

Das pretérito indefinido

Regelmäßige Verben

	Verben auf **-ar**	Verben auf **-er**	Verben auf **-ir**
	trabajar	aprender	salir
yo	trabaj**é**	aprend**í**	sal**í**
tú	trabaj**aste**	aprend**iste**	sal**iste**
él / ella / usted	trabaj**ó**	aprend**ió**	sal**ió**
nosotros/-as	trabaj**amos**	aprend**imos**	sal**imos**
vosotros/-as	trabaj**asteis**	aprend**isteis**	sal**isteis**
ellos / ellas / ustedes	trabaj**aron**	aprend**ieron**	sal**ieron**

Die Formen der Verben auf **-er** und **-ir** sind gleich.
Die 1. und 3. Person werden bei den regelmäßigen Verben am Ende des Wortes betont. Das unterscheidet oft das **pretérito indefinido** von anderen Verbformen:

> **Trabajo** en la recepción. *Ich arbeite an der Rezeption.*
> **Trabajó** de recepcionista. *Er / Sie arbeitete an der Rezeption.*
> **Trabajo** en la empresa. *Ich arbeite in der Firma.*
> **Trabajé** en la empresa. *Ich arbeitete in der Firma.*

Die Formen von **nosotros/-as** der Verben auf **-ar** und **-ir** entsprechen den Präsensformen:

> **Hablamos** en inglés. *Wir sprechen / sprachen Englisch.*
> **Vivimos** en México. *Wir wohnen / wohnten in Mexiko.*

Bei einigen Verben, kommt es zu einer Veränderung in der Schreibweise der 1. Person Singular: **empezar: (yo) empecé, realizar: (yo) realicé, buscar: (yo) busqué, llegar: (yo) llegué, pagar: (yo) pagué, jugar: (yo) jugué** usw.

Bei einigen Verben wird in der 3. Person Singular und Plural **i** zu **y**:
leer: (él / ella / usted) le**y**ó, (ellos / ellas / ustedes) le**y**eron
oir: (él / ella/ usted) o**y**ó, (ellos / ellas / ustedes) o**y**eron

Unregelmäßige Verben

Verben ser und ir
Die Verben **ser** und **ir** haben identische Formen im **indefinido**.

	ser / ir
yo	**fui**
tú	**fuiste**
él / ella / usted	**fue**
nosotros/-as	**fuimos**
vosotros/-as	**fuisteis**
ellos / ellas / ustedes	**fueron**

Verben mit Vokalwechsel e → i und o → u

	pedir	dormir
yo	pedí	dormí
tú	pediste	dormiste
él / ella / usted	**pi**dió	**du**rmió
nosotros/-as	pedimos	dormimos
vosotros/-as	pedisteis	dormisteis
ellos / ellas / ustedes	**pi**dieron	**du**rmieron

Folgende Verben haben einen **unregelmäßigen Stamm**. Die Endungen sind gleich.

hacer	tener	estar	poder	poner	saber	querer	venir	decir
hice	tuve	estuve	pude	puse	supe	quise	vine	dije
hiciste	tuviste	estuviste	pudiste	pusiste	supiste	quisiste	viniste	dijiste
hizo	tuvo	estuvo	pudo	puso	supo	quiso	vino	dijo
hicimos	tuvimos	estuvimos	pudimos	pusimos	supimos	quisimos	vinimos	dijimos
hicisteis	tuvisteis	estuvisteis	pudisteis	pusisteis	supisteis	quisisteis	vinisteis	dijisteis
hicieron	tuvieron	estuvieron	pudieron	pusieron	supieron	quisieron	vinieron	dijeron

Bei **decir** fällt das „i" in der 3. Person Plural weg: **dijeron**.

Der Gebrauch des *pretérito indefinido*

Das **pretérito indefinido** steht bei Handlungen und Ereignissen, die innerhalb eines abgeschlossenen Zeitraums in der Vergangenheit stattgefunden haben.

Oft handelt es sich um einmalige Handlungen und Ereignisse. Daher steht es häufig mit Zeitangaben wie **el año pasado, hace dos años, en el año 2014**, usw.

El año pasado trabajé en un campamento de verano.
Terminé mis estudios el año 2013.
Sandra hizo unas prácticas desde enero hasta marzo.
El verano pasado estuvimos en Salamanca.
Hace dos años cerraron la empresa.

Das **pretérito indefinido** wird auch verwendet, um ein Ereignis oder eine Handlung in der Vergangenheit einzuschätzen bzw. um ein Werturteil abzugeben:

– ¿Qué tal tu año de intercambio?
+ Muy bien. **Fue** una buena experiencia.

– ¿Qué **te pareció** Madrid?
+ Me **gustó** mucho.

Das *pretérito perfecto*

Das pretérito perfecto wird mit dem Präsens von **haber** (Hilfsverb) und dem Partizip des Hauptverbs gebildet. Das Partizip ist unveränderlich.
Verben auf **-ar** bilden das Partizip durch Hinzufügen von **-ado** an den Stamm, bei Verben auf **-er** und **-ir** wird **-ido** angehängt. Die Pronomen stehen vor dem Hilfsverb. Die Formen von **haber** und das Partizip stehen immer zusammen. Zwischen den beiden Formen steht nichts.

He estudiado Formación Profesional.
¿Se **ha informado** sobre la empresa?
¿Dónde **has aprendido** español?
Hemos conocido a mucha gente.
Ha sido una experiencia muy buena.
He vivido un año en Madrid.

	haber	Partizip
yo	**he**	
tú	**has**	
él / ella / usted	**ha**	estud**iado**
nosotros/-as	**hemos**	conoc**ido**
vosotros/-as	**habéis**	viv**ido**
ellos / ellas / ustedes	**han**	

Partizip	
Verben auf **-ar** ENDUNG **-ado**	Verben auf **-er/-ir** ENDUNG **-ido**
trabajar – trabaj**ado** hablar – habl**ado** estar – est**ado**	leer – le**ído** salir – sal**ido** tener – ten**ido** ir – **ido** ser – s**ido** dormir – dorm**ido**

Einige Partizipien sind unregelmäßig: hacer – **hecho**, decir – **dicho**, ver – **visto**, escribir – **escrito**, poner – **puesto**, morir – **muerto**, volver – **vuelto**, abrir – **abierto**, romper – **roto**.

Der Gebrauch des *pretérito perfecto*

Das **pretérito perfecto** steht bei Handlungen oder Ereignissen innerhalb eines Zeitraums der Vergangenheit, den der Sprecher als noch nicht abgeschlossen betrachtet oder der einen Bezug zur Gegenwart hat. Es steht häufig mit Zeitangaben wie **hoy**, esta mañana / tarde / noche, esta semana, este mes, este año.

Este año he trabajado dos meses en Madrid.
Hoy he hecho un examen.
Esta semana he salido mucho.
– ¿Por qué estás tan contento? + Es que me **han dado** el puesto. ¡Ya tengo trabajo!

Es steht auch bei vergangenen Handlungen und Ereignissen, deren Zeitpunkt nicht näher angegeben wird, oft zusammen mit **ya, todavía no, una vez, alguna vez, algunas veces, muchas veces, siempre, nunca**.

– ¿Qué tal te **ha ido** en la entrevista? + Creo que me ha ido muy bien.
¿Has estado en Londres **alguna vez**?
¿Ya has comido?
Me he mudado tres veces de ciudad.

Der Gebrauch von *pretérito perfecto / indefinido*

Pretérito perfecto	Pretérito indefinido
Wir beziehen uns auf Handlungen oder Ereignisse der Vergangenheit, die innerhalb eines nicht abgeschlossenen Zeitraums stattgefunden haben oder nah an der Gegenwart sind.	Wir beziehen uns auf Handlungen oder Ereignisse der Vergangenheit, die innerhalb eines konkret festgelegten Zeitraums abgelaufen sind und keinen Bezug zum Zeitpunkt des Sprechens haben.
Hoy ha sido mi primer día de trabajo. **¿Has vivido** alguna vez en el extranjero?	**Ayer firmé** el contrato de prácticas. **Viví** en Estados Unidos **desde enero hasta marzo del año pasado**.
Zeitangaben: hoy, esta mañana, esta semana, este fin de semana, este mes, este año ya, hasta ahora, todavía no, últimamente, nunca	**Zeitangaben:** ayer, anoche, la semana pasada, el mes pasado, el año pasado, el otro día

Das *pretérito imperfecto*

Regelmäßige Verben

	estar	tener	vivir
yo	est**aba**	ten**ía**	viv**ía**
tú	est**abas**	ten**ías**	viv**ías**
él / ella / usted	est**aba**	ten**ía**	viv**ía**
nosotros/-as	est**ábamos**	ten**íamos**	viv**íamos**
vosotros/-as	est**abais**	ten**íais**	viv**íais**
ellos / ellas / ustedes	est**aban**	ten**ían**	viv**ían**

Die Formen der Verben auf **-er** und **-ir** sind gleich.
Die unpersönliche Form von **haber hay** (*es gibt*) wird im **imperfecto** zu **había** (*es gab*).

Unregelmäßige Verben

Es gibt nur drei unregelmäßige Verben: **ser**, **ir** und **ver**.

	ser	ver	ir
yo	era	veía	iba
tú	eras	veías	ibas
él / ella / usted	era	veía	iba
nosotros/-as	éramos	veíamos	íbamos
vosotros/-as	érais	veíais	ibais
ellos / ellas / ustedes	eran	veían	iban

Der Gebrauch des *pretérito imperfecto*

Das **pretérito imperfecto** wird gebraucht, um Personen, Dinge oder Situationen in der Vergangenheit zu beschreiben.

> El local **era** muy bonito.
> **Había** poca gente.

Es wird auch gebraucht, wenn wir über Gewohnheiten oder sich wiederholende Handlungen in der Vergangenheit sprechen.

> De pequeño **iba** de vacaciones a Marrakech.
> Mi padre y yo siempre **discutíamos** por todo.

Das **pretérito imperfecto** wird als Kulisse einer Handlung verwendet, als Hintergrund, vor dem sich die Haupthandlung abspielt: Ort, Zeit, Wetter, Umstände, usw.

> No te llamé porque era **muy tarde** y **estaba** muy cansada.
> Cuando llegué **eran** más de las 2 de la mañana.

Der bejahte Imperativ

	hablar	leer	resumir
(tú)	habla	lee	resume
(usted)	hable	lea	resuma
(vosotros/-as)	hablad	leed	resumid
(ustedes)	hablen	lean	resuman

Der bejahte Imperativ in der Du-Form entspricht der 3. Person Singular Präsens.

> **Habla** despacio. *Sprich langsam.*
> **Habla** despacio. *Er / Sie spricht langsam.*

Einige Verben haben eine unregelmäßige Du-Form (**tú**):

> **hacer:** haz *(mach)*, **decir:** di *(sag)*, **tener:** ten *(hab)*
> **venir:** ven *(komm)*, **salir:** sal *(geh raus)*, **poner:** pon *(stelle / setze / lege)*

Die Verben **ser** und **ir** haben Sonderformen im Imperativ:

	ser	ir
(tú)	sé	ve
(usted)	sea	vaya
(vosotros/-as)	sed	id
(ustedes)	sean	vayan

Bei der Ihr-Form (**vosotros/-as**) wird das **r** des Infinitivs durch **-d** ersetzt:

hablar: hablad, **ver:** ved, **escribir:** escribid

Beim bejahten Imperativ stehen die Pronomen immer nach dem Verb, auch bei Reflexivpronomen. Die drittletzte Silbe wird dann betont, daher wird mit Tilde (Akzent) geschrieben.

Háblame un poco de tu currículum.
Preséntate.

Bei den reflexiven Verben entfällt das **-d** der 2. Person Plural vor dem Pronomen **os**:

Levantaos ya y duchaos. (**d** *von* levanta**d** *fällt weg*)
Quedaos aquí un momento.

Der Imperativ wird gebraucht, um **Ratschläge**, **Anweisungen** oder **Befehle** zu geben und auch um **Bitten** zu äußern:

Llega puntual a la entrevista.
Cuida tu aspecto personal.
Resume tu trayectoria laboral.
Siéntese y **espere** aquí, por favor.
Prepare la sala para la reunión.

Das Futur

Um **das Futur I** zu bilden, werden die Endungen **-é, -ás, -á, -emos, -éis, án** an den **Infinitiv** anhängt (**nicht an den Verbstamm**). Sie sind bei allen drei Verbkonjugationen gleich.

	hablar	comer	vivir
yo	hablar**é**	comer**é**	vivir**é**
tú	hablar**ás**	comer**ás**	vivir**ás**
él / ella / usted	hablar**á**	comer**á**	vivir**á**
nosotros/-as	hablar**emos**	comer**emos**	vivir**emos**
vosotros/-as	hablar**éis**	comer**éis**	vivir**éis**
ellos / ellas / ustedes	hablar**án**	comer**án**	vivir**án**

Einige Verben haben einen unregelmäßigen Stamm, an den die Endungen des Futurs angehängt werden.

decir	**diré**	hacer	**haré**	querer	**querré**	poner	**pondré**	venir	**vendré**
haber	**habré**	poder	**podré**	saber	**sabré**	tener	**tendré**	salir	**saldré**

Das Futur I wird verwendet, um über zukünftige Handlungen und Ereignisse zu sprechen:
Es wird auch gebraucht, um Vorhersagen zu machen.

Empezarán a construir el canal en diciembre.
Habrá más puestos de trabajo.
El martes **lloverá**.

Mit dem Futur I kann man Vermutungen äußern, die sich auf die Gegenwart beziehen.

No sé cuánto cuesta. **Costará** unos diez euros.

Das Konditional

Das **condicional simple** wird gebildet, indem man an den Infinitiv des Verbs die Endungen **-ía, -ías, -ía, -íamos, -íais, -ían** anhängt. Die Endungen sind für die drei Verbkonjugationen gleich.

	hablar	comer	vivir
yo	hablaría	comería	viviría
tú	hablarías	comerías	vivirías
él / ella / usted	hablaría	comería	viviría
nosotros/-as	hablaríamos	comeríamos	viviríamos
vosotros/-as	hablaríais	comeríais	viviríais
ellos / ellas / ustedes	hablarían	comerían	vivirían

Wie beim Futur gibt es einige Verben, die einen unregelmäßigen Stamm haben, an den die Endungen des Konditional angehängt werden:

decir	**diría**	hacer	**haría**	querer	**querría**	poner	**pondría**	venir	**vendría**
haber	**habría**	poder	**podría**	saber	**sabría**	tener	**tendría**	salir	**saldría**

Das Konditional wird gebraucht, um **Möglichkeiten** und **Hypothesen** auszudrücken:

Sería interesante.

Es wird auch gebraucht, um eine **höfliche Bitte** oder einen **Wunsch** auszudrücken:

¿**Podría** hablar con usted?
Nos **gustaría** ver sus instalaciones.

Es steht auch bei **Ratschlägen**:

Debería informarse bien.
Podría alojarse en este hotel.

Presente de subjuntivo

Beim **presente de subjuntivo** verändern sich für jede Verbgruppe die Endvokale:
Verben auf **-ar** bilden den presente de subjuntivo mit **-e**. Verben auf **-er** und **-ir**, haben **-a** im **presente de subjuntivo**.

	reservar	vender	escribir
yo	reserve	venda	escriba
tú	reserves	vendas	escribas
él / ella / usted	reserve	venda	escriba
nosotros/-as	reservemos	vendamos	escribamos
vosotros/-as	reservéis	vendáis	escribáis
ellos / ellas / ustedes	reserven	vendan	escriban

Unregelmäßige Verben

Verben auf **-ar** und **-er** mit Stammvokalwechsel im Indikativ Präsens (e → ie), (o → ue) verändern auch im **presente de subjuntivo** den Stammvokal in denselben Personen:

	pensar (e → ie)	entender (e → ie)	poder (o → ue)	volver (o → ue)
yo	piense	entienda	pueda	vuelva
tú	pienses	entiendas	puedas	vuelvas
él / ella / usted	piense	entienda	pueda	vuelva
nosotros/-as	pensemos	entendamos	podamos	volvamos
vosotros/-as	penséis	entendáis	podáis	volváis
ellos / ellas / ustedes	piensen	entiendan	puedan	vuelvan

Die Verben, die in der 1. Person Singular unregelmäßig sind und die Verben mit Vokalwechsel e → i bilden alle Personen des **subjuntivo** ausgehend von der 1. Person des Indikativ Präsens:

tener (teng**o** – teng**a**)	hacer (hag**o** – hag**a**)	decir (dig**o** – dig**a**)	conocer (conozc**o** – conozc**a**)	**pedir (e → i)** (pid**o** – pid**a**)
tenga	**hag**a	**dig**a	**conozc**a	pi**d**a
tengas	**hag**as	**dig**as	**conozc**as	pi**d**as
tenga	**hag**a	**dig**a	**conozc**a	pi**d**a
tengamos	**hag**amos	**dig**amos	**conozc**amos	pi**d**amos
tengáis	**hag**áis	**dig**áis	**conozc**áis	pi**d**áis
tengan	**hag**an	**dig**an	**conozc**an	pi**d**an

Verben auf **-ir** mit Stammvokalwechsel **e** zu **ie** und **o** zu **ue** im Indikativ Präsens wechseln auch im **subjuntivo** Präsens den Stammvokal und haben in der 1. und 2. Person Plural auch einen Vokalwechsel: das **e** wird zu **i** und das **o** zu **u**:

	sentir	dormir
yo	sienta	duerma
tú	sientas	duermas
él / ella / usted	sienta	duerma
nosotros/-as	sintamos	durmamos
vosotros/-as	sintáis	durmáis
ellos / ellas / ustedes	sientan	duerman

Unregelmäßige Verben sind auch:

	ser	estar	ir	saber	ver
yo	sea	esté	vaya	sepa	vea
tú	seas	estés	vayas	sepas	veas
él / ella / usted	sea	esté	vaya	sepa	vea
nosotros/-as	seamos	estemos	vayamos	sepamos	veamos
vosotros/-as	seáis	estéis	vayáis	sepáis	veáis
ellos / ellas / ustedes	sean	estén	vayan	sepan	vean

Die Form des **subjuntivo** Präsens von **hay** (**haber**) lautet **haya**.

Der Gebrauch des *subjuntivo* Präsens

Der **subjuntivo** wird in Nebensätzen nach Verben der **Willensäußerung** und **Forderungen** verwendet:

Quiere que firmemos el contrato.
Queremos que el stand esté en un buen lugar.
Necesito que me ayude.
Pide que le hagamos un descuento.

Wenn Hauptsatz und Nebensatz das gleiche Subjekt haben, wird im Nebensatz der Infinitiv verwendet (nicht der **subjuntivo**).

Queremos hablar con el arquitecto. (gleiches Subjekt: **nosotros**)
Queremos que el arquitecto haga un plan. (verschiedene Subjekte: **nosotros / él**)

Auch im Relativsatz bezeichnet der **subjuntivo** ein gesuchtes bzw. gewünschtes Merkmal:

Buscan un stand que **sea bonito y esté** en un buen lugar.

Der **subjuntivo** wird auch in Nebensätzen nach **Ausdrücken der Hoffnung und Gefühlsäußerung** verwendet:

Esperamos que le guste la feria.
Me alegra que esté bien.

Der **subjuntivo** steht bei **unpersönlichen und feststehenden Ausdrücken** wie es bueno que / es importante que / es necesario que, die einen bewertenden Charakter haben.

Es necesario que confirme la reserva.
Es importante que la gente se sienta bien.

Geografische Namen

A
África Afrika
Alemania Deutschland
América Amerika
América del Sur Südamerika
la Antártida Antarktis
Argentina Argentinien
Asia Asien
el Atlántico Atlantik
Austria Österreich

B
Bélgica Belgien
Belice Belize
Bolivia Bolivien
Bulgaria Bulgarien

C
Cataluña Katalonien
Chile Chile
Chipre Zypern
Colombia Kolumbien
Costa Rica Costa Rica
Cuba Kuba

D
Dinamarca Dänemark

E
Ecuador Ecuador
El Salvador El Salvador
Eslovaquia Slowakei
Eslovenia Slowenien
España Spanien 0/3
Estados Unidos de América (EE. UU.) Vereinigte
    Staaten von Amerika (USA)
Estonia Estland
Europa Europa

F
Filipinas Philippinen
Finlandia Finnland
Francia Frankreich

G
Galicia Galicien
Grecia Griechenland
Guatemala Guatemala
Guinea Ecuatorial Äquatorialguinea

H
Holanda Holland

Honduras Honduras
Hungría Ungarn

I
Irlanda Irland
Italia Italien

J
Japón Japan

L
Latinoamérica Lateinamerika
Letonia Lettland
Lituania Litauen
Luxemburgo Luxemburg

M
Mallorca Mallorca
Malta Malta
el Mediterráneo Mittelmeer
México Mexiko

N
Nicaragua Nicaragua
Noruega Norwegen

P
el País Vasco Baskenland
Panamá Panama
Paraguay Paraguay
la Península Ibérica Iberische Halbinsel
Perú Peru
Polonia Polen
Portugal Portugal
Puerto Rico Puerto Rico

R
Reino Unido (Gran Bretaña) Vereinigtes Königreich
    (Großbritannien)
República Checa Tschechische Republik
República Dominicana Dominikanische Republik
Rumanía Rumänien

R
Suecia Schweden
Suiza Schweiz

T
Turquía Türkei

U
Uruguay Uruguay

V
Venezuela Venezuela

Wortliste nach Lektionen

Auf den folgenden Seiten finden Sie das Vokabular von **Español** Profesional **¡hoy!** in chronologischer Reihenfolge.

1. Wörter in *Kursivschrift* gehören nicht zum Lernwortschatz, sollen aber im Kontext verstanden werden.
2. Die rote Ziffer **1** links steht für die Nummer der dazugehörigen Aufgabe.
3. E steht für Englisch, F für Französisch.
4. ~ ersetzt die Vokabel.
5. → gehört zur gleichen Wortfamilie wie die Vokabel.
6. = drückt (ungefähr) das Gleiche aus wie die Vokabel.
7. ≠ steht für das Gegenteil.

UNIDAD 0

Seite 9

1	bienvenidos/-as	willkommen	¡~ todos!
	todos/-as	alle	
	hola	hallo	
	buenas noches	guten Abend, gute Nacht	
	la conferencia	Konferenz	F conférence
	internacional	international	E international
	márquetin	Marketing	
	y	und	
	la publicidad	Werbung	F publicité
	en	in	
	la ciudad	Stadt	E city
2	los/las señores/-as	Herren/Damen	Buenas tardes, ~.
	el momento	Moment, Augenblick	
	el/la amigo/-a	Freund/in	F ami/e
	el director	Direktor	
	la reserva	Reservierung, Buchung	E reservation
3	llamarse	heißen	
	me llamo ...	ich heiße ...	~ Andrés.
	tú	du	
	ser	sein	
	soy	ich bin	~ Carla.
	mi	mein/e	
	el nombre	Name	
	mi nombre es ...	mein Name ist ...	= me llamo
	el cava	(spanischer) Sekt	

Seite 10

4	quién/quiénes	wer	
	el/la chico/-a	junge/r Mann/Frau	
	trabajar	arbeiten	F travailler

	en	in, bei	Rosa trabaja ~ un hotel.
	el año	Jahr	
	tener	haben	
	Tengo ... años.	Ich bin ... Jahre alt.	Tengo 17 años. ¿Y tú?
	estudiar	studieren/lernen	¿Qué estudias?
5	usted	Sie	
	cómo	wie	
	¿Cómo te llamas?	wie heißt du?	
	yo	ich	
	dónde	wo	
	de dónde	woher	¿~ eres?
	¿Qué tal?	Wie geht's?	Hola, ¿~?
	de	aus, von	Soy de ~.
	Holanda	Holland	
	Argentina	Argentinien	
	aquí	hier	
	no	nein, nicht	
	también	auch	
	el/la estudiante	Student/in	
	el/la programador/a	Programmierer/in	
	cuánto/-a/-os/-as	wie viel/e	
	¿Cuántos años tienes?	wie alt bist du?	– ¿~? + Tengo 18 años.
6	el café	Kaffee, Café	
	la tapa	kleine, typ span. Vorspeise	
	el zumo	Saft	
	la cerveza	Bier	
	sin	ohne	
	alcohol	Alkohol	
	qué	was, welche/r/s	
	tomar	trinken, nehmen	¿Qué tomas?
	algo	etwas	
	el/la camarero/-a	Kellner/in	

sí	ja	
gracias	Danke	
gustar	gefallen, mögen, gern tun	Me gusta Costa Rica.
hay	es gibt	~ café y zumo.
claro/-a	klar	− ¿Tomamos algo? + Sí, ~.
la maracuyá	Maracuja	
vale	okay	
salud	Prost	F santé
con	mit	≠ sin
necesitar	brauchen	¿Necesitas algo?
la música	Musik	¿Te gusta ~?
bailar	tanzen	¿Bailamos?

Seite 11

7	ahora	jetzt	
	la naranja	Orange	Tomo zumo de ~.
	el agua	Wasser	¿Tomas ~?
	el agua sin gas	stilles Wasser	
	la leche	Milch	¿El café, con o sin ~?
8	la fiesta	Feier, Party	Hay una ~ de bienvenida.
9	la profesión	Beruf	
	el/la profesor/a	Lehrer/in	F professeur
	el/la mecánico/-a	Mechaniker/in	
	el/la biólogo/-a	Biologe/-in	
	el/la periodista	Journalist/in	
	el/la fotógrafo/-a	Fotograf/in	
	el/la taxista	Taxifahrer/in	
	el/la cantante	Sänger/in	
	el/la asistente	Assistent/in	
	el/la policía	Polizist/in	
11	el apellido	Nachname	Mi ~ es Martínez.
	la edad	Alter	
	el país	Land	F pays
	la capital	Hauptstadt	Soy de ~.
12	¿Verdad?	Stimmt's?	Eres de Alemania, ¿~?
	Alemania	Deutschland	

Seite 12

13	el alfabeto	Alphabet	
	¿Cómo se pronuncia?	Wie spricht man es aus?	
17	el número	Zahl	E number

Seite 13

18	la comunicación	Kommunikation	
	la clase	Unterricht, Klassenzimmer	
	el tema	Thema	
	hoy	heute	
	leer	lesen	
	repetir	wiederholen	Repito: uno, dos, tres …
	comprender	verstehen	¿Comprendes?
	hablar	sprechen	Hablamos español.
	después	danach	
	¿Qué significa …?	Was bedeutet …?	¿~ «vale»?
	¿Puede hablar más despacio?	Könnten Sie langsamer sprechen?	− ¿~? + ¡Claro!
	¿Puede hablar más alto?	Könnten Sie lauter sprechen?	
	¿Cómo se escribe …?	Wie schreibt man …?	
	la palabra	Wort	
	perdón	Entschuldigung	~, no comprendo.
	¿Cómo se dice …?	Wie sagt man …?	~ «Danke»?

UNIDAD 1

Seite 17

	primer/o/-a	erste/r/s	
	el contacto	Kontakt	
1	mirar	(an)sehen	
	la foto(grafía)	Bild	
	recibir	bekommen	
	el paquete	Paket	
	escribir	schreiben	
	el correo electrónico	E-Mail	F écrire
	el teléfono	Telefon	
	hablar por teléfono	telefonieren	Ahora hablo por teléfono con Manuel.
	mandar	schicken	
	el mensaje	Nachricht	E message
	personalmente	persönlich	
2	la carta	Brief	
	el (teléfono) móvil	Mobiltelefon	Recibo mensajes en el ~.
	la postal	Postkarte	¡Una ~ de Mallorca!
	el teléfono fijo	Festnetztelefon	
	usar	benutzen	E use

Seite 18

3 todo	alles	
estar	sein, sich befinden	¿Dónde está Alicia?
solo/-a	allein	No estoy ~.
la oficina	Büro	E office
el informe	Bericht	Aquí está ~.
el catálogo	Katalog	¿Cuántos ~s mando?
la llamada	Anruf	Hay una ~ de Madrid
el/la compañe-ro/-a de trabajo	Arbeitskollege/-in	
el trabajo	Arbeit	F travail
el seminario	Seminar	
la casa	Haus	
en casa	zu Hause	¿Estás ~?
por la tarde	nachmittags	
llegar	(an)kommen	
el/la jefe/-a	Chef/in	¿Quién es ~?
4 ¿Cómo está usted?	Wie geht es Ihnen?	
¡Buenos días!	Guten Morgen!	¡Hola, ~!
¡Dígame!	Hallo! (am Tele-fon)	Hotel Solymar, ¡~!
siempre	immer	
por favor	bitte	¿La señora Álvarez, ~?
entonces	dann	~ no está en la oficina.
llamar (por telé-fono)	anrufen	→ llamada
(la) mañana	Morgen, morgen	≠ hoy
adiós	Auf Wiedersehen.	
de nada	bitte sehr	– ¡Gracias! + ~
hasta	bis	
Hasta mañana.	Bis morgen.	¡Adiós, ~!
¡Qué bien!	Wie schön!	
el/la cliente	Kunde/in	Tenemos muchos clientes en Alema-nia.
estupendo	großartig	– Un mensaje de Sara. ¡~!
¿Cómo estás?	Wie geht es dir?	
muy	sehr	
bien	gut	– ¿Cómo estás? + ~, gracias.
regular	es geht so	
¿Qué tal el traba-jo?	Was macht die Arbeit?	– ¿~? + Pues, como siempre.
el estrés	Stress	¿Tienes ~ en el tra-bajo?

terrible	schrecklich	F terrible E terrible
Oye, ...	Hör mal, ...	~, ¿dónde está la jefa?
el bar	Kneipe	
cansado/-a	müde	¡Qué estrés! Estoy ~.
chau	tschau, ciao	= ¡adiós!
hasta luego	tschüss	– ¡Chau! + ¡Hasta luego!

Seite 19

5 mucho/-a/-os/-as	viel/e	
la invitación	Einladung	E invitation
mayo	Mai	
estimado/-a	sehr geehrte/r	~ señor Torres:
por	hier: für	¡Gracias ~ todo!
ir	gehen, fahren	¿Vamos?
a	nach, zu	Mañana voy ~ Sevilla.
el martes	Dienstag	Hoy es ~.
el día	Tag	¿Qué ~ es hoy?
a las ...	um (Uhrzeit)	Llego ~ nueve.
el vuelo	Flug	Mi ~ es a las 8.
el saludo	Gruß	~ del señor Meyer.
el aeropuerto	Flughafen	Ya estoy en ~.
la visita	Besuch	
la empresa	Unternehmen	Tenemos visita en la ~.
la hora	Uhrzeit, Stunde	F heure
el lugar	Ort	
7 el curso	Kurs	
el inglés	Englisch	¿Hablas bien ~?
la boda	Hochzeit	La ~ es en mayo.
el concierto	Konzert	F concert E concert
el cumpleaños	Geburtstag	¿Cuándo es ~ el de Nuria?
el evento	Veranstaltung	E event
el lunes	Montag	El ~ no trabajo.
el miércoles	Mittwoch	
el jueves	Donnerstag	
el viernes	Freitag	
el sábado	Samstag	El ~ visito la ciu-dad.
el domingo	Sonntag	
cuándo	wann	¿~ es la fiesta?
a qué hora	um wie viel Uhr	= cuándo

Seite 20

8 esperar	warten, hoffen	Espero a mi com-pañera.
nervioso/-a	nervös	¿Estás ~?

el avión	Flugzeug	
ya	schon	Mira, el avión ~ está aquí.
allí	da	≠ aquí
pero	aber	
tranquilo/-a	ruhig	≠ nervioso/-a
enfermo/-a	krank	Carmen está enferma hoy.
estresado/-a	gestresst	→ estrés
10 el aparcamiento	Parkplatz, Park-haus	E parking
abajo	unten	
arriba	oben	≠ abajo
cerca (de)	in der Nähe	
el coche	Auto	~ está en el aparca-miento.
pequeño/-a	klein	La empresa es ~.
grande	groß	Tiene un coche muy ~.
rápido/-a	schnell	F rapide
el bolso	Tasche	¿De quién es ~?
la maleta	Koffer	Mi ~ es muy gran-de.
la mochila	Rucksack	¿Qué hay en ~?
11 encantado/-a	sehr erfreut	– Soy Ángel Ramos. + ¡~!
amable	freundlich	El director es muy ~.
Mucho gusto.	Angenehm.	= encantado/-a
igualmente	gleichfalls	– ¡Mucho gusto! + ¡~!

Seite 21

13 ¿Vamos?	Gehen wir?	– ¿~? + Sí, un mo-mento.
bueno	gut	
el ascensor	Fahrstuhl	¿Dónde está ~?
el hombre	Mann, Mensch	
pues	dann, also	
mal	schlecht	≠ bien
no está mal	nicht schlecht	– ¿Te gusta el co-che? + ¡~!
¿Algo más?	Noch etwas?	
nada	nichts	≠ todo
más	mehr	¿Hay algo ~?

Seite 23: Panorama socioeconómico

la marca	Marke	Es una marca de España.
el / la líder	Marktführer/in	
el medio ambien-te	Umwelt	

el deporte	Sport	F sport E sport
el turismo	Tourismus	F Tourisme
el objetivo	Ziel	
mejorar	verbessern	
el mundo	Welt	F monde
beneficiar	nützen	
el ámbito	Bereich	
la meta	Ziel	= el objetivo
incrementar	steigern, erhöhen	
crear	schaffen	

Seite 25: Repaso

roto/-a	kaputt	
la mesa	Tisch	
reservado/-a	reserviert	

UNIDAD 2

Seite 27

el español	Spanisch	Me gusta ~.
en español	auf Spanisch	¿Hablamos ~?
1 el idioma	Sprache	Hablo tres ~.
creer	glauben	
que	hier: dass	Creo ~ Sergio es español.
2 el francés	Französisch	F français
el árabe	Arabisch	Hablo español y ~.
el japonés	Japanisch	
el turco	Türkisch	¿Hablas ~?
el ruso	Russisch	Estudio ~.
el chino	Chinesisch	No hablo ~.
el polaco	Polnisch	Mi amigo habla ~.
el alemán	Deutsch	Hablo inglés y ~.
vivir	wohnen, leben	¿Dónde vives?
el piso	Wohnung	
el piso comparti-do	Wohngemein-schaft	
el / la novio/-a	Freund/in	Vivo con mi novio.
ganar	verdienen, gewin-nen	No gano mucho.
poco	wenig	≠ mucho
hacer	machen, tun	¿Qué haces?
las prácticas	Praktikum	Luis hace unas ~ aquí.
el / la extranjero/-a	Ausland, Auslän-der/in	Ahora vivo en el ~.
el / la hijo/-a	Sohn, Tochter	Tengo un hijo y una hija.

Seite 28

3	romper	brechen	
	el hielo	Eis	
	la fábrica	Fabrik	F fabrique
	el pueblo	Dorf, Volk	~ es muy pequeño.
	alemán / alemana	Deutsche/r	Soy ~, de Hamburgo.
	un poco	ein bisschen	Hablo ~ alemán.
	la familia	Familie	E family
	el tráfico	Verkehr	Hay mucho ~.
	el tiempo	Wetter, Zeit	¿Qué tal ~?
	mil	tausend	
	la pregunta	Frage	Tengo una ~.
4	bastante	ziemlich viel, genügend	
5	fácil	einfach	F facile
	difícil	schwierig	F difficile
	moderno/-a	modern	Es una fábrica moderna.
	antiguo/-a	alt	Es una ciudad antigua.
	nuevo/-a	neu	El bar es nuevo, ¿no?
	viejo/-a	alt	La casa es bastante vieja.
	comercial	Handels-	
	industrial	Industrie-	Bilbao es una ciudad ~.
	fantástico/-a	fantastisch	E fantastic
	bonito/-a	schön	Es un país muy bonito.
	feo/-a	hässlich	≠ bonito/-a
	la universidad	Universität	Estudio en la ~.
	casi	fast	
	¡Dios mío!	Mein Gott!	
	el centro	Zentrum	Vivo en el ~.
	la suerte	Glück	Tengo mucha ~.
	por suerte	zum Glück	~ ya llegamos.
	el polígono (industrial)	Gewerbegebiet	
	lejos	weit	≠ cerca
	la urbanización	Wohnanlage	~ es nueva.
	unos/-as	etwa	
	a unos	etwa ... (entfernt)	Vivo ~ 10 kms de Madrid.
	el padre	Vater	→ madre, hijo, hija
	catalán/a	katalanisch	Soy ~, de Barcelona.
	la madre	Mutter	
	el minuto	Minute	

Seite 29

	eso	das (da)	
	la torre	Turm	Eso es la ~ de la fábrica.
	el símbolo	Symbol	F symbole E symbol
	el edificio	Gebäude	~ es bastante feo, ¿verdad?
	el calor	Hitze	
	¡Qué calor hace!	Es ist so heiß!	
	el grado	Grad	
9	el kilómetro	Kilometer	
	¿A cuántos kilómetros ...?	Wie viele Kilometer (entfernt) ...?	¿~ está Valencia de aquí?
	el instituto	(weiterführende) Schule	Estudio en un ~.
	el centro comercial	Einkaufszentrum	~ es muy moderno.
	el cine	Kino	~ está cerca.
	al lado (de)	neben	
	a la izquierda (de)	links	El hotel está allí ~.

Seite 30

10	España	Spanien	¿Dónde está ~?
	sus	seine/ihre	
	el clima	Klima	= el tiempo
	estar situado/-a	sich befinden, liegen	Madrid ~ en el centro.
	la Península	Halbinsel	
	la Península Ibérica	Iberische Halbinsel	España está en ~.
	entre	zwischen, unter	
	Francia	Frankreich	E France
	montañoso/-a	gebirgig	
	después de	nach	
	Suiza	die Schweiz	~ es un país montañoso.
	poblado/-a	bevölkert	
	el turismo	Tourismus	E tourism
	especialmente	besonders	E specially
	la costa	Küste	Hay mucho turismo en ~.
	desde	seit	Trabajo aquí ~ 2014.
	monarquía parlamentaria	parlamentarische Monarchie	
	el rey	König	~ se llama Felipe VI.
	el jefe del estado	Staatsoberhaupt	− ¿Quién es ~? + El Rey.
	las Cortes Generales	Name des span. Parlaments	

respresentar	repräsentieren	
elegir	wählen	
el presidente de Gobierno	Regierungschef	Hoy elegimos ~.
el / la ministro/-a	Minister/in	
gobernar	regieren	¿Quién gobierna ahora?
la ubicación	Lage	
la frontera	Grenze	El pueblo está en la ~.
el oeste	Osten	
el norte	Norden	
la superficie	Oberfläche	F superficie
mediterráneo/-a	mediterran	En Mallorca el clima es ~.
atlántico	atlantisch	
continental	kontinental	
la población	Bevölkerung	
la densidad	Bevölkerungsdichte	
el millón	Million	
el / la habitante	Einwohner/in	¿Cuántos habitantes hay?
el idioma oficial	Amtssprache	
el idioma cooficial	zweite / weitere Amtssprache	
el gallego	Galizisch	~ es una lengua de España.
el catalán	Katalanisch	Hablo español y ~.
el vasco	Baskisch	¿Comprendes ~?
la capital	Hauptstadt	La ~ de España es Madrid.
el sistema de gobierno	Staatsform	
el miembro	Mitglied	
la Unión Europea	Europäische Union	España es miembro de la ~.
el euro	Euro	
la moneda	Währung	
la moneda oficial	offizielle Währung	La ~ de la UE es el euro.
11 la función	*hier:* Aufgabe	
el presidente Federal	Bundespräsident	
el parlamento	Parlament	¿Cómo se llama ~ alemán?
la República Federal	Bundesrepublik	

Seite 31

13	la comunidad	*hier:* Region	
	bilingüe	zweisprachig	Soy ~. Hablo español y vasco.
14	importante	wichtig	E important
	se	man	
	autónomo/-a	autonom	
	la comunidad autónoma	autonome Region	Vivo en la ~ de Andalucía.
	el archipiélago	Inselgruppe	Mallorca está en ~ Balear.
	el castellano	Kastillisch, Spanisch	= español
	o	oder	
	África	Afrika	Ceuta está en ~.
	la lengua	Sprache	= el idioma
	la lengua oficial	Amtssprache	La ~ de España es el español.
	todo/-a	ganz	
	otro/-a	ein/e andere/r	¿Qué otras lenguas hablas?
	la lengua cooficial	zweite / weitere Amtssprache	
	el País Vasco	Baskenland	Bilbao está en ~.
	la parte	Teil	E part
	Galicia	Galizien	La Coruña está en ~.
	Cataluña	Katalonien	~ está en en el este.
	la variedad	*hier:* Dialekt	
	el ejemplo	Beispiel	
	por ejemplo	zum Beispiel	~, gràcis es mallorquí.
	el origen	Herkunft	
	el origen latino	lateinischer Ursprung	
	la lengua regional	regionale Sprache	
	la identidad	Identität	La lengua es parte de la ~.
	cultural	Kultur-	
	el colegio	Schule	Estoy en ~.
	la oficina estatal	staatliches Amt	
	muchas veces	oft	~ hablamos en español.

Seite 33: Panorama sociocultural

el sur	Süden	Chile está en ~.
la diversidad	Vielfalt	E diversity
Latinoamérica	Lateinamerika	Me gusta mucho ~.
el paisaje	Landschaft	¡~ es fantástico!

la selva	Urwald	Aquí está la ~ del Amazonas.
el desierto	Wüste	En Chile hay un ~.
el río	Fluss	
el lago	See	¿Dónde está ~ Titicaca?
el mar	Meer	Me gusta ~.
la playa	Strand	~ es muy bonita.
verdadero/-a	wahr, echt	
lengua franca	Lingua franca, Verkehrssprache	

Seite 35: Repaso

el museo	Museum	¿Dónde está ~?
joven	jung	≠ viejo/-a
cerrado/-a	geschlossen	→ cerrar
la exposición	Ausstellung	~ es interesante.
el cuadro	Bild	No me gusta ~.
el / la turista	Tourist/in	F touriste E tourist
la calle	Straße	
principal	Haupt-	Vivo en la calle ~.

UNIDAD 3

Seite 37

el chocolate	Schokolade	¿Te gusta ~?
el / la propietario/-a	Eigentümer/in	~ de la fábrica es Rogelio.
el / la gerente general	Geschäftsführer/in	~ está en la oficina.
el / la socio/-a	Gesellschafter/in	¿Cuántos ~ tiene?
jefe / jefa de ventas	Verkaufsleiter	
el / la portero/-a	Pförtner/in	Soy ~ en una empresa.
la recepción	Rezeption	Trabajo en ~.
la administración	Verwaltung	E administration
recursos humanos	Personalabteilung	Soy jefa de ~.
la importación	Import	
la exportación	Export	~ de Alemania es grande.
producción	Produktion, Herstellung, Fertigung	E production
la logística	Logistik	
la calidad	Qualität	~ del producto es buena.
el control	Kontrolle	
el control de calidad	Qualitätskontrolle	~ es muy importante.

1	competente	kompetent	Sonia es una compañera ~.
	correcto/-a	korrekt	Es un chico muy correcto.
	exigente	anspruchsvoll	El gerente es bastante ~.
	simpático/-a	nett, sympathisch	¡Qué simpática es Elena!
	elegante	elegant	Vera es muy ~.
	arrogante	arrogant	Juan es un poco ~, ¿verdad?
	responsable	verantwortungsvoll, verantwortungsbewusst	Soy una chica muy ~.
	dinámico/-a	dynamisch	Marcos es muy dinámico.
	porque	weil	≠ por qué
2	responsable de	verantwortlich für, zuständig für	Soy ~ publicidad.
	el departamento	Abteilung	Estoy en ~ de márquetin.

Seite 38

5	adelante	Herein!	− ¿El señor López? + Sí, ~.
	venir	kommen	¿Cuándo viene a la oficina?
	enseguida	sofort	Un momento, ~ vengo.
	el viaje	Reise	¿Cuándo es ~?
	¡Qué suerte!	Was für ein Glück!	− Isabel gana mucho. + ¡~!
	saber	wissen, können	Él habla alemán, ¿sabes?
	tampoco	auch nicht	≠ también
	bueno/-a	gut	≠ mal/o/a
	entender	verstehen	Entiendo casi todo.
	por aquí	*hier:* hier entlang	
	¡Qué vista!	Was für eine Aussicht!	− ¡~! + Sí, es fantástica.
	desde (aquí)	von hier aus	
	la bienvenida	Willkommen	
	el cava de bienvenida	Willkommenssekt	¿Un ~?
	beber	trinken	¿Y usted, qué bebe?
	nunca	nie	~ tomo café.
	preferir	bevorzugen	¿Prefieres un zumo?

8	importador/a	Import-	
	exportador/a	Export-	Alemania es un país exportador.
	el mazapán	Marzipan	Es una fábrica de ~.
9	datos personales	Personalien	Necesito sus ~, por favor.
	la dirección	Adresse	¿Qué dirección es?
11	el orden del día	Tagesordnung	¿Qué tenemos hoy en ~?
	la llegada	Ankunft	llegar
	la reunión	Besprechung, Sitzung	¿A qué hora es ~?
	la comida	Essen	~ es en este restaurante.
	el documental	Dokumentarfilm	

12	costar	kosten	¿Cuánto cuesta la leche?
	la planta de producción	Produktionsetage	Estamos en la ~.
	totalmente	ganz, völlig	
	automático/-a	automatisch	
	producir	herstellen, produzieren	¿Cuánto produce?
	el kilo	Kilo	Produce 5.000 kilos.
	el mes	Monat	¿En qué ~ es la visita?
	por mes	monatlich	
	la experiencia	Erfahrung	E experience
	el sector	Sektor	¿Tiene experiencia en el ~?
	la calle de producción	Fertigungsstraße	
	entrar	*hier:* hereinkommen	
	el cacao	Kakao	El chocolate tiene ~.
	el azúcar	Zucker	Café con leche y ~.
	salir	*hier:* herauskommen	
	el producto	Produkt	¿Cuántos productos usan?
	el producto terminado	Endprodukt	~ es el chocolate.
	la persona	Person	F personne E person
	el turno	Schicht	Trabajo en el primer ~.
	la semana	Woche	

	a la semana	pro Woche	¿Cuántas horas trabajas ~?
	el personal	Personal	Es la jefa de personal.
	altamente	hoch	
	cualificado/-a	qualifiziert	Está muy ~.
	comprometido/-a	engagiert	
	la mayoría	Mehrheit	
	el / la obrero/-a	Arbeiter/in	Es un obrero cualificado.
	el / la obrero/-a especializado/-a	Facharbeiter/in	
	por día	pro Tag	Trabajo 8 horas ~.
13	la máquina	Maschine	La ~ es automática.
	el olor	Geruch	¡Qué buen ~!
	el ruido	Lärm	Aquí hay mucho ruido.
	el servicio	Toilette	¿Dónde está el ~, por favor?
	rico/-a	lecker	
	el / la trabajador/a	Arbeiter/in	Tenemos 80 trabajadores.

15	salir	*hier:* starten, abfahren	El avión sale a las 6.
	la pausa	Pause	F pause
	tener que + *inf.*	müssen	Tengo que ir al aeropuerto.
	antes	vorher, früher	≠ después
	medio/-a	halb	Llego en media hora.
	viajar	reisen	Me gusta mucho ~.
	poder	können, dürfen	¿Podemos salir ya?
	terminar	beenden, abschließen	La visita termina a las 2.
	¿Está bien?	In Ordnung?	= ¿vale?
	el aire acondicionado	Klimaanlage	¿Hay aire acondicionado?
	a casa	nach Hause	Quiero llamar ~.
	por supuesto	selbstverständlich	
	marcar	wählen	Tiene que ~ el 0034.
	ver	sehen, anschauen	¿Puedo ~ el catálogo?
	alto/-a	laut	Habla muy alto.
	más alto	lauter	No entiendo. ~, por favor.
18	el mediodía	Mittag	
	al mediodía	mittags	¿Tomamos algo ~?

Seite 42: Para practicar más

el motivo	Grund	¿~ de su visita?-
vender	verkaufen	¿Qué productos venden?
la dirección de correo electrónico	E-Mail-Adresse	
la arroba	at	
el punto	Punkt	¿Se escribe con ~?
exportar	exportieren	Exportamos a diez países.
mediano/-a	von mittlerer Größe	No es grande, es ~.

Seite 43: Panorama sociocultural

la ventaja	Vorteil	¿Qué ~ tiene?
adelantar	vorgehen	
respecto a	bezüglich, im Verhältnis zu	
el verano	Sommer	En ~ viajo a España.
incluso	sogar	
acostarse	ins Bett gehen	¿A qué hora te acuestas?
tarde	spät	Es muy ~.
al día siguiente	am nächsten Tag	
por otro lado	andererseits	¿por un lado
el invierno	Winter	
la luz	Licht	En invierno hay poca luz.
el horario de trabajo	Arbeitszeit	~ es muy bueno.
la jornada partida	Arbeitstag mit Mittagspause	Prefiero ~.
volver	zurückkehren	¿A qué hora vuelves?
descansar	sich ausruhen	Necesito ~.
dejar de + inf.	aufhören zu	¿Cuándo dejas de trabajar?
el / la empleado/-a	Angestellte/r	Soy empleada en un hotel.
empezar	anfangen	¿A qué hora empiezas?
feliz	glücklich	Soy ~.

Seite 45: Repaso

contestar	antworten	

UNIDAD 4

Seite 49

	diseñar	entwerfen, gestalten	¿Cómo está diseñado?
	el amor	Liebe	F amour
1	No sé.	Ich weiß (es) nicht. Keine Ahnung.	– ¿Quién es él? + ~.
2	la técnica	Technik	F technique
	la informática	Informatik	La ~ es muy importante.
	el arte	Kunst	¿Te gusta el ~?
	la literatura	Literatur	Leo ~ en español.
	el diseño	Design	¡~ es fantástico!
	famoso/-a	berühmt	Es un cuadro muy famoso.
	el mundo	Welt	F monde
	en todo el mundo	weltweit	
	el / la diseñador/-a	Designer/in	Es una buena diseñadora.
	buscar	suchen	Busco diseños modernos.
	la forma	Form, Gestalt	
	práctico/-a	praktisch	F pratique
	alegre	fröhlich	Es una persona ~.
	la ropa	Kleidung	Me gusta la ~ práctica.
	el accesorio	Accesoire	Necesito accesorios.
	la arquitectura	Architektur	La ~ en Barcelona es genial.
	el mueble	Möbelstück	
	técnico/-a	technisch	
	hasta	hier: sogar	= incluso
	positivo/-a	positiv	Creo que es muy ~.
	lleno/-a	voll	El hotel está lleno.
	la fuerza	Kraft	F force
	el color	Farbe	¿Qué ~ te gusta?
	la fantasía	Phantasie	Tienes mucha ~.
	cuál/es	welche/r/s	¿Cuál es el nuevo diseño?
	el secreto	Geheimnis	Es un ~.

Seite 50

3	la estrategia	Strategie	E strategy
	la venta	Verkauf	~ de productos es buena.
	comprar	kaufen	≠ vender
	la tienda	Laden, Geschäft	
	el precio	Preis	¿Qué ~ tiene?

el precio competitivo	wettbewerbs-/ konkurrenzfähiger Preis	
4 la comunidad virtual	virtuelle Community	
el éxito	Erfolg	El producto es un ~.
el triunfo	Triumph, Sieg	¿De quién es ~?
la variedad	Vielfalt	≠ diversidad
el / la mejor	der/die Beste	¿Cuál es el mejor diseño?
conquistar	erobern	
el textil	Textil-, Textilie	Es un ~ muy bueno.
el zapato	Schuh	Quiero comprar zapatos.
menos	weniger	≠ más
exclusivo/-a	exklusiv	E exclusive
el lujo	Luxus	¡Qué lujo!
textil	textil-	
atractivo/-a	attraktiv	El precio es muy ~.
la colección	Kollektion	Tenemos la ~ nueva.
diferente	anders, verschieden, unterschiedlich	La gente no es ~ que aquí.
tan / tanto/-a	so, so viel/e	Ella es tan famosa como él.
la camiseta	T-Shirt	Me gusta mucho ~.
el perfume	Parfum	¿Qué perfume usas?
utilizar	benutzen	= usar
directo/-a	direkt	
la red social	soziales Netzwerk	¿Usas las redes sociales?
el concurso	Wettbewerb	Quiero ganar el ~.
compartir	teilen	Compartimos fotos.
el método	Methode	E method
costoso/-a	kostbar	
5 la marca	Marke	La ~ Mango es española.
caro/-a	teuer	= costoso/-a
para	*hier:* für	Es muy caro ~ para mí.
algunos/-as	einige	
el comercio	Handel	F commerce
la moda	Mode	¿Cómo es el ~ de este año?

7 llevar	tragen	¿Qué llevas hoy?
estar / ir a la moda	sich nach der (neuesten) Mode kleiden	Siempre estoy/voy a la moda
pagar	bezahlen	¿Puedo ~?
ir de tiendas	einen Einkaufsbummel machen, shoppen gehen	¿Te gusta ~?
el / la hermano/-a	der Bruder/die Schwester	Tengo una hermana.
lo mejor	das Beste	≠ lo peor
la blusa	Bluse	La ~ es un poco fea, ¿no?
la falda	Rock	La ~ es muy cara.
el zapato de tacón	Stöckelschuh	Llevo zapatos de tacón.
le	ihm, ihr, Ihnen	A Isabel ~ gusta la moda.
los vaqueros	Jeans	Yo siempre llevo ~.
el jersey	Pullover	¡Qué ~ tan bonito!
encantar	sehr mögen, lieben	¡Me encanta tu camiseta!
el pañuelo	Halstuch	
de colores	bunt	Lleva pañuelos ~.
rojo/-a	rot	¿Te gusta el color ~?
verde	grün	Lleva una blusa ~.
amarillo/-a	gelb	No me gusta el color ~.
clásico/-a	klassisch	Bea lleva ropa muy clásica.
el verano	Sommer	En ~ compro ropa alegre.
generalmente	normalerweise	~ no uso faldas.
el vestido	Kleid	Es un ~ muy exclusivo.
el invierno	Winter	≠ el verano
la chaqueta	Jacke	¿De quién es ~ roja?
la prenda	Kleidungsstück	Aquí hay prendas nuevas.
favorito/-a	Lieblings-	¿Cuál es tu color favorito?
la lana	Wolle	
de lana	aus Wolle	¿El jersey es de ~?
azul	blau	Lleva un vestido ~.
el marido	Ehemann	Él es Pablo, mi ~.
el traje	Anzug	
negro	schwarz	Necesito un traje negro.
la camisa	Hemd	

blanco/-a	weiß	Tengo seis camisas blancas.
la corbata	Krawatte	En el trabajo lleva corbata.
otras veces	andere Male	
horrible	schrecklich	= terrible
el pantalón	Hose	Hoy llevo blusa y pantalón.
el chándal	der Trainings-anzug	
la pantufla	Pantoffel	
el deporte	Sport	Hago mucho ~.
gris	grau	
cómodo/-a	bequem	Me gusta la ropa cómoda.
el bañador	Badeanzug	¡Qué ~ tan sexi!
la microfibra	Mikrofaser	
deportivo/-a	Sport-	Me gusta la ropa ~.
el algodón	Baumwolle	La camiseta es de ~.
la zapatilla	Turnschuh	Necesito las zapatillas.
las gafas	Brille	¡Qué ~ tan modernas!
las gafas de sol	Sonnenbrille	
el reloj	Uhr	El ~ es muy caro.
el abrigo	Mantel	Tengo un ~ negro.
superguay	supertoll	− ¿Qué tal la fiesta? + ¡~!
el frío	Kälte	No me gusta el ~.
molestar	stören	Me molesta la música alta.

Seite 52

8	odiar	hassen	≠ gustar, encantar
	depender (de)	abhängen	¿De qué depende?
9	guapo/-a	hübsch	¡Qué ~ es!
	¡Qué lástima!	Schade!	El jersey es muy caro, ¡~!
	puro/-a	rein	Es de lana pura.
	el probador	Umkleidekabine	¿Dónde está ~, por favor?
	quedar	hier: jdn. gut/ schlecht stehen	¿Qué tal me queda?
	demasiado	zu	El jersey es ~ grande.
	la talla	Größe	¿Qué talla tiene?
	perfecto/-a	perfekt	La blusa te queda perfecta.
	la tarjeta (de crédito)	Kreditkarte	¿Su tarjeta, por favor?
	la caja	Kasse	¿Dónde está ~?

	al fondo	hinten	El servicio está ~.
10	lo siento	Tut mir Leid.	La talla 40 no hay, ~.
	marrón	braun	
	rosa	rosa	
	naranja	orange	

Seite 53

11	hace calor	es ist warm	Hoy ~.
	hace frío	es ist kalt	En Alemania ~ en invierno.
	el buen tiempo	gutes Wetter	Ya llega ~.
	hace buen tiempo	es ist schönes Wetter	− ¿Qué tal el clima? + ~.
	el mal tiempo	schlechtes Wetter	No me gusta ~.
	hace mal tiempo	es ist schlechtes Wetter	Aquí siempre ~.
	el sol	Sonne	
	hace sol	die Sonne scheint, es ist sonnig	Hace mucho sol.
	el viento	Wind	
	hace viento	es ist windig	En la costa ~.
	la niebla	Nebel	No se ve nada por ~.
	llover	regnen	¡Otra vez llueve!
	nevar	schneien	En España también nieva.
14	la primavera	Frühling	Me encanta la ~.
	el otoño	Herbst	→ verano, invierno
	la nieve	Schnee	→ nevar
	hacer senderismo	wandern	Hago senderismo en otoño.
	nadar	schwimmen	Muchas veces voy a ~.
	tomar el sol	sich sonnen	Me encanta ~.
15	la montaña	Berg, (die) Berge	¿Prefieres el mar o ~?

Seite 54: Para practicar más

ir de compras	einen Einkaufs-bummel machen, shoppen gehen	= ir de tiendas
el periodo	Zeit	
largo/-a	lang	Lleva un pantalón largo.
corto/-a	kurz	La falda es muy corta.
sencillo/-a	einfach, schlicht	
barato/-a	billig	≠ caro/-a

Seite 55: Panorama socioeconómico

imitador/a	Nachahmer/in	
hoy en día	heutzutage	

copiar	kopieren, nachahmen	E copy
el mercadillo	Straßenmarkt, Flohmarkt	¿Compras algo en ~?
la imitación	Nachahmung, Imitat	Es una mala ~.
imitar	nachahmen	
la diferencia	Unterschied	¿Ves ~?
bajo/-a	niedrig	El precio aquí es muy ~.
la película	Film	
la televisión	Fernsehen	¿Vemos una película en la ~?
decisivo/-a	entscheidend	La calidad es decisiva.
durar	(an)dauern, (lange) halten	Un producto malo no dura.
accesible	zugänglich, erschwinglich	F accessible
todo el mundo	hier: jedermann	~ quiere comprar barato.
el ordenador	Computer	Trabajo mucho con el ~.
el espionaje industrial	Industriespionage	
causar	verursachen	
la pérdida	Verlust	La empresa tiene pérdidas.
el impuesto	Steuer	Hay que pagar impuestos.
implicar	zur Folge haben, mit sich bringen	
el puesto de trabajo	Arbeitsplatz, Arbeitsstelle	Hay dos puestos de trabajo.
el caso	Fall	Es un ~ difícil.
contaminado/-a	verseucht	

Seite 57: Repaso

peor	schlechter	Y aquí ~.

UNIDAD 5

Seite 59

1 la prehistoria	Vorgeschichte, Prähistorie	
la pintura	Malerei	Es una ~ antigua.
escrito/-a	schriftlich	Es un mensaje escrito.
comunicarse	kommunizieren	
hoy en día	heutzutage	Se comunican en la red.
el pictograma	Piktogramm	
en todas partes	überall	Hay publicidad ~.

más de	mehr als	Hay ~ 6000 idiomas.
cuando	wenn, als	
orientar	weisen	
el problema	Problem	~ es el idioma.
el mundo globalizado	globalisierte Welt	
el emoticón	Smiley	¿Tú mandas emoticonos?
poner	hier: bringen	
2 fumar	rauchen	No fumo.
servicios	Toiletten	
el / la médico/-a	Arzt/Ärztin	¿Es usted ~?
el restaurante	Restaurant	
la basura	Müll, Abfall	Después de la fiesta, hay mucha ~.
atender al bebé	sich um das Baby kümmern	Tenemos que ~.
la discapacidad	Körperbehinderung	Tiene una ~.
la escalera (mecánica)	(Roll-)Treppe	
la información	Information	Aquí hay ~ para turistas.
el fuego	Feuer	

Seite 60

3 la escuela de idiomas	Sprachschule	Soy profesor en ~.
el / la voluntario/-a	Freiwillige/r	
la ONG (organización no gubernamental)	Nichtregierungsorganisation	Soy voluntario en una ~.
el campamento	Lager	E camp
participar	teilnehmen	¿Quieres ~ en el concurso?
el programa	Programm	E programme
conocer	kennen, kennenlernen	Quiero ~ la ciudad.
lo principal	Hauptsache	
la experiencia laboral	Berufserfahrung	~ es muy importante.
pasarlo bien	sich (gut) amüsieren	Lo paso bien en Madrid.
(la) gente	(die) Leute	Quiero conocer gente.
para mí	für mich	~ es importante el idioma.
para ti	für dich	¿Qué es importante ~?

4	tanto ... como	genauso wie	Me gusta tanto trabajar como viajar.
	salir	ausgehen	¿Salimos el sábado?
	ordenado/-a	ordentlich	No eres muy ~, ¿verdad?
	la cama	Bett	Me voy a la ~.
	la cocina	Küche	~ es bastante grande.
	la cocina compartida	gemeinsame Küche	
5	la residencia estudiantil	Studentenwohnheim	~ es lo mejor para mí.
	la habitación	Zimmer	Busco una ~.
	la habitación individual	Einzelzimmer	
	el barrio	(Stadt)viertel	¿En qué ~ vives?
	la limpieza	Putzen, Reinigung	
	el servicio de limpieza	Reinigungsdienst/-service	Hay que pagar también ~.
	la sala de estar	Wohnzimmer	~ es muy bonita.
	el comedor	Esszimmer	El ~ es muy cómodo.
	la actividad	Tätigkeit, Aktivität	E activity
	la seguridad privada	privater Wachdienst	
	el horario	Öffnungszeiten, Arbeitszeiten, Stundenplan	¿Qué ~ hay?
	el / la dueño/-a	Eigentümer/in	¿Quién es ~?
	el colectivo *arg.*	Autobus	= autobús
	el baño	Bad	¿Dónde está el ~?
	el living-comedor *arg.*	Wohnküche	A la derecha está ~.
	la terraza	Terrasse	Tiene una pequeña ~.
	la parrilla	Grill	
	amueblado/-a	möbliert	= con muebles
	el alquiler	Miete	¿Cuánto es el ~?
	incluido/-a	inbegriffen	
	la luz	Strom, Licht	~ está incluida.
	el gas	Gas	
	el servicio de luz y gas	Strom- und Gasversorgung	
	el depósito	Kaution	Hay que pagar un depósito.
	los servicios (públicos)	Strom-, Gas- und Wasserkosten/-versorgung	
	el subte arg.	U-Bahn	= metro

	la estación del subte	U-Bahnstation	= la estación de metro
	disponible	verfügbar	Tengo una habitación ~.
	fumador/a	Raucher/in	¿Eres ~?

Seite 61

6	el / la vecino/-a	Nachbar/in	¿Cómo son los vecinos?
	impresionante	beeindruckend	Es un país ~.
	la distancia	Entfernung	E distance.
	enorme	enorm	Buenos Aires es ~.
	el transporte	Transport, Verkehrsmittel	¿Cómo es ~?
	muchísimos/-as	sehr viele	
	el autobús	Autobus	Voy en ~.
	el metro	U-Bahn	~ es muy rápido.
	la bicicleta	Fahrrad	¿Tienes ~?
	la vía para bicicleta	Fahrradweg	~ va hasta el centro.
	los padres	Eltern	= la madre y el padre
	de día	tagsüber	
	de noche	nachts	Trabajo ~ en la recepción.
	por fin	endlich, schließlich	~ tengo piso.
	bien comunicado/-a	mit guter Verkehrsanbindung	Mi barrio está ~.
	todavía	noch	~ estoy en Buenos Aires.
	todavía no	noch nicht	~ conozco a mucha gente.
	en total	insgesamt	
	divertido/-a	lustig	Diego es muy ~.
	canadiense	Kanadier	
	el dólar	Dollar	¿Paga en dólares?
	la inflación	Inflation	~ es enorme.
	a veces	manchmal	~ salgo con Mario.
	los domingos	sonntags	
	el asado	argentinisches Grillfest	~ hacemos un asado.
	la empanada	gefüllte Teigtasche	¡Qué rica está ~!
	preparar	vorbereiten	Yo preparo la comida.
	la carne	Fleisch	¿Quieres un poco de ~?
	el chorizo	Paprikawurst	¿Quién compra ~?
	el vino	Wein	F vin
	traer	bringen	Yo traigo el vino.
	pronto	bald, früh	¡Nos vemos ~!

	hasta pronto	bis bald	
7	el salón	Wohnzimmer	¡Me encanta ~!
	el cuarto de baño	Badezimmer	~ está allí enfrente.
	a la derecha (de)	rechts (von)	~ está mi habitación.
	delante (de)	vor	¿Qué hay ~ la cama?
	detrás (de)	hinter	¿Hay algo allí ~?
	enfrente (de)	gegenüber	La cocina está ~ del salón.
	este/esta	diese/r (hier)	Esta es la terraza.
	ese/esa	diese/r (da)	Esa es la parrilla.

Seite 62

9	cambiar	umsteigen	Tengo que ~ aquí.
	el transporte público	öffentliche Verkehrsmittel	
	en bicicleta	mit dem Fahrrad	Voy ~ al trabajo.
	el tren	Zug	E train
	en tren	mit dem Zug	Viajamos ~ a Córdoba.
	a pie	zu Fuß	¿Vas ~ a comprar?
	desde	von	
	la linea	Linie	¿Qué linea tomas?
	bajar	aussteigen	Tengo que ~ aquí.
	seguir	weitergehen	Sigo hasta la Plaza.
	directamente	direkt	
	la dirección	*hier:* Richtung	
	en dirección a	in Richtung	El colectivo va ~ Retiro.
	por	*hier:* auf, durch	
	la autopista	Autobahn	Voy por ~.
	el semáforo	Ampel	~ está rojo.
	doblar	abbiegen	Tienes que ~ a la derecha.
	cruzar	kreuzen, überqueren	Tienes que ~ la calle.
	el puente	Brücke	Hay un ~ muy largo.
	todo derecho	geradeaus	Vas ~ hasta la parada.
	el final	Ende	Vas hasta ~ de la calle.
	girar	abbiegen	= doblar
	la entrada	Eingang	→ entrar
10	volver	zurückkehren	¿A qué hora vuelves?
	la discoteca	Diskothek	Estoy en la ~.
	la playa	Strand	¿Vamos a ~?
	el mercado	Markt	Compro el chorizo en el ~.

Seite 63

11	la vida	Leben	F vie
	la discusión	Streit, Diskussion	A veces hay discusiones.
	hacer amigos	Freundschaften schließen	Es bueno ~.
	comer	essen	→ comida, el comedor
	comerse	(auf)essen	Diego se come mi comida.
	seguro (que)	sicher	¿~ tú haces el asado?
12	lavar	waschen	
	el plato	Teller	
	lavar los platos	das Geschirr spülen	Hoy lavo los platos yo.
	la bebida	Getränk	→ beber
	limpiar	sauber machen	Tengo que ~ la habitación.
	sacar la basura	den Müll hinaus-/ hinunterbringen	¿Puedes ~, por favor?
	ordenar	aufräumen	Voy a ~ un poco la cocina.
	el caos	Chaos	Mi habitación es un ~.
	a ver	lass mal sehen	~, ¿qué haces tú?
	hay que + *inf.*	man muss	→ tener que + *inf.*
13	bajar (la música)	leiser machen	¿Bajas un poco la música?
	es que	weil, nämlich	
	el peso	Peso	~ es la moneda oficial.
	dar	geben	¿Me das el dinero?
	el cheque	Scheck	
	esta noche	heute Abend / Nacht	~ vamos a salir.
	el gimnasio	Fitnesscenter	Hoy voy al gimnasio.
	aprender	lernen	Quiero ~ alemán.
	deber	*hier:* schulden	¿Cuánto te debo?
14	el / la joven	junger Mann, junge Frau	¿Qué hacen los jóvenes?
	la película	Film	¿Qué ~ vemos?
	la visita guiada	Führung	
	charlar	plaudern, sich unterhalten	¿Charlamos un poco?
	el proyecto	Projekt	E project
	el proyecto ecológico	Umweltprojekt	
	el proyecto social	Sozialprojekt	Está en un proyecto social.
15	jugar (a)	spielen	¿A qué jugamos?

el objetivo	Ziel	
mejorar	verbessern	El objetivo es ~ mi español.
las condiciones de vida	Lebensverhältnisse	¿Cómo son ~?
el / la niño/-a	Kind	Es un proyecto para niños.
el / la adolescente	Jugendliche/r	
la actividad deportiva	sportliche Aktivität/Betätigung	
al aire libre	im Freien	Hacemos actividades ~.
el taller	Workshop	¿De qué es ~?
el zoológico	Tiergarten, Zoo	Trabajo en ~.
deber	müssen	= tener que + inf.
mayor (de)	älter als	¿Eres ~ 18 años?

Seite 64: Para practicar más

encontrar	finden	≠ buscar
la vivienda	Wohnung	→ vivir
el anuncio	Anzeige	Miro anuncios de pisos.
luminoso/-a	hell	Es un piso muy luminoso.
el garaje	Garage	¿Dónde está ~?
la sala	Raum	Esta es la ~ de ordenadores.
bien fuerte	sehr laut	= muy alto/-a

Seite 65: Panorama socioeconómico

crecer	wachsen	Ahora la ciudad crece más.
unirse	vereinen	
formar	bilden	
Inglaterra	England	¿Conoces ~?
la desigualdad social	soziale Ungleichheit	~ es un gran problema.
la miseria	Armut, Elend	Hay mucha ~ aquí.
convivir	zusammenleben	¿Cómo convive la gente?
el país en vías de desarrollo	Entwicklungsland	
el campo	Land	Vivimos en el ~.
el suburbio	Stadtrand, Vorstadt	¿Cómo es la vida en ~?
el agua corriente	fließendes Wasser	No hay agua corriente.
el margen	Rand	
el bolígrafo	Kugelschreiber	¿Cuánto cuesta ~?
la droga	Droge	E drug
la falta	Mangel	Falta de todo.
la seguridad	Sicherheit	No hay ~.

el corte de agua	Wassersperre	Hoy hay un corte de agua.
el corte de electricidad	Stromausfall, Stromsperre	
contaminar	(die Umwelt) verschmutzen	
el aire	Luft	
la tierra	Erde	F terre

UNIDAD 6

Seite 69

la cifra	Zahl, Ziffer	
1 la estadística	Statistik	E statistics
la constitución	hier: Zusammensetzung	
el / la blanco/-a	der/die Weiße/r	El 9 % son blancos.
el / la mestizo/-a	Mestize/in	El 60 % son mestizos.
el / la indígena	Angehörige/r indigener Volksgruppen	Hay muchos indígenas.
la etnia	Volksgruppe, Ethnie	Hay etnias diferentes.
el analfabetismo	Analphabetismus	El ~ es muy alto.
la mujer	Frau	≠ el hombre
la cultura	Kultur	Conoce bien ~ de México.
la economía	Wirtschaft	E economy
2 tanto por ciento	Prozent (Hundertstel)	¿Qué ~ son mujeres?
por ciento	Prozent	El 6, 9 % no sabe leer.
la expectativa de vida	Lebenserwartung	~ es de 80 años.
el crecimiento de la población	Bevölkerungswachstum	¿Cómo es ~?
anual	jährlich	→ año
3 correcto/-a	richtig	¿Es correcta la cifra?
falso/-a	falsch	Es un número falso.
4 el / la analfabeto/-a	Analphabet/in	¿Cuántos analfabetos hay?
el pasado	Vergangenheit	

Seite 70

5 la industria	Branche, Industrie	E industry
la industria turística	Tourismusbranche	¿Hay industria turística?
el sector económico	Wirtschatssektor	Trabajo en el ~.

la agricultura	Landwirtschft	~ es muy importante aquí.
la minería	Bergbau	
el petróleo	(Erd)öl	¿Dónde hay ~?
la materia prima	Rohstoff	
la (industria) automotriz	Automobilindustrie	
la (industria) alimentaria	Nahrungsmittelindustrie	Es una empresa de ~.
la empresa multinacional	Konzern	Trabajo en la ~ Volkswagen.
los Estados Unidos	Vereinigte Staaten	Soy de ~.
atraer	anziehen	El clima atrae a la gente.
al año	pro Jahr	
actualmente	zur Zeit	~ es un país muy turístico.
crecer	wachsen	La economía crece más.
alrededor de	ungefähr, rund	Está a ~ diez kilómetros.
contar (con)	*hier:* verfügen über	Cuenta con industria.
el paisaje	Landschaft	El ~ es fantástico.
además	außerdem	
la riqueza	Reichtum	La ~ cultural es muy grande.
histórico/-a	historisch	
por eso	deswegen	
el destino turístico	Reiseziel	¿Cuál es el ~ mejor?
de primera clase	erstklassig	Hay hoteles ~.
6 la meta	Ziel	¿Cuál es tu meta?
desarrollar	fördern, entwickeln	Hay que ~ el turismo.
el turismo sostenible	nachhaltiger Tourismus	
cada	jede/r/s	
la región	Region	Cada ~ es atractiva.
la ruta	Route	E route
presentar	zeigen, vorstellen	Queremos ~ la región.
el interés	Interesse	¿Tiene ~ en visitarla?
colonial	kolonial	Oaxaca es una ciudad ~.
azteca	aztekisch	Es un monumento ~.
la sede	Hauptsitz	¿Dónde está la ~?
el / la representante	Vertreter	¿Quén es el / la ~ del gobierno?

la feria	Messe	¿Dónde se celebra la feria?
mismo/-a	selbst	El turismo sostenible es ~.
7 llamativo/-a	auffällig	Es un color muy ~, ¿no?

Seite 71

8 el folleto	Broschüre, Werbeprospekt	Aquí tiene el ~.
por	*hier:* wegen	Es famoso ~ su centro.
priviliegiado/-a	privilegiert, exklusiv	Es un lugar ~.
magnífico/-a	herrlich	¡Es un día ~!
ofrecer	anbieten	Le ofrecemos un aperitivo.
el ocio	Freizeit	Es un viaje de ~.
el negocio	Geschäft	¿Qué tal el ~?
el centro de conferencias	Konferenzzentrum	
el acceso a Internet	Internetzugang	¿~ es gratis?
el cañón de proyección	Beamer	Ahora traigo el ~.
el servicio de secretaría	Sekretariatservice	
acabar de + *inf.*	etw. gerade getan haben	Acabo de comer.
abrir	öffnen	¿A qué hora abren el spa?
para (que)	um zu, damit	
relajarse	sich entspannen	Me relajo en la playa.
fundar	gründen	E found
el sinfín	Unzahl	
la posibilidad	Möglichkeit	E possibility
el centro histórico	Altstadt	¿Dónde está ~, por favor?
hermoso/-a	wunderschön	= bonito/-a
el teatro	Theater	
ir a + *inf.*	werden (Futur)	Voy a viajar a Guadalajara.
9 la oferta cultural	Kulturangebot	La ~ es magnífica.
11 el / la proveedor/a	Lieferant/in	Necesitamos proveedores.
descansar	sich ausruhen	→ cansado/-a
practicar	üben, praktizieren, trainieren	Quiero ~ español.
divertirse	sich (gut) amüsieren	= pasarlo bien
la exposición	Messe	¿Dónde es ~?

Seite 72

12	parar	anhalten, aufhören	
	querido/-a	liebe/r	¿Qué tal, querida Lisa?
	la verdad	Wahrheit	~ es que no quiero ir.
	ocupado/-a	beschäftigt	
	por la mañana	morgens	→ por la tarde / noche
	levantarse	aufstehen	¿A qué hora te levantas?
	temprano	früh	= pronto
	encontrarse	sich treffen	Nos encontramos a las dos.
	tercero/-a	dritte/r/s	Vivo en el ~.
	el parque	Park	Vamos al ~.
	correr	joggen, laufen, rennen	Voy a ~ todos los días.
	el miedo	Angst	
	tener miedo (de)	Angst haben (vor)	¿De qué tienes miedo?
	enamorarse (de)	sich verlieben	Es fácil ~ de ella.
	desayunar	frühstücken	¿Qué desayunas?
	repartir	verteilen, erteilen?	¿Repartimos los trabajos?
	quedarse	bleiben	Hoy me quedo en casa.
	la flor	Blume	¿Para quién son las flores?
	el regalo	Geschenk	Tengo un regalo para ti.
	el papel higiénico	Toilettenpapier	No hay papel higiénico.
	acostarse	ins Bett gehen	Me acuesto a las once.
	tarde	spät	= temprano
	mexicano/-a	mexikanisch	Me gusta la comida ~.
	exquisito/-a	köstlich	= muy rico/-a
	la compra	Einkauf	
	hacer la compra	einkaufen gehen	¿Haces la compra tú hoy?
	la cosa	Sache, Ding	¿Dónde están mis cosas?
	¡Otra cosa!	Noch was!	¡~! Hoy viajo a Madrid.
	el abrazo	Unarmung	Saludos y un abrazo.
	un fuerte abrazo	hier: herzliche / liebe Grüße	
14	irse	wegehen	Me voy ya.

	quedar	sich verabreden	¿Cuándo quedamos?
15	ducharse	duschen	Me ducho rápido y me voy.
	irse a casa	nach Hause gehen	Me voy a casa a las 8.
	cenar	zu Abend essen	¿Qué cenamos hoy?

Seite 73

16	reservar	reservieren	Quiero ~una habitación.
	la información	Auskunft	
	pedir información	sich erkundigen	Llamo para ~.
	la reclamación	Beschwerde	Hay una ~.
	cancelar	stornieren	Quiero ~ el vuelo.
17	habitación doble	Doppelzimmer	La habitación es ~.
	la fecha	Datum	¿Para qué ~?
	la fecha de entrada	Anreisedatum	¿Cuál es ~?
	la fecha de salida	Abreisedatum	~ es hoy.
	el pedido	Bestellung	¿De quién es ~?
	la excursión	Ausflug	¿Quiere hacer ~?
18	disculparse	sich entschuldigen	Quiero disculparme.
	aceptar una disculpa	eine Entschuldigung annehmen	
	perdón por las molestias	Entschuldigung für die Unannehmlichkeiten	

Seite 75: Panorama socioeconómico

fundarse	gründen
sociedad anónima	Aktiengesellschaft
centrarse	sich konzentrieren auf
convertirse en	sich verwandeln in
establecimiento	Haus, Niederlassung
repartidos por	verteilt auf
mencionar	erwähnen
urbano/-a	städtisch
diversificar	(verschiedenartig) gestalten

Seite 77: Repaso

la fotocopia	Fotokopie	Necesito una ~.
el papel	Papier	¿Dónde está ~?
la comprensión	Verständnis	→ comprender
el congreso	Kongress	
¿A nombre de quién?	Auf welchen Namen?	− Tengo una reserva. + ¿~?

| el desayuno | Fühstück | Yo preparo el ~. |
| recomendar | empfehlen | Le recomiendo el hotel. |

UNIDAD 7

Seite 83

| el fin de semana | Wochenende | Nos vemos ~. |
| ¡Buen fin de semana! | Schönes Wochenende! | – ¡~! + ¡Para ti también. |

Seite 84

5	de acuerdo	einverstanden	= vale
	apetecer	Lust haben	Me apetece salir.
	qué tal	*hier:* wie wäre es mit …	¿~ una cerveza?
	parecer	finden (Meinung)	Me parece bien.
	salir de fiesta	feiern gehen	Me gusta ~.
	adónde	wohin	– ¿~ vas? + Voy a un bar.
	primero	zuerst	~ vamos a comer.
	ir de tapas	Tapas essen gehen	Me gusta ~.

Seite 85

8	la carta	*hier:* Speisekarte	¿Nos trae la ~, por favor?
	pedir	bestellen, verlangen	¿Pides tú, por favor?
	la dieta	Diät	¿Desde cuándo haces la ~?
	ligero/-a	leicht	Quiero comer algo ligero.
	ya está	*hier:* ist fertig	La comida ~.
	la ensalada	Salat	Yo tomo una ~.
	la ensaladita	kleiner Salat	
	a la plancha	in der Pfanne gebraten	Me gusta la carne ~.
	así	so	¿Está bien ~?
	de primero	*hier:* als Vorspeise	¿Qué toma ~?
	el arroz	Reis	El ~ está muy bueno.
	la seta	Pilz	Me encantan las setas.
	de segundo	*hier:* als Hauptgericht	¿Qué hay ~?
	el cochinillo asado	Spanferkel	Me encanta ~.
	la ensalada mixta	gemischter Salat	¿La ~ es para usted?
	a la brasa	gegrillt	La carne es ~.
	llevar	*hier:* haben	¿Qué lleva el arroz?
	la guarnición	Beilage	¿Qué quiere de ~?
	las patatas fritas	Pommes frites	¿Quiere ~?

la verdura	Gemüse	Como mucha ~.
al vapor	gedünstet	
desear	wünschen	¿Qué desean?
la botella	Flasche	¿Me das la ~ de agua?
¿Alguna cosa más?	Noch etwas?	
el postre	Nachtisch	¿Qué quiere de ~?
el flan	Spanischer Karamellpudding	
la tarta	Torte	La ~ está muy rica.
probar	probieren	Ahora pruebo la tarta.
¡Oiga!	Hallo! Hören Sie!	~, por favor.

9	el helado	Eis	Un ~ de chocolate.
	vegetariano/-a	Vegetarier/in	Soy ~.
	el plato	Gericht, Speise	
	típico/-a	typisch	Probamos un plato típico.

Seite 86

10	estar + gerundio	etwas gerade tun	Estoy estudiando español.
	los deberes	Hausaufgaben	¿Qué tenemos de ~?
	el texto	Text	Estoy escribiendo un ~.
	sobre	über	= de
	la presentación	Präsentation	E presentation
	mejor	besser	¿Cómo aprendes ~?
	ayudar	helfen	¿Te puedo ~?
	cobrar	kassieren	
	¿Me cobra, por favor?	Zahlen, bitte!	
	próximo/-a	nächste/r/s	Está en la próxima calle.
	la ronda	Runde	Yo pago la ~.

Seite 87

13	la caña	Glas Bier	Para mí, una ~.
	el pincho	Spießchen; eine Art Tapa	
	la tortilla	Kartoffelomelett	¿Pedimos tortilla?
	la gamba	Krabbe	¡Las gambas están ricas!
15	cocinar	kochen	¿Te gusta ~?
	esquiar	Ski fahren	Rafa sabe ~ muy bien.
	cantar	singen	¡Qué bien cantas!
	conducir	fahren	Todavía no sé ~.
	la moto	Motorrad	

contar	erzahlen	
el chiste	Witz	¿Os cuento un ~?
dibujar	zeichnen	→ dibujo
el tenis	Tennis	¿Jugamos al ~?
el ajedrez	Schach	Sé jugar al ~.
el fútbol	Fußball	E football
pintar	malen	¿Qué pintas?
tocar	spielen (Instrument)	= jugar
el instrumento	Instrument	¿Qué ~ tocas?
la guitarra	Gitarre	Toco ~.
el saxofón	Saxophon	Rosa toca la ~.
16 hacer una pregunta	eine Frage stellen	¿Puedo ~?
pedir permiso	um Erlaubnis bitten	Tienes que ~.
proponer	vorschlagen	Propongo ir al cine.

Seite 88: Para practicar más

el parque temático	Erlebnispark, Freizeitpark	~ es magnífico.
la piscina	Schwimmbad	Voy a ~.
la heladería	Eiscafé	¿Vamos a ~?

Seite 89: Panorama sociocultural

nocturno/-a	Nacht-	Hay mucha vida nocturna.
dulce	süß	El chocolate es ~.
la diversión	Vergnügen, Unterhaltung	→ divertirse
la alegría	Freude	→ alegre
con frecuencia	oft	= muchas veces
la copa	Glas	
tomar una copa	trinken (Alkohol)	¿Tomamos una copa?
la madrugada	früh morgens	Son las 5 de la ~.
a lo largo de	während	
el amanecer	Tagesanbruch	→ mañana
según	nach, gemäß	
la costumbre	Sitte, Gewohnheit	Se toma chocolate según la ~.
caliente	heiß	¡Qué ~ está el chocolate!
el churro	frittiertes Spritzgebäck	Los churros están ricos.

Seite 91: Repaso

montar en bici	mit dem Fahrrad fahren	¿Te gusta ~?

UNIDAD 8

Seite 93

1 la carta de presentación	Anschreiben	Tienes que escribir ~.
prepararse	sich vorbereiten	¿Cómo te preparas?
la entrevista de trabajo	Vorstellungsgespräch	¿Cuándo tienes ~?
apuntarse	sich anmelden	
el portal	Homepage	Me apunto en ~.
el currículo	Lebenslauf	Este es mi currículo.
el punto fuerte	Stärke	¿Cuál es tu ~?
enviar	schicken	= mandar
la solicitud	Bewerbung	Voy a enviar la ~ hoy.
el puesto de trabajo	Arbeitsplatz, Arbeitsstelle	El ~ es muy bueno.

Seite 94

4 la bolsa de trabajo	Stellenmarkt, Jobbörse	
interesar	interessieren	Me interesa el trabajo.
el grupo hotelero	Hotelgruppe	
la gestión	Verwaltung, Unternehmensführung, Management	Soy responsable de ~.
la atención telefónica	Kundenhotline	
la queja	Beschwerde	¿De quién es la ~?
la contabilidad	Buchführung	¿Quién hace la ~?
el alojamiento	Unterkunft	¿Qué ~ quiere?
requerir	anfordern, verlangen	Se requiere hablar español.
los estudios	Schulausbildung	Este año termino ~.
necesario/-a	notwendig	E necessary
el nivel	Niveau	¿Qué ~ de inglés tiene?
el / la asistente comercial	kaufmännische/r Assistent/in	Soy ~.
el correo	Post	Tengo que leer ~.
la agenda	Terminkalender	Tengo la ~ llena.
la dirección	Leitung	¿Dónde está la ~
organizar	organisieren	¿Organizamos la reunión?
la tarea administrativa	Verwaltungstätigkeit	
la oportunidad	Gelegenheit	E opportunity
el desarrollo	Entwicklung, Entfaltung	

el requisito	Anforderung	¿Cuáles son los requisitos?
la formación profesional	Berufsausbildung	¿Cuál es la ~ que tiene?
mínimo/-a	mindestens	Tiene una experiencia ~.
imprescindible	unbedingt erforderlich	= muy necesario/-a
el / la monitor/a	Übungsleiter/in	Somos los monitores.
el tiempo libre	Freizeit	= el ocio
capaz	fähig, in der Lage	¿Es ~ de trabajar en esto?
deportista	sportlich	Vicente es muy ~.
valorar	schätzen	Valoramos la experiencia.
se valora	*hier:* erwünscht sein	Se valora el idioma alemán.
el talento	Talent	Tienes mucho talento.
la danza	Tanz	La ~ es uno de mis hobbies.
la actuación	Auftritt	¿Cuándo es ~?
el gasto	Kosten, Ausgabe	Tengo muchos gastos.
cubrir (los gastos)	(Kosten) decken	
la alimentación	Verpflegung	→ alimentario/-a
comunicativo/-a	kommunikativ	Carla es muy comunicativa.
el conocimiento	Kenntnis	Valoran el ~ de idiomas.
completo/-a	voll	Tengo horario completo.
el contrato	Vertrag	¿Tienes ya el ~?
tratar	umgehen	Sé ~ con gente.
temporal	befristet	Es un contrato ~.

Seite 95

5 activo/-a	aktiv	Es una chica muy activa.
el año pasado	letztes Jahr	
el campamento de verano	Ferienlager	El año pasado trabajé en un ~.
así que	sodass	
fenomenal	großartig, wunderbar	
ahorrar	sparen	Tengo que ~.
telecomunicación	Telekommunikation	
la crisis	Krise	E crisis
cerrar	schließen, zumachen	

el paro	Arbeitslosigkeit	El ~ es un gran problema.
estar en paro	arbeitslos sein	Ahora estoy en paro.
hace	vor, seit	Nos conocimos ~ dos meses.
empezar a	anfangen zu	¿Empiezas a trabajar?
la materia	Fach	¿Qué materias te gustan?
gestionar	führen, betreiben	→ gestión
el almacén	Lager	Está todo en el ~.
combinar	verbinden, kombinieren	Combino trabajo y clases.
la teoría	Theorie	
la práctica	Praxis	Tenemos mucha ~.
al mismo tiempo	gleichzeitig	
el dinero	Geld	No tengo ~.
el título	Abschluss	¿Qué ~ tiene usted?
técnico de comercio	Handelskaufmann/-frau	
conseguir	schaffen, etwas bekommen	Quiero ~ el puesto.

Seite 96

6 Estimados señores	Sehr geehrte Damen und Herren	
en respuesta a ...	in Beanwortung ...	Le escribo ~ su pedido.
solicitar	sich bewerben	Voy a ~ el trabajo.
adjunto/-a	beiliegend	Les mando ~ mi CV.
perfeccionar	perfektionieren	Quiero ~mi inglés.
el examen	Prüfung	Mañana tengo un ~.
el nivel	Ebene	
paralelamente	gleichzeitig	= al mismo tiempo
el ciclo formativo	Ausbildung, Studiengang	
la especialización	Spezialisierung	Tengo una ~.
útil	nützlich	Es muy ~ hablar idiomas.
cumplir	erfüllen	Cumplo los requisitos.
organizado/-a	organisiert	Vera es muy organizada.
motivado/-a	motiviert	¿Estás ~?
dispuesto/-a	bereit	Estoy ~ a viajar.
conversar	sprechen, sich unterhalten	= hablar
quedar a disposición	zur Verfügung stehen	

un cordial saludo	mit herzlichen Grüßen	
el deseo	Wunsch	¿Qué ~ tiene?
la referencia	Bezug, Erwähnung	Tienes que escribir la ~.
superior	obere/r/s	
el / la destinatario/-a	Empfänger/in	¿Quién es ~?

Seite 97

7	el carné de conducir	Führerschein	¿Tienes ~?
	la formación académica	Schulbildung, Ausbildung	¿Cuál es la ~ que tiene usted?
	el Bachillerato	Abitur	Tengo el ~.
	complementario/-a	zusätzlich	
	la experiencia profesional	Berufserfahrung	¿Es necesaria la ~?
	la competencia	Kompetenz	E competence
	el manejo	Umgang, Bedienung, Handhabung	
	avanzado/-a	fortgeschritten	El nivel es avanzado.
	la base de datos	Datenbank	
	la disponibilidad	Verfügbarkeit	→ disponible
	el certificado	Zeugnis, Urkunde, Bescheinigung	¿Tiene el ~ de español?
	el lugar de nacimiento	Geburtsort	Mi ~ es Ávila.

Seite 98: Para practicar más

flexible	flexibel	E flexible
desorganizado/-a	unorganisiert	≠ organizado/-a
planificar	planen	E plan
trabajador/a	fleißig	El empleado es trabajador.

Seite 99: Panorama sociocultural

la cualificación	Qualifikation, Berufsausbildung	¿Qué cualificación tiene?
el empleo	Stelle	= trabajo
afectar	betreffen	
el / la parado/-a	Arbeitslos	→ el paro
la tasa de paro	Arbeitslosenquote	~ es muy alta.
por una parte	einerseits	~ hay mucho paro.
el / la universitario/-a	Student/in	= estudiante
por encima de	über	El paro está ~ del 24 %.
por otra parte	and(e)rerseits	→ por una parte
frente a	hier: gegen	

aumentar	steigen	¿Ha aumentado la cifra?
ni ... ni	weder ... noch	Ni estudio ni trabajo.
el porcentaje	Prozentsatz	= tanto por ciento
fuera	außer, außerhalb	Trabajo ~ de España.
ante	angesichts	
cada vez más	immer mehr	~ jóvenes se van del país.
el reto	Herausforderung	Es un ~ para mí.
la medida	Maßnahme	Es una ~ necesaria.

UNIDAD 9

Seite 103

1	ponerse	sich (Kleidung) anziehen	Me pongo los vaqueros.
	la respuesta	Anwort	Es una ~ correcta.
	la trampa	Falle	Es una trampa.
	la pregunta «trampa»	Fangfrage	¿Qué vas a contestar a ~?
	honesto/-a	ehrlich	E honest
	sentarse	sich setzen	¿Dónde me siento?
	la puntualidad	Pünktlichkeit	La ~ es muy importante.
	la honestidad	Ehrlichkeit	→ honesto/-a
	el aspecto personal	Aussehen	¿Cómo es la ~ del candidato?
	la comunicación no verbal	nonverbale Kommunikation	

Seite 104

4	la clave del éxito	Schlüssel zum Erfolg	
	repasar	noch einmal durchgehen, überarbeiten	Tienes que ~ el CV.
	cuidar	achten auf, pflegen	¿Cuidas tu aspecto?
	mientras	während	Tome un café ~ espera.
	atentamente	aufmerksam	Mira ~.
	el / la entrevistador/a	Interviewer/in	¿Quién es el / la ~?
	interrumpir	unterbrechen	No es bueno ~.
	la naturalidad	Natürlichkeit	Tienes que hablar con ~.
	mostrar	zeigen	Muestra motivación.
	la sonrisa	Lächeln	Tiene una bonita ~.
	responder	antworten	→ respuesta
	despacio	langsam	≠ rápido/-a

evitar	vermeiden	Tienes que ~ el estrés.
la crítica	Kritik	¿Tienes alguna ~?
la historia	Geschichte	E history
la descripción	Beschreibung	E description
el servicio	Dienstleistung	¿Qué servicios ofrece?
la habilidad	Können	E ability

Seite 105

6	la cuestión	Frage	= la pregunta
	bajo	unter	
	la presión de tiempo	Zeitdruck	La ~ es normal en mi trabajo.
	decidir	entscheiden	E decide
	presentarse	*hier:* sich bewerben	Me presento al puesto.
	adecuado/-a	geeignet	¿Quién es la persona ~?
	informarse	sich informieren	Me he informado de todo.
7	la personalidad	Persönlichkeit	E personality
	la valoración	Bewertung	→ valorar

Seite 106

8	varios/-as	mehrere	Hay varias posibilidades.
	la organización	Organisierung, Gestaltung	E organization
	a buen ritmo	mit einen gutem Tempo, schnell	Siempre trabajo ~
9	el insecto	Insekt	En México comí insectos.
	alguna vez	schon einmal	¿Has estado ~ en México?
	mudarse	umziehen	Me he mudado a Madrid.

Seite 107

10	triste	traurig	¿Por qué estás ~?
	contento/-a	froh	Hoy estoy muy ~.
	de buen/mal humor	gut/schlecht gelaunt	¿Estás de mal humor?
	enfadado/-a	wütend	¡Estoy muy ~ contigo!
	preocupado/-a	besorgt	¿Estás ~?
	pasar	passieren, geschehen, verbringen	¿Qué te pasa?
	la nota	Note	¡He tenido una buena nota!
	discutir	sich streiten, diskutieren	¿Por qué habéis discutido?
	la tele(visión)	Fernsehen	Hoy he visto ~.

	perder	verlieren	¡He perdido la maleta!
11	firmar	unterschreiben	¿Cuándo firmo el contrato?
	el sitio	Platz, Stelle	¿Cuál es tu ~?
	el / la candidato/-a	Bewerber/in, Kandidat/in	Hay muchos candidatos.

Seite 108: Para practicar más

sacar buenas notas	gute Noten bekommen/haben	¿Sacas buenas notas?
bloquearse	sich festfahren	Me bloqueo con el estrés.
la playa nudista	FKK-Strand	Esta es una ~.
la serpiente	Schlange	¿Has probado ~?
anoche	gestern Abend / Nacht	= ayer por la noche

Seite 109: Panorama sociocultural

ejemplar	vorbildlich	
el / la empleado/-a	Angestellte/r	→ el empleo
el plástico	Plastik	
materiales reciclados	recycelte Materialien	
el neumático	Autoreifen	
la funda	Hülle	
la lámpara	Lampe	
digno/-a	menschenwürdig	
la guardería	Kinderkrippe/garten	¿Donde está ~?
el montón (de)	viele, eine Menge	= muchos/-as
la facilidad	Erleichterung	→ fácil
compaginar	miteinander in Einklang bringen	Compagino familia y trabajo
la baja por maternidad	Elternzeit	¿~ es de tres meses?
la reducción	Kürzung	
la jornada laboral	Arbeitszeit	La ~ es de ocho horas.
los derechos humanos	Menschenrechte	
el medio ambiente	Umwelt	Hay que cuidar el ~.
fomentar	fördern	
el bienestar	Wohlstand	Nos interesa ~.

UNIDAD 10

Seite 115

	día a día	tagtäglich	
2	localizable	erreichbar	Ahora no estoy ~.
	la gente de fuera	Leute aus dem Ausland, von woanders her	
	la financiación	Finanzierung	E financing
	la ventaja	Vorteil	El puesto tiene ventajas.
	la vida privada	Privatleben	¿Tienes tiempo para la ~?
	prácticamente	praktisch	→ práctico/-a
	existir	existieren	E exist
	duro/-a	hart	El horario es muy duro.

Seite 116

3	el ambiente familiar	familiäre/zwanglose Atmosphäre	Me gusta el ~ que hay aquí.
	la especialidad	Spezialität	¿Cuál es la ~ de la casa?
	el menú	Speisekarte	¿Nos trae ~, por favor?
	abierto/-a	geöffnet, offen	≠ cerrado/-a
4	alérgico/-a	allergisch	¿Eres ~ a algo?
	vegano/-a	vegan	Soy ~.
	concretar	konkretisieren, festlegen	Tenemos que ~ la cita.

Seite 117

6	será	er/sie/es wird sein (Futur von *ser*)	¿Cuándo será la reunión?
	el desierto	Wüste	¿Has visto el ~?
	la maravilla	Wunder	¡Es una ~!
	tocar	*hier:* an der Zeit sein	¡Ahora toca trabajar!
7	el/la abuelo/-a	Großvater/-mutter	Mi ~ tenía una tienda.
	de chico/-a	als Kind	~ iba a Málaga en verano.
	de joven	als junge/r Mann/Frau/Jugendliche	¿Cómo eras ~?
	ninguno/-a	kein/e	≠ alguno/-a
	las vacaciones	Urlaub, Ferien	
	de vacaciones	im/in den Urlaub, in den/die Ferien	¿Adónde vas ~?
	la estrella	Stern	
	disfrutar de	etw. genießen	Disfruto de la playa.
	soñar con	träumen von	Sueño con las vacaciones.

Seite 118

9	motivar	motivieren	→ motivación
	la política	Politik	E politics
	puntual	pünklich	→ puntualidad
10	*el camello*	Kamel	¿Vamos en ~?
	¡Ni loco/-a!	nicht einmal in Traum!	− ¿Vamos al desierto? + ¡~!
	el todoterreno	Geländefahrzeug	
	el oasis	Oase	
	las palomitas	Popcorn	¿Quieres palomitas?
	engordar	dick machen	¿El chocolate engorda?
	¡Qué pena!	Schade!	Termina el viaje. ¡~!

Seite 119

12	faltar	fehlen	¿Quién falta?
	perdonar	verzeihen	→ perdón
	muerto/-a	tot	¡Qué trabajo! ¡Estoy ~!
	imaginarse	sich vorstellen	¿Qué te imaginas?
	pasar nervios	nervös sein	Pasé muchos nervios.
	Fráncfort	Frankfurt	Vivo en ~.
	la huelga	Streik	¡Hoy hay huelga!
	desgraciadamente	leider	~ no pudimos salir.
	a medianoche	um Mitternacht	≠ el mediodía
	esta vez	diesmal	
	dar a	(Zimmer, Wohnung usw.) zu etw gehen, zu etw. liegen	La habitación da a la calle.
	riquísimo/-a	sehr lecker	= muy rico/-a
	el local	Lokal	¿Cómo es ~?
	el gusto	Geschmack	¿La comida es de tu ~?
	dormirse	einschlafen	

Seite 120: Para practicar más

	la barra	Theke	¿Tomamos algo en ~?
	el pescado	Fisch	Me gusta mucho el ~.
	la intolerancia	Intoleranz	
	la decisión	Entscheidung	→ decidir
	tomar una decisión	eine Entscheidung treffen	¿Tomaste ya la decisión?
	comparar	vergleichen	E compare
	la opinión	Meinung	E opinion

confirmar	bestätigen	¿Me puede ~ la fecha?
la noticia	Nachricht	Es una buena ~.
el detalle	Detail	¿Le doy más detalles?
la encuesta	Umfrage	¿Cuál es el resultado de ~?

Seite 121: Panorama sociocultural

el / la árabe	Araber/in	
dominar	beherrschen	Dominó la cultura árabe.
dividir	teilen	Se dividió en varias partes.
la guerra	Krieg	~ fue muy larga.
el / la cristiano/-a	Christ/in	¿Eres cristiano?
el / la musulmán	Muslim(a)	Son musulmanes.
el / la judío/-a	Jude/Jüdin	Soy judía.
la influencia	Einfluss	~ del árabe es muy grande.
el siglo	Jahrhundert	Estamos en ~ 21.
la dominación	Herrschaft	→ dominar
la zanahoria	Karotte	¿Lleva zanahoria?
la berenjena	Aubergine	¡Qué ricas las berenjenas!
el regadío	Bewässerung	
el / la navegante	Seefahrer/in	Colón fue un navegante.
la brújula	Kompass	Necesitamos ~.
navegar	(mit dem Schiff) fahren	→ navegante
ójala	hoffentlich	– Todo va a ir bien. + ¡~!

UNIDAD 11

Seite 125

1	cuánto tiempo	wie lange	¿~ estuviste en España?
2	contaminar	(die Umwelt) verschmutzen, verseuchen	Este bus no contamina.
	el peligro	Gefahr	¿Dónde está ~?
	el espionaje	Spionage	E espionage
	documentar	dokumentieren, belegen	Hay que ~ las decisiones.

Seite 126

4	inesperado/-a	unerwartet	→ esperar
	¿Te gustaría ...?	Würde (es) dir gefallen ...?	¿~ ir al parque temático?
	fascinar	faszinieren	→ fascinante
	la aventura	Abenteuer	E adventure

5	a través de	durch, über	= por
	el consulado	Konsulat	¿Dónde está ~?
	la Cámara de Comercio	Handelskammer	
	agosto	August	Hoy es 28 de ~.
	con la presente (carta)	mit diesem Brief	
	permitir	erlauben	¿Me permite decir algo?
	el / la visitante	der/die Besucher/in	→ visitar, visita
	aumentar	steigen	Las ventas aumentan.
	planear	planen	= planificar
	el público	Publikum	
	la construcción	Bau	E construction
	la instalación	Anlagen	~ es muy moderna.
	estar en condiciones (de)	können, in der Lage sein	= poder
	suministrar	liefern	¿Cuándo va a ~ el pedido?
	la colaboración	zusammenarbeit	E collaboration
	a largo plazo	langfristig	Queremos colaborar ~.
	saludar	(be)grüßen	→ el saludo
	atentamente	*hier:* mit freudlichen Grüßen, hochachtungsvoll	
	el adjunto	angehängte Datei	Tienes que abrir ~.
	el / la director/a técnico/-a	Betriebsleiter/in	¿Quién es ~?

Seite 127

7	el asunto	Betreff, Angelegenheit	¿Cuál es ~ de la carta?
	la petición	Anfrage, Bitte	
	especializarse	sich spezialisieren	→ especialización
	la madera	Holz	Esta mesa es de ~.
	distinto/-a	verschieden	Hay distintos proyectos.
	a continuación	danach	= después
	el acuerdo	Vereinbarung	
	llegar a un acuerdo	eine Vereinbarung treffen	Tenemos que ~ hoy.
	según	wie, laut, gemäß	
	la geografía	Geographie	Conoce muy bien ~.
	ponerse en contacto	Kontakt aufnehmen	Me voy a ~ con ella ya.
	p. p. (= por poder)	iper Prokura	
	p. o.	im Auftrag	

fijar	festlegen	¿Podemos ~ una fecha?
10 ¿En qué puedo ayudarle?	Was kann ich für Sie tun?	
el día festivo	Feiertag	Hoy no trabajamos. Es ~.
a principios (de)	Anfang (eines Monats)	Nos vemos ~mes.
a mediados (de)	Mitte (eines Monats)	La reunión es ~ semana.
a finales (de)	Ende (eines Monats)	La visita es ~ año.

Seite 128

13 caminar	gehen, zu Fuß gehen	
14 llevar	*hier:* bringen	¿A quién llevas a la fiesta?
la cantina	Kantine	¿Comemos en ...?

Seite 129

15 la diferencia	Unterschied	→ diferente
la forma (de)	Art (und Weise)	~ es muy directa.
el / la hispano/-a	Hispanoamerikaner/in	¿Cómo son los hispanos?
el lenguaje	Sprache	~ de este texto es difícil.
concreto/-a	konkret	→ concretar
preciso/-a	genau	No encuentro el nombre ~.
por el contrario	dagegen	
acostumbrarse	sich gewöhnen	Me estoy acostumbrando.
emocional	emotional	¿Eres una persona ~?
expresivo/-a	lebthaft, ausdrucksvoll	Es una persona muy ~.
los rodeos	Umschweife, (höfliche) Umschreibung	Habla sin rodeos.
la costumbre	Gewohnheit	→ acostumbrarse
faltar	fehlen, vermissen	Me falta el sol y la gente.
el / la colega	Kollege/-in	= compañero/-a
la prisa	Eile	
tener prisa	es eilig haben	Tengo prisa. ¡Adiós!
durante	während, seit	No lo vi ~ mucho tiempo.
la fundación	Stiftung	E foundation
la jornada	Tagung	Hoy es ~ cultural.
al detalle	ausführlich, genau	

la uña	Nagel	Tiene las uñas rojas.
el imprevisto	unerwartetes Ereignis	Ha habido un imprevisto.
salir	*hier:* laufen, (es) gehen	¿Cómo salió todo?
improvisar	improvisieren	A veces hay que ~.
reaccionar	reagieren	No sé cómo va a ~.
la enseñanza	Lehre, Unterricht	Trabajo en ~.
el recuerdo	Erinnerung	Tengo un buen recuerdo.
la época	Zeit(abschnitt), Epoche	¿En qué época fue?
antes de	vor	≠ después de
la institución	Institution	E institution
tutear	duzen	¿Por qué no me tuteas?
el significado	Bedeutung	No entiendo ~.
16 el montaje	Montage	
aburrirse	sich langweilen	¿Te aburres en el trabajo?

Seite 130: Para practicar más

la tarjeta de débito	EC-Karte	¿Me da ~?
el dinero en efectivo	Bargeld	Pago con ~.
chino/-a	chinesisch	Es una empresa ~.
la catástrofe ecológica	Umweltkatastrophe	¡~ ha sido terrible!
el lago	See	Hay un lago cerca.

Seite 131: Panorama sociocultural

el volcán	Vulkan	En Nicaragua hay volcanes.
la selva tropical	tropischer Regenwald	Hay una excursión a ~.
el puerto	Hafen	¿La ciudad tiene ~.
el oleoducto	Erdölleitung	
el largo	Länge	→ largo
de largo	lang	¿Cuántos kms tiene ~?
el ancho	Breite	
de ancho	breit	¿Cuántos metros tiene ~?
el paso	Übergang, Durchgang	
el barco	Schiff	~ está en el puerto.
el contenedor	Container	
la explotación	Nutzung, Betrieb	
el / la ecologista	Umweltschützer/in	¿Qué dicen los ecologistas?

protestar	protestieren	¡Vamos a ~!
el daño	Schaden	Los daños son enormes.

UNIDAD 12

Seite 135

	la feria medioambiental	Umweltmesse	¿Dónde es ~?
1	el molino de agua	Wassermühle	~ es bastante antiguo.
2	el animal	Tier	¿Qué animales hay aquí?
	la energía	Energie	E energy
	la energía renovable	erneubare Energie	
	constante	konstant, anhaltend	E constant
	la autonomía	Selbstverwaltung, Autonomie	La región tiene autonomía.
	la inversión	Investition	E inversion, investment
	pensar	denken	¿Qué piensas tú?
	sin embargo	trotzdem	

Seite 136

3	el preparativo	Vorbereitung	¿Qué tal los preparativos?
	la tecnología de punta	Hightech, Spitzentechnologie	La feria presenta ~.
	la energía solar	Solarenergie	~ es una buena solución.
	desde hace	seit	Trabajo aquí ~dos años.
	la década	Jahrzent	= diez años
	último/-a	letzte/r/s	Hoy es el último día.
	construir	construir	→ construcción
	la planta fotovoltaica	Fotovoltaikanlage	
	el pabellón	Pavillon, auf einer Messe	Estamos en ~ 5.
4	el / la pionero/-a	Pionier/in	E pioneer
	el panel fotovoltaico	Solarmodul	
	los Emiratos Árabes	Arabische Emirate	¿Has estado en ~?
	sin compromiso	unverbindlich, zwanglos	

Seite 137

5	alquilar	vermieten, mieten	→ el alquiler
	¡No me digas!	Was du nichst sagst!	– No hay nadie. + ¡~!
	¡Qué se yo!	Was weiß ich!	– ¿Cuánto cuesta? + ¡~!
	llamar la atención	auffallen	→ llamativo/-a
	sentirse	sich fühlen	¿Se siente bien?
	el / la arquitecto/-a	Architekt/in	¿Es usted ~?
	por adelantado	im Voraus	¿Me pueden pagar ~?
	el descuento	Rabatt, Ermäßigung	¿Me hace un descuento?
	¡No te preocupes!	Mach dir keine Sorgen!	Todo va muy bien, ~.
	pasar	*hier:* reichen, (über)geben	Aquí te paso la cuenta.
	la oferta en firme	festes/verbindliches Angebot	Hoy hemos recibido ~.

Seite 138

10	... tiene el agrado de ...	... freut sich ...	
	junio	Juni	Mi cumpleaños es en ~.
	la novedad	Neuigkeit	¿Hay alguna novedad?
	el panel solar	Solarmodul	
	el bolsillo	Tasche	→ el bolso
11	*el parapente*	Gleitschirm	
	el casco	Rumpf	¿Cómo es ~?
	la fibra de vidrio	Glasfaser	¿~ es dura?
	el tamaño	Größe	¿Cuál es ~ del barco?
	la estructura	Struktur	E structure
	inferior	untere/r/s	≠ superior
	la estabilidad	Stabilität	Tiene mucha estabilidad.
	navegar	(mit dem Schiff) fahren	Navegamos a Alicante.
	el mar	Meer	Me gusta mucho ~.
	resistente	widerstandsfähig, robust	E resistant
	severo/-a	streng	= duro/-a
	las condiciones metereológicas	Wetterverhältnisse	¿Cómo son ~?
	la seguridad	Sicherheit	→ seguro/-a
	el / la conductor/a	Fahrer/in	¿Quién es ~?
	la entrega	Lieferung	~ es mañana.

el plazo de entrega	Lieferfrist	~ es el día dos de mayo.
las condiciones de pago	Zahlungsbedingungen	~ son muy buenas.
plazo	Rate	¿Puedo pagar en ~s?

Seite 139

12

¡Cómo no!	Aber klar!	– ¿Me da un folleto? + ¡~!
tardar	brauchen (Zeit)	Voy a ~ unos minutos.
el favor	Gefallen	
hacer un favor	einen Gefallen tun	¿Me puedes ~?
quisiera ...	ich hätte gerne ...	~ comprar un panel.
alegrarse (de)	sich freuen	¡Me alegro de verte!
¡Que tenga buen viaje!	Gute Reise!	¡Adiós y ~!
el asiento	Sitz	~ está libre.
tomar asiento	Platz nehmen	Tome asiento, por favor.
el biocombustible	Biokraftstoff	

Seite 140: Para practicar más

el parque eólico	Windpark	He estado en ~.
la energía hidroeléctrica	Wasserkraft	¿~ es barata?
la placa solar	Solarmodul	
la calefacción	Heizung	¿Qué calefacción es?
geotérmico/-a	geothermisch	
contratar	beautragen, einstellen	Lo queremos ~ a usted.
transportar	bringen, tragen	¿Quién transporta todo?
invitar	einladen	→ invitación
la muestra	(Waren-)Muster, Probe	¿Quiere unas muestras?
seleccionar	auswählen, aussuchen	Yo selecciono al personal.
entrenar	trainieren	Me tengo que ~ un poco.
traducir	übersetzen	¿Puedes ~ este mensaje?

Seite 141: Panorama socioeconómico

el tratado	Vertrag	El Mercosur es un tratado.
el libre comercio	Freihandel	
fortalecer	stärken	Así fortalecemos la región.

integrar	bilden	¿Quién integra el grupo?
competitivo/-a	konkurrenzfähig	Nuestra industria es ~.
la potencia económica	Wirtschaftsmacht	¿Cuál es ~ mayor?
constituir	bilden	
el / la libertador/a	Befreier/in	¿Quién es ~ de América?
facilitar	ermöglichen	→ fácil
proteger	(be)schützen, (ab)sichern	Protegemos el comercio.
la propiedad intelectual	geistiges Eigentum, Urheberrecht	
lograr	erreichen, gewinnen	Hemos logrado el éxito.

Alphabetische Wortliste

Auf den folgenden Seiten finden Sie das Vokabular von **Español** Profesional ¡hoy! in alphabetischer Reihenfolge.
1. Bei Substantiven wird das Geschlecht entweder mit *m.* für **masculino** bezeichnet oder mit *f.* für **feminino**.
2. Bei Verben steht die Abkürzung *inf.* für **Infinitiv**.
3. Die fett gedruckte Ziffer (**19**) steht für die Seitenzahl, auf der Sie die entsprechende Vokabel finden.

A

a nach, zu **19**; **~ las ...** um (Uhrzeit) **19**

abajo unten **20**

abierto/-a geöffnet, offen **116**

abrazo *m.* Unarmung **72**; **un fuerte ~** (Brief:) herzliche/liebe Grüße **72**

abrigo *m.* Mantel **51**

abrir öffnen **71**

abuelo/-a *m./f.* Großvater/-mutter **117**

aburrirse sich langweilen **129**

acabar de *inf.* etw gerade getan haben **71**

académico/-a, formación ~ a *f.* Schulbildung, Ausbildung **97**

accesible zugänglich, erschwinglich **55**

acceso a internet *m.* Internetzugang **71**

accesorio *m.* Accesoire **49**

aceptar una disculpa eine Entschuldigung annehmen **73**

acostarse ins Bett gehen **43**

acostumbrarse sich gewöhnen **129**

actividad *f.* Tätigkeit, Aktivität **60**; **~ deportiva** *f.* sportliche Aktivität/ Betätigung **63**

activo/-a aktiv **95**

actuación *f.* Auftritt **94**

actualmente zur Zeit **70**

acuerdo *m.* Vereinbarung **127**; **de ~** einverstanden **84**; **llegar a un ~** eine Vereinbarung treffen **127**

adecuado/-a geeignet **105**

adelantado/-a, por ~ o im Voraus **137**

adelantar vorgehen **43**

adelante Herein! **38**

además außerdem **70**

adiós Auf Wiedersehen. **18**

adjunto *m.* angehängte Datei **126**

adjunto/-a beiliegend **96**

administración *f.* Verwaltung **37**

administrativo/-a, tarea ~ a *f.* Verwaltungstätigkeit **94**

adolescente *m./f.* Jugendliche/r **63**

adónde wohin **84**

adorno *m.* Schmuck **110**

aeropuerto *m.* Flughafen **19**

afectar betreffen **99**

África Afrika **31**

agenda *f.* Terminkalender **94**

agosto August **126**

agrado *m.,* **... tiene el ~ de ...** ... freut sich ... **138**

agricultura *f.* Landwirtschft **70**

agua *m.* Wasser **11**; **~ sin gas** *m.* stilles Wasser **11**; **~ corriente** *m.* fließendes Wasser **65**; **corte** *m.* **de ~** Wassersperre **65**; **molino** *m.* **de ~** Wassermühle **135**

ahora jetzt **11**

ahorrar sparen **95**

aire *m.* Luft **65**; **~ acondicionado** *m.* Klimaanlage **41**; **al ~ libre** im Freien **63**

ajedrez *m.* Schach **87**

alcohol Alkohol **10**

alegrarse (de) sich freuen **139**

alegre fröhlich **49**

alegría *f.* Freude **89**

alemán *m.* Deutsch **27**

alemán / alemana Deutsche/r **28**

Alemania Deutschland **11**

alérgico/-a allergisch **116**

alfabeto *m.* Alphabet **12**

algo etwas **10**; **¿A~ más?** Noch etwas? **21**

algodón *m.* Baumwolle **51**

alguno/-a/-os/-as: ¿Alguna cosa más? Noch etwas? **85**; **alguna vez** schon einmal **106**; **algunos/-as** einige **50**

alimentación *f.* Verpflegung **94**

(industria) alimentaria *f.* Nahrungsmittelindustrie **70**

allí da **20**

almacén *m.* Lager **95**

alojamiento *m.* Unterkunft **94**

alquilar vermieten, mieten **137**

alquiler *m.* Miete **60**

alrededor de ungefähr, rund **70**

altamente hoch **40**

alto/-a laut **41**; **¿Puede hablar más ~?** Könnten Sie lauter sprechen? **13**

amable freundlich **20**

amanecer *m.* Tagesanbruch **89**

amarillo/-a gelb **51**

ambiente familiar *m.* familiäre/ zwanglose Atmosphäre **116**

ámbito *m.* Bereich **23**

amigo/-a *m./f.* Freund/in **9**; **hacer ~ os** Freundschaften schließen **63**

amor *m.* Liebe **49**

amueblado/-a möbliert **60**

analfabetismo *m.* Analphabetismus **69**

analfabeto/-a *m./f.* Analphabet/in **69**

ancho *m.* Breite **131**; **de ~** breit **131**

animal *m.* Tier **135**

año *m.* Jahr **10**; **~ pasado** *m.* letztes Jahr **95**; **al ~** pro Jahr **70**; **¿Cuántos ~s tienes?** wie alt bist du? **10**; **Tengo ... ~s.** Ich bin ... Jahre alt. **10**

anoche gestern Abend/Nacht **108**

ante angesichts **99**

antes vorher, früher **41**

antes de vor **129**

antiguo/-a alt, antik **28**

anual jährlich **69**

anuncio *m.* Anzeige **64**

aparcamiento *m.* Parkplatz, Parkhaus **20**

apellido *m.* Nachname **11**

carta *f.* Brief **17**; Speisekarte **85**; **~ de presentación** *f.* Anschreiben **93**

casa *f.* Haus **18**; **a ~** nach Hause **41**; **en ~** zu Hause **18**

casco *m.* (Flugzeug-)Rumpf **138**

casi fast **28**

caso *m.* Fall **55**

castellano *m.* Kastillisch, Spanisch **31**

catalán *m.* Katalanisch **30**

catalán/a katalanisch **28**

catálogo *m.* Katalog **18**

Cataluña Katalonien **31**

catástrofe ecológica *f.* Umweltkatastrophe **130**

causar verursachen **55**

cava *m.* (spanischer) Sekt **9**

cava de bienvenida *m.* Willkommenssekt **38**

celebrarse feiern, *hier:* stattfinden **70**

cenar zu Abend essen **72**

centrarse en sich konzentrieren auf **75**

centro *m.* Zentrum **28**; **~ comercial** *m.* Einkaufszentrum **29**; **~ de conferencias** *m.* Konferenzzentrum **71**; **~ histórico** *m.* Altstadt **71**

cerca (de) in der Nähe **20**

cerrado/-a geschlossen **35**

cerrar schließen, zumachen **95**

certificado *m.* Zeugnis, Urkunde, Bescheinigung **97**

cerveza *f.* Bier **10**

chándal *m.* Trainingsanzug **51**

chaqueta *f.* Jacke **51**

charlar plaudern, sich unterhalten **63**

chau tschau, ciao **18**

cheque *m.* Scheck **63**

chico/-a *m./f.* junge/r Mann/Frau **10**; **de ~** als Kind **117**

chino *m.* Chinesisch **27**

chino/-a chinesisch **130**

chiste *m.* Witz **87**

chocolate *m.* Schokolade **37**

chorizo *m.* Paprikawurst **61**

churro *m.* frittiertes Spritzgebäck **89**

ciclo formativo *m.* Ausbildung, Studiengang **96**

ciento, por ~ Prozent **69**; **tanto por ~** Prozent (Hundertstel) **69**

cifra *f.* Zahl, Ziffer **69**

cine *m.* Kino **29**

ciudad *f.* Stadt **9**

claro/-a klar **10**

clase *f.* Unterricht, Klassenzimmer **13**; **de primera ~** erstklassig **70**

clásico/-a klassisch **51**

clave del éxito *f.* Schlüssel zum Erfolg **104**

cliente *m./f.* Kunde/in **18**

clima *m.* Klima **30**

cobrar kassieren **86**; **¿Me cobra, por favor?** Zahlen, bitte! **86**

coche *m.* Auto **20**

cochinillo asado *m.* Spanferkel **85**

cocina *f.* Küche **60**; **~ compartida** *f.* gemeinsame Küche **60**

cocinar kochen **87**

colaboración *f.* zusammenarbeit **126**

colección *f.* Kollektion **50**

colectivo *arg. m.* Autobus **60**

colega *m./f.* Kollege/-in **129**

colegio *m.* Schule **31**

colonial kolonial **70**

color *m.* Farbe **49**; **de ~es bunt 51**

combinar verbinden, kombinieren **95**

comedor *m.* Esszimmer **60**; **living-~** *m.* Wohnküche **60**

comer essen **63**

comercial Handels- **28**; **centro ~** *m.* Einkaufszentrum **29**

comercio *m.* Handel **50**; **Cámara** *f.* **de C~** Handelskammer **126**; **libre ~** *m.* Freihandel **141**; **técnico** *m.* **de ~** Handelskaufmann/-frau **95**

comerse (auf)essen **63**

comida *f.* Essen **39**

cómo wie **10**; **¡C~ no!** Aber klar! **139**; **tanto ... ~** genauso wie **60**

cómodo/-a bequem **51**

compaginar miteinander in Einklang bringen **109**

compañero/-a de trabajo *m./f.* Arbeitskollege/in **18**

comparar vergleichen **120**

compartido/-a, cocina ~a *f.* gemeinsame Küche **60**; **piso ~o** *m.* Wohngemeinschaft **27**

compartir teilen **50**

competencia *f.* Kompetenz **97**

competente kompetent **37**

competitivo/-a konkurrenzfähig **141**; **precio ~o** *m.* wettbewerbs-/konkurrenzfähiger Preis **50**

complementario/-a zusätzlich **97**

completo/-a voll **94**

compra *f.* Einkauf **72**; **hacer la ~** einkaufen gehen **72**; **ir de ~s** einen Einkaufsbummel machen, shoppen gehen **54**

comprar kaufen **50**

comprender verstehen **13**

comprensión *f.* Verständnis **77**

comprometido/-a engagiert **40**

compromiso *m.*, **sin ~** unverbindlich, zwanglos **136**

comunicado/-a, bien ~ mit guter Verkehrsanbindung **61**

comunicación *f.* Kommunikation **13**; **~ no verbal** *f.* nonverbale Kommunikation **103**

comunicarse kommunizieren **59**

comunicativo/-a kommunikativ **94**

comunidad *f.* Region **31**; **~ autónoma** *f.* autonome Region **31**; **~ virtual** *f.* virtuelle Community **50**

con mit **10**

concierto *m.* Konzert **19**

concretar konkretisieren, festlegen **116**

concreto/-a konkret **129**

concurso *m.* Wettbewerb **50**

condiciones *f. Pl.*, **~ de pago** Zahlungsbedingungen **138**; **~ de vida** *f. Pl.* Lebensverhältnisse **63**; **~ metereológicas** *f. Pl.* Wetterverhältnisse **138**; **estar en ~ (de)** können, in der Lage sein **126**

conducir fahren **87**

conductor/a *m./f.* Fahrer/in **138**

conferencia *f.* Konferenz **9**; **centro** *m.* **de ~s** Konferenzzentrum **71**

confirmar bestätigen **120**

congreso *m.* Kongress **77**

conocer kennen, kennenlernen **60**

conocimiento *m.* Kenntnis **94**

conquistar erobern **50**

conseguir schaffen, etwas bekommen **95**

constante konstant, anhaltend **135**

constitución *f.* Zusammensetzung **69**

constituir bilden **141**

construcción *f.* Bau **126**

construir construir **136**

consulado *m.* Konsulat **126**

contabilidad *f.* Buchführung **94**

contacto *m.* Kontakt **17**; **ponerse en ~** Kontakt aufnehmen **127**

contaminado/-a verseucht **55**

¿Cómo estás? Wie geht es dir? 18;

¿Está bien? In Ordnung? 41;

estar *m.*, sala *f.* de ~ Wohnzimmer 60

este *m.* Osten 30

este/esta diese/r (hier) 61

estimado/-a geehrter/e 19

Estimados señores Sehr geehrte Damen und Herren 96

estrategia *f.* Strategie 50

estrella *f.* Stern 117

estrés *m.* Stress 18

estresado/-a gestresst 20

estructura *f.* Struktur 138

estudiante *m./f.* Student/in 10

estudiantil, residencia ~ *f.* Studentenwohnheim 60

estudiar studieren/lernen 10

estudios *m. Pl.* Schulausbildung 94

estupendo großartig 18

etnia *f.* Volksgruppe, Ethnie 69

euro *m.* Euro 30

evento *m.* Veranstaltung 19

evitar vermeiden 104

examen *m.* Prüfung 96

exclusivo/-a exklusiv 50

excursión *f.* Ausflug 73

exigente anspruchsvoll 37

existir existieren 115

éxito *m.* Erfolg 50; clave *f.* del ~ Schlüssel zum Erfolg 104

expectativa de vida *f.* Lebenserwartung 69

experiencia *f.* Erfahrung 40

experiencia laboral *f.* Berufserfahrung 60

experiencia profesional *f.* Berufserfahrung 97

explotación *f.* Nutzung, Betrieb 131

exportación *f.* Export 37

exportador/a Export- 39

exportar exportieren 42

exposición *f.* Ausstellung 35; Messe 71

expresivo/-a lebhaft, ausdrucksvoll 129

exquisito/-a köstlich 72

extranjero/-a *m./f.* Ausland, Ausländer/in 27

F

fábrica *f.* Fabrik 28

fácil einfach 28

facilidad *f.* Erleichterung 109

facilitar ermöglichen 141

falda *f.* Rock 51

falso/-a _falsch 69

falta *f.* Mangel 65

faltar fehlen 119; vermissen 129

familia *f.* Familie 28

famoso/-a berühmt 49

fantasía *f.* Phantasie 49

fantástico/-a fantastisch 28

fascinar faszinieren 126

favor *m.* Gefallen 139; hacer un ~ einen Gefallen tun 139; por ~ bitte 18

favorito/-a Lieblings- 51

fecha *f.* Datum 73; ~ de entrada *f.* Anreisedatum 73; ~ de salida *f.* Abreisedatum 73

federal, presidente F~ *m.* Bundespräsident 30; República F~ *f.* Bundesrepublik 30

feliz glücklich 43

fenomenal großartig, wunderbar 95

feo/-a hässlich 28

feria *f.* Messe 70; ~ medioambiental *f.* Umweltmesse 135

festivo/-a, día ~o *m.* Feiertag 127

fibra de vidrio *f.* Glasfaser 138

fiesta *f.* Feier, Party 11; salir de ~ feiern gehen 84

fijar festlegen 127

fijo/-a, teléfono ~ *m.* Festnetztelefon 17

fin *m.*, por ~ endlich, schließlich 61; ~ de semana Wochenende 83; ¡Buen ~ de semana! Schönes Wochenende! 83

final *m.* Ende 62

final, a ~les (de) Ende (eines Monats) 127

financiación *f.* Finanzierung 115

firmar unterschreiben 107

flan *m.* Spanischer Karamellpudding 85

flexible flexibel 98

flor *f.* Blume 72

folleto *m.* Broschüre, Werbeprospekt 71

fomentar fördern 109

fondo *m.*, al ~ hinten 52

forma *f.* Form, Gestalt 49; ~ (de) *f.* Art (und Weise) 129

formación, ~ académica *f.* Schulbildung, Ausbildung 97; ~ continua *f.* Weiterbildung 75; ~ profesional *f.* Berufsausbildung 94

formar bilden 65

formativo/-a, ciclo ~o *m.* Ausbildung, Studiengang 96

fortalecer stärken 141

fotocopia *f.* Fotokopie 77

foto(grafía) *f.* Bild 17

fotógrafo/-a *m./f.* Fotograf/in 11

fotovoltaico/-a, planta ~a *f.* Fotovoltaikanlage 136

francés *m.* Französisch 27

Fráncfort Frankfurt 119

Francia Frankreich 30

frente a *hier:* gegen 99

frecuencia *f.*, con ~ oft 89

frío *m.* Kälte 51; hace ~ es ist kalt 53

frontera *f.* Grenze 30

fuego *m.* Feuer 59

fuera außer, außerhalb 99

fuerte, bien ~ sehr laut 64; punto ~ *m.* Stärke 93

fuerza *f.* Kraft 49

fumador/a Raucher/in 60

fumar rauchen 59

función *f.* *hier:* Aufgabe 30

fundación *f.* Stiftung 129

fundar gründen 71

fútbol *m.* Fußball 87

G

gafas *f. Pl.* Brille 51; ~ de sol Sonnenbrille 51

Galicia Galizien 31

gallego *m.* Galizisch 30

gamba *f.* Krabbe 87

ganar verdienen, gewinnen 27

garaje *m.* Garage 64

gas *m.* Gas 60; servicio de luz y ~ *m.* Strom- und Gasversorgung 60

gasto *m.* Kosten, Ausgabe 94; cubrir los ~os Kosten decken 94

generalmente normalerweise 51

(la) gente *f.* (die) Leute 60

geografía *f.* Geographie 127

geotérmico/-a geothermisch 140

gerente general *m./f.* Geschäftsführer/in 37

gestión *f.* Verwaltung, Unternehmensführung, Management 94

gestionar führen, betreiben **95**
gesto *m.* Geste **110**
gimnasio *m.* Fitnesscenter **63**
girar abbiegen **62**
globalizado/-a, mundo ~o *m.* globalisierte Welt **59**
gobernar regieren **30**
gobierno *m.*, **presidente** *m.* **de G~** Regierungschef **30**; **sistema** *m.* **de ~** Staatsform **30**
gracias Danke **10**
grado *m.* Grad **29**
grande groß **20**
gris grau **51**
grupo hotelero *m.* Hotelgruppe **94**
guapo/-a hübsch **52**
guardería *f.* Kinderkrippe/garten **109**
guarnición *f.* Beilage **85**
guerra *f.* Krieg **121**
guitarra *f.* Gitarre **87**
gustar gefallen, mögen, gern tun **10**; **¿Te gustaría ...?** Würde (es) dir gefallen ...? **126**
gusto *m.* Geschmack **119**; **Mucho ~.** Angenehm. **20**

H

habilidad *f.* Können **104**
habitación *f.* Zimmer **60**; **~ doble** Doppelzimmer **73**; **~ individual** *f.* Einzelzimmer **60**
habitante *m./f.* Einwohner/in **30**
hablar sprechen **13**; **~ por teléfono** telefonieren **17**
hace vor, seit **95**; **desde ~** seit **136**
hacer machen, tun **27**; **~ amigos** Freundschaften schließen **63**; **~ la compra** einkaufen gehen **72**; **~ senderismo** wandern **53**; **~ una pregunta** eine Frage stellen **87**
hasta bis **18**; sogar **49**; **~ luego** tschüss **18**; **~ mañana.** Bis morgen. **18**; **~ pronto** bis bald **61**
hay es gibt **10**; **~ que + inf.** man muss **63**
heladería *f.* Eiscafé **88**
helado *m.* Eis **85**
hermano/-a *m./f.* der Bruder/die Schwester **51**
hermoso/-a wunderschön **71**
hidroeléctrico/-a, energía ~a *f.* Wasserkraft **140**

hielo *m.* Eis **28**
higiénico/-a, papel ~o *m.* Toilettenpapier **72**
hijo/-a *m./f.* Sohn, Tochter **27**
hispano/-a *m./f.* Hispanoamerikaner/in **129**
historia *f.* Geschichte **104**
histórico/-a historisch **70**; **centro ~o** *m.* Altstadt **71**
hola hallo **9**
Holanda Holland **10**
hombre *m.* Mann, Mensch **21**
honestidad *f.* Ehrlichkeit **103**
honesto/-a ehrlich **103**
hora *f.* Uhrzeit, Stunde **19**; **a qué ~** um wieviel Uhr **19**
horario *m.* Öffnungszeiten, Arbeitszeiten, Stundenplan **60**; **~ de trabajo** *m.* Arbeitszeit **43**
horrible schrecklich **51**
hotelero/-a, grupo ~o *m.* Hotelgruppe **94**
hoy heute **13**; **~ en día** heutzutage **55**
huelga *f.* Streik **119**
humor *m.*, **de buen/mal ~** gut/schlecht gelaunt **107**

I

identidad *f.* Identität **31**
idioma *m.* Sprache **27**; **~ cooficial** *m.* zweite/weitere Amtssprache **30**; **~ oficial** *m.* Amtssprache **30**; **escuela** *f.* **de ~s** Sprachschule **60**
igualmente gleichfalls **20**
imaginarse sich vorstellen **119**
imitación *f.* Nachahmung, Imitat **55**
imitador/a Nachahmer/in **55**
imitar nachahmen **55**
implicar zur Folge haben, mit sich bringen **55**
importación *f.* Import **37**
importador/a Import- **39**
importante wichtig **31**
imprescindible unbedingt erforderlich **94**
impresionante beeindruckend **61**
imprevisto *m.* unerwartetes Ereignis **129**
improvisar improvisieren **129**
impuesto *m.* Steuer **55**
incluido/-a inbegriffen **60**
incluso sogar **43**

incrementar steigern, erhöhen **23**
indígena *m./f.* Angehörige/r indigener Volksgruppen **69**
industria *f.* Branche, Industrie **70**; **~ turística** *f.* Tourismusbranche **70**
industrial Industrie- **28**
inesperado/-a unerwartet **126**
inferior untere/r/s **138**
inflación *f.* Inflation **61**
influencia *f.* Einfluss **121**
información *f.* Information **59**; Auskunft **73**; **pedir ~** sich erkundigen **73**
informarse sich informieren **105**
informática *f.* Informatik **49**
informe *m.* Bericht **18**
Inglaterra England **65**
inglés *m.* Englisch **19**
insecto *m.* Insekt **106**
instalación *f.* Anlagen **126**
institución *f.* Institution **129**
instituto *m.* Institut, Gymnasium **29**
instrumento *m.* Instrument **87**
integrar bilden **141**
interés *m.* Interesse **70**
interesar interessieren **94**
internacional international **9**
interrumpir unterbrechen **104**
intolerancia *f.* Intoleranz **120**
inversión *f.* Investition **135**
invierno *m.* Winter **43**
invitación *f.* Einladung **19**
invitar einladen **140**
ir gehen, fahren **19**; **~ a + inf** werden (Futur) **71**; **¿Vamos?** Gehen wir? **21**; **~ de compras** einen Einkaufsbummel machen, shoppen gehen **54**; **~ de tapas** Tapas essen gehen **84**; **~ de tiendas** einen Einkaufsbummel machen, shoppen gehen **51**; **~ de moda** sich nach der (neuesten) Mode kleiden **51**
irse weggehen **72**; **~ a casa** nach Hause gehen **72**
izquierda *f.*, **a la ~ (de)** links **29**

J

japonés *m.* Japanisch **27**
jardín *m.* Garten **61**
jefe/-a *m./f.* Chef/in **18**; **~ del estado** *m.* Staatsoberhaupt **30**
jersey *m.* Pullover **51**

jornada *f.* Tagung **129**; ~ **laboral** *f.* Arbeitszeit **109**; ~ **partida** *f.* Arbeitstag mit Mittagspause **43**

joven jung **35**

joven *m./f.* junger Mann, junge Frau **63**; **de ~** als junge/r Mann/Frau/Jugendliche **117**

judío/-a *m./f.* Jude/Jüdin **121**

jueves *m.* Donnerstag **19**

jugar (a) spielen **63**

junio Juni **138**

K

kilo *m.* Kilo **40**

kilómetro *m.* Kilometer **29**; **¿A cuántos ~os ...?** Wie viele Kilometer (entfernt) ...? **29**

L

laboral, experiencia ~ *f.* Berufserfahrung **60**; **jornada ~** *f.* Arbeitszeit **109**

lado *m.*, **al ~ (de)** neben **29**; **por otro ~** andererseits **43**

lago *m.* See **33**

lámpara *f.* Lampe **109**

lana *f.* Wolle **51**; **de ~** aus Wolle **51**

largo *m.* Länge **131**; **a lo ~ de** während **89**; **de ~** lang **131**

largo/-a lang **54**

lástima *f.*, **¡Qué ~!** Schade! **52**

latino/-a, origen ~o *m.* lateinischer Ursprung **31**

Latinoamérica Lateinamerika **33**

lavar waschen **63**; **~ los platos** das Geschirr spülen **63**

le ihm, ihr, Ihnen **51**

leche *f.* Milch **11**

leer lesen **13**

lejos weit **28**

lengua *f.* Sprache **31**; **~ cooficial** *f.* zweite/weitere Amtssprache **31**; **~ franca** Lingua franca, Verkehrssprache **33**; **~ oficial** *f.* Amtssprache **31**; **~ regional** *f.* regionale Sprache **31**

lenguaje *m.* Sprache **129**

levantarse aufstehen **72**

libertador/a *m./f.* Befreier/in **141**

libre, al aire ~ im Freien **63**; **~ comercio** *m.* Freihandel **141**

líder *m./f.* Marktführer/in **23**

ligero/-a leicht **85**

limpiar sauber machen **63**

limpieza *f.* Putzen, Reinigung **60**; **servicio de ~** *m.* Reinigungsdienst/-service **60**

linea *f.* Linie **62**

literatura *f.* Literatur **49**

living-comedor *m.* Wohnküche **60**

llamada *f.* Anruf **18**

llamar: ~ (por teléfono) anrufen **18**; **~ la atención** auffallen **137**

llamarse heißen **9**; **me llamo ...** ich heiße ... **9**; **¿Cómo te llamas?** wie heißt du? **10**

llamativo/-a auffällig **70**

llegada *f.* Ankunft **39**

llegar (an)kommen **18**; **~ a un acuerdo** eine Vereinbarung treffen **127**

lleno/-a voll **49**

llevar tragen **51**; haben **85**; bringen **128**

llover regnen **53**

local *m.* Lokal **119**

localizable erreichbar **115**

loco/-a, ¡Ni ~! nicht einmal in Traum! **118**

logística *f.* Logistik **37**

lograr erreichen, gewinnen **141**

luego, hasta ~ tschüss **18**

lugar *m.* Ort **19**

lugar de nacimiento *m.* Geburtsort **97**

lujo *m.* Luxus **50**

luminoso/-a hell **64**

lunes *m.* Montag **19**

luz *f.* Licht, Strom **43**; **servicio de ~ y gas** *m.* Strom- und Gasversorgung **60**

M

madera *f.* Holz **127**

madre *f.* Mutter **28**

madrugada *f.* früh morgens **89**

magnífico/-a herrlich **71**

mal schlecht **21**; **no está ~** nicht schlecht **21**

maleta *f.* Koffer **20**

mañana *(f.)* Morgen, morgen **18**; **Hasta ~.** Bis morgen. **18**; **por la ~** morgens **72**

mandar schicken **17**

manejo *m.* Umgang, Bedienung, Handhabung **97**

mano *f.* Hand **70**

máquina *f.* Maschine **40**

mar *m.* Meer **33**

maracuyá *f.* Maracuja **10**

maravilla *f.* Wunder **117**

marca *f.* Marke **23**

marcar wählen **41**

margen *m.* Rand **65**

marido *m.* Ehemann **51**

márquetin *m.* Marketing **9**

marrón braun **52**

martes *m.* Dienstag **19**

más mehr **21**; **~ de** mehr als **59**; **¿Algo ~?** Noch etwas? **21**; **¿Alguna cosa ~?** Noch etwas? **85**; **cada vez ~** immer mehr **99**

materia *f.* Fach **95**; **~ prima** *f.* Rohstoff **70**

maternidad *f.*, **baja** *f.* **por ~** Elternzeit **109**

mayo Mai **19**

mayor (de) älter als **63**

mayoría *f.* Mehrheit **40**

mazapán *m.* Marzipan **39**

mecánico/-a *m./f.* Mechaniker/in **11**

mediado/-a, a ~os (de) Mitte (eines Monats) **127**

mediano/-a von mittlerer Größe **42**

medianoche *f.*, **a ~** um Mitternacht **119**

médico/-a *m./f.* Arzt/Ärztin **59**

medida *f.* Maßnahme **99**

medio ambiente *m.* Umwelt **23**

medio/-a halb **41**

medioambiental, feria ~ *f.* Umweltmesse **135**

mediodía *m.* Mittag **41**; **al ~** mittags **41**

mediterráneo/-a mediterran **30**

mejor *m./f.* der / die Beste **50**; **lo ~** das Beste **51**

mejor besser **86**

mejorar verbessern **23**

mencionar erwähnen **75**

menos weniger **50**

mensaje *m.* Nachricht **17**

menú *m.* Speisekarte **116**

mercadillo *m.* Straßenmarkt, Flohmarkt **55**

mercado *m.* Markt **62**

mes *m.* Monat **40**; **por ~** monatlich **40**

otoño *m.* Herbst **53**

otro/-a ein/e andere/r **31**; **¡Otra cosa!** Noch was! **72**

Oye, ... Hör mal, ... **18**

P

p. o. [???] **127**

p. p. (= por poder) i. A. (= im Auftrag) **127**

pabellón *m.* Pavillon, (Messe-) Halle **136**

padre *m.* Vater **28**

padres *m. Pl.* Eltern **61**

pagar bezahlen **51**

pago *m.*, **condiciones** *f. Pl.* **de ~** Zahlungsbedingungen **138**

país *m.* Land **11**; **~ en vías de desarrollo** *m.* Entwicklungsland **65**

País Vasco *m.* Baskenland **31**

paisaje *m.* Landschaft **33**

palabra *f.* Wort **13**

palomitas *f. Pl.* Popcorn **118**

panel *m.*, **~ fotovoltaico** Solarmodul **136**; **~ solar** Solarmodul **138**

pantalón *m.* Hose **51**

pantufla *f.* Pantoffel **51**

pañuelo *m.* Halstuch **51**

papel *m.* Papier **77**; **~ higiénico** *m.* Toilettenpapier **72**

paquete *m.* Paket **17**

para für **50**; **~ (que)** um zu, damit **71**

parado/-a *m./f.* Arbeitslos **99**

paralelamente gleichzeitig **96**

parapente *m.* Gleitschirmfliegen **138**

parar anhalten, aufhören **72**

parecer finden (Meinung) **84**

parlamento *m.* Parlament **30**

paro *m.* Arbeitslosigkeit **95**; **estar en ~** arbeitslos sein **95**; **tasa de ~** *f.* Arbeitslosenquote **99**

parque *m.* Park **72**; **~ eólico** *m.* Windpark **140**; **~ temático** *m.* Erlebnispark, Freizeitpark **88**

parrilla *f.* Grill **60**

parte *f.* Teil **31**; **en todas ~s** überall **59**; **por una ~** einerseits **99**; **por otra ~** and(e)rerseits **99**

participar teilnehmen **60**

partido/-a, **jornada ~a** *f.* Arbeitstag mit Mittagspause **43**

pasado *m.* Vergangenheit **69**

pasado/-a, **año ~o** *m.* letztes Jahr **95**

pasar passieren, geschehen, verbringen **107**; reichen, (über)geben **137**; **~ nervios** nervös sein **119**

pasarlo bien sich (gut) amüsieren **60**

paso *m.* Übergang, Durchgang **131**

pastel *m.* Kuchen **63**

pata *f.*, **meter la ~** sich blamieren **110**

patatas fritas *f. Pl.* Pommes frites **85**

patio *m.* Hof **61**

pausa *f.* Pause **41**

peatonal Fußgänger- **62**

pedido *m.* Bestellung **73**

pedir bestellen, verlangen **85**; **~ información** sich erkundigen **73**; **~ permiso** um Erlaubnis bitten **87**

película *f.* Film **55**

peligro *m.* Gefahr **125**

pelo *m.* Haare **110**

península *f.* Halbinsel **30**; **~ Ibérica** *f.* Iberische Halbinsel **30**

pena *f.*, **¡Qué ~!** Schade! **118**

pensar denken **135**

peor schlechter **57**

pequeño/-a klein **20**

perder verlieren **107**

pérdida *f.* Verlust **55**

perdón Entschuldigung **13**; **~ por las molestias** Entschuldigung für die Unannehmlichkeiten **73**

perdonar verzeihen **119**

perfeccionar perfektionieren **96**

perfecto/-a perfekt **52**

perfume *m.* Parfum **50**

periodista *m./f.* Journalist/in **11**

periodo *m.* Zeit **54**

permiso *m.*, **pedir ~** um Erlaubnis bitten **87**

permitir erlauben **126**

pero aber **20**

persona *f.* Person **40**

personal *m.* Personal **40**

personal, **aspecto ~** *m.* Aussehen **103**

personalidad *f.* Persönlichkeit **105**

personalmente persönlich **17**

pescado *m.* Fisch **120**

peso *m.* Peso **63**

petición *f.* Anfrage, Bitte **127**

petróleo *m.* (Erd)öl **70**

pictograma *m.* Piktogramm **59**

pie *m.*, **a ~** zu Fuß **62**

pincho *m.* Spießchen; eine Art Tapa **87**

pintar malen **87**

pintura *f.* Malerei **59**

pionero/-a *m./f.* Pionier/in **136**

piscina *f.* Schwimmbad **88**

piso *m.* Wohnung **27**; **~ compartido** *m.* Wohngemeinschaft **27**

placa solar *f.* Solarmodul **140**

plancha *f.*, **a la ~** in der Pfanne gebraten **85**

planear planen **126**

planificar planen **98**

planta, **~ de producción** *f.* Produktionsetage **40**; **~ fotovoltaica** *f.* Fotovoltaikanlage **136**

plástico *m.* Plastik **109**

plato *m.* Teller **63**; Gericht, Speise **85**; **lavar los ~os** das Geschirr spülen **63**

playa *f.* Strand **33**; **~ nudista** *f.* FKK-Strand **108**

plazo Rate **138**; **~ de entrega** *m.* Lieferfrist **138**; **a largo ~** langfristig **126**

población *f.* Bevölkerung **30**; **crecimiento** *m.* **de la ~** Bevölkerungswachstum **69**

poblado/-a bevölkert **30**

poco wenig **27**; **un ~** ein bisschen **28**

poder können, dürfen **41** **¿En qué puedo ayudarle?** Was kann ich für Sie tun? **127**

polaco *m.* Polnisch **27**

policía *m./f.* Polizist/in **11**

polígono (industrial) *m.* Gewerbegebiet **28**

política *f.* Politik **118**

poner bringen **59**

ponerse sich (Kleidung) anziehen **103**; **~ en contacto** Kontakt aufnehmen **127**

por für **19**; auf, durch **62**; wegen **71**; **~ aquí** hier entlang **38**; **~ eso** deswegen **70**; **~ favor** bitte **18**; **~ fin** endlich, schließlich **61**; **~ suerte** zum Glück **28**; **~ supuesto** selbstverständlich **41**

por ciento Prozent **69**; **tanto ~** Prozent (Hundertstel) **69**

porcentaje *m.* Prozentsatz **99**

porque weil **37**

portal *m.* Homepage **93**

portero/-a *m./f.* Pförtner/in **37**

posibilidad *f.* Möglichkeit **71**

responder antworten **104**

responsable verantwortungsvoll, verantwortungsbewusst **37**; **~ de** verantwortlich für, zuständig für **37**

respresentar repräsentieren **30**

respuesta *f.* Anwort **103**; **en ~ a ...** in Beanwortung ... **96**

restaurante *m.* Restaurant **59**

reto *m.* Herausforderung **99**

reunión *f.* Besprechung, Sitzung **39**

reunirse sich treffen **70**

rey *m.* König **30**

rico/-a lecker **40**

río *m.* Fluss **33**

riqueza *f.* Reichtum **70**

riquísimo/-a sehr lecker **119**

ritmo *m.*, **a buen ~** mit einen gutem Tempo **106**

rodeos *m. Pl.* Umschweife, (höfliche) Umschreibung **129**

rojo/-a rot **51**

romper brechen **28**

ronda *f.* Runde **86**

ropa *f.* Kleidung **49**

rosa rosa **52**

roto/-a kaputt **25**

ruido *m.* Lärm **40**

ruso *m.* Russisch **27**

ruta *f.* Route **70**

S

sábado *m.* Samstag **19**

saber wissen, können **38**; **No sé.** Ich weiß (es) nicht. Keine Ahnung. **49**; **¡Qué se yo!** Was weiß ich! **137**

sacar: ~ buenas notas gute Noten bekommen/haben **108**; **~ la basura** den Müll hinaus-/hinunterbringen **63**

sala *f.* Raum **64**; **~ de estar** Wohnzimmer **60**

salida *f.*, **fecha de ~** *f.* Abreisedatum **73**

salir herauskommen **40**; starten, abfahren **41**; ausgehen **60**; laufen, (es) gehen **129**; **~ de fiesta** feiern gehen **84**

salón *m.* Wohnzimmer **61**

salud Prost **10**

saludar (be)grüßen **126**

saludo *m.* Gruß **19**; **un cordial ~** herzlicher Gruß **96**

saxofón *m.* Saxophon **87**

se man **31**

secretaría *f.*, **servicio** *m.* **de ~** Sekretariatservice **71**

secreto *m.* Geheimnis **49**

sector *m.* Sektor **40**; **~ económico** *m.* Wirtschatssektor **70**

sede *f.* Hauptsitz **70**; **Sitz 109**

seguir weitergehen **62**

según wie, laut, gemäß, nach **89**

seguridad *f.* Sicherheit **65**; **~ privada** *f.* privater Wachdienst **60**

segundo/-a, **de ~o** als Hauptgericht **85**

seguro (que) sicher **63**

seleccionar auswählen, aussuchen **140**

selva *f.* Urwald **33**; **~ tropical** *f.* tropischer Regenwald **131**

semáforo *m.* Ampel **62**

semana *f.* Woche **40**; **a la ~** pro Woche **40**; **fin de ~** Wochenende **83**

seminario *m.* Seminar **18**

sencillo/-a einfach, schlicht **54**

senderismo *m.*, **hacer ~** wandern **53**

señores/-as *m./f. Pl.* Herren/Damen **9**

sentarse sich setzen **103**

sentir: lo siento Tut mir Leid. **52**

sentirse sich fühlen **137**

ser sein **9**

será er/sie/es wird sein (Futur von *ser*) **117**

serpiente *f.* Schlange **108**

servicio *m.* Toilette **40**; Dienstleistung **104**; **~ de luz y gas** *m.* Strom- und Gasversorgung **60**

servicios (públicos) *m. Pl.* Strom-, Gas- und Wasserkosten/-versorgung **60**

seta *f.* Pilz **85**

severo/-a streng **138**

sí ja **10**

siempre immer **18**

siglo *m.* Jahrhundert **121**

significado *m.* Bedeutung **129**

significar: ¿Qué significa ...? Was bedeutet ...? **13**

siguiente, **al día ~** am nächsten Tag **43**

símbolo *m.* Symbol **29**

simpático/-a nett, sympathisch **37**

sin ohne **10**; **~ compromiso** unverbindlich, zwanglos **136**; **~ embargo** trotzdem **135**

sinfín *m.* Unzahl **71**

sistema de gobierno *m.* Staatsform **30**

sitio *m.* Platz, Stelle **107**

situado/-a, **estar ~** sich befinden, liegen **30**

sobre über **86**

sociedad anónima *f.* Aktiengesellschaft **75**

socio/-a *m./f.* Gesellschafter/in **37**

sol *m.* Sonne **53**; **hace ~** die Sonne scheint, es ist sonnig **53**; **tomar el ~** sich sonnen **53**

solar, **energía ~** *f.* Solarenergie **136**

solicitar sich bewerben **96**

solicitud *f.* Bewerbung **93**

solo/-a allein **18**

solución *f.* Lösung **75**

soñar con träumen von **117**

sonrisa *f.* Lächeln **104**

sostenible nachhaltig **75**; **turismo ~** *m.* nachhaltiger Tourismus **70**

soy ich bin **9**

subte *m.* U-Bahn **60**

suburbio *m.* Stadtrand, Vorstadt **65**

sueldo *m.* Gehalt **109**

suerte *f.* Glück **28**; **por ~** zum Glück **28**; **¡Qué ~!** Was für ein Glück! **38**

Suiza die Schweiz **30**

suministrar liefern **126**

superficie *f.* Oberfläche **30**

superguay supertoll **51**

superior obere/r/s **96**

supuesto/-a, **por ~o** selbstverständlich **41**

sur *m.* Süden **33**

sus seine/ihre **30**

T

tacón *m.*, **zapato de ~** *m.* Stöckelschuh **51**

tal, **¿Qué ~?** Wie geht's? **10**; **¿Qué ~ el trabajo?** Was macht die Arbeit? **18**; **qué ~** wie wäre es mit ... **84**

talento *m.* Talent **94**

talla *f.* Größe **52**

taller *m.* Workshop **63**

tamaño *m.* Größe **138**

también auch **10**

tampoco auch nicht **38**

tan/tanto/-a so, so viel/e **50**

tanto: ~ ... **como** genauso wie **60**; ~ **por ciento** Prozent (Hundertstel) **69**

tapa *f.* kleine, typ span. Gerichte **10**; **ir de ~as** Tapas essen gehen **84**

tardar brauchen (Zeit) **139**

tarde *f.*, **por la ~** nachmittags **18**

tarde spät **43**

tarea administrativa *f.* Verwaltungstätigkeit **94**

tarjeta, ~ de crédito *f.* Kreditkarte **52**; ~ **de débito** *f.* EC-Karte **130**

tarta *f.* Torte **85**

tasa de paro *f.* Arbeitslosenquote **99**

taxista *m./f.* Taxifahrer/in **11**

teatro *m.* Theater **71**

técnica *f.* Technik **49**

técnico de comercio Handelskaufmann/-frau **95**

técnico/-a technisch **49**

tecnología de punta *f.* Hightech, Spitzentechnologie **136**

telecomunicación Telekommunikation **95**

teléfono *m.* Telefon **17**; ~ **fijo** *m.* Festnetztelefon **17**; **hablar por ~** telefonieren **17**

tele(visión) *f.* Fernsehen **55**

tema *m.* Thema **13**

temporal befristet **94**

temprano früh **72**

tener haben **10**; ~ **que + inf** müssen **41**; ~ **miedo (de)** Angst haben (vor) **72**; ~ **prisa** es eilig haben **129**; **¿Cuántos años tienes?** wie alt bist du? **10**; **Tengo ... años.** Ich bin ... Jahre alt. **10**

tenis *m.* Tennis **87**

teoría *f.* Theorie **95**

tercero/-a dritte/r/s **72**

terminado/-a, producto ~o *m.* Endprodukt **40**

terminar beenden, abschließen **41**

terraza *f.* Terrasse **60**

terrible schrecklich **18**

textil *m.* Textil-, Textilie **50**

textil textil- **50**

texto *m.* Text **86**

tiempo *m.* Wetter, Zeit **28**; ~ **libre** *m.* Freizeit **94**; **tiempo, al mismo ~** gleichzeitig **95**; **buen ~** gutes Wetter **53**; **mal ~** *m.* schlechtes

Wetter **53**; **presión de ~** *f.* Zeitdruck **105**

tienda *f.* Laden, Geschäft **50**; **ir de ~as** einen Einkaufsbummel machen, shoppen gehen **51**

tierra *f.* Erde **65**

típico/-a typisch **85**

título *m.* Abschluss **95**

tocar spielen (Instrument) **87**; an der Zeit sein **117**

todavía noch **61**; ~ **no** noch nicht **61**

todo alles **18**; ~ **derecho** geradeaus **62**; ~ **el mundo** *hier:* jedermann **55**

todo/-a ganz **31**

todos/-as alle **9**

todoterreno *m.* Geländefahrzeug **118**

tomar trinken, nehmen **10**; ~ **asiento** Platz nehmen **139**; ~ **el sol** sich sonnen **53**; ~ **una copa** trinken (Alkohol) **89**; ~ **una decisión** eine Entscheidung treffen **120**

torre *f.* Turm **29**

tortilla *f.* Kartoffelomelett **87**

total, en ~ insgesamt **61**

totalmente ganz, völlig **40**

trabajador/a *m./f.* Arbeiter/in **40**

trabajador/a fleißig **98**

trabajar arbeiten **10**

trabajo *m.* Arbeit **18**; **horario** *m.* **de ~** Arbeitszeit **43**; **entrevista** *f.* **de ~** *f.* Vorstellungsgespräch **93**; **bolsa** *f.* **de ~** Stellenmarkt, Jobbörse **94**

traducir übersetzen **140**

traer bringen **61**

tráfico *m.* Verkehr **28**

traje *m.* Anzug **51**

trampa *f.* Falle **103**; **pregunta ~** *f.* Fangfrage **103**

tranquilo/-a ruhig **20**

transportar bringen, tragen **140**

transporte *m.* Transport, Verkehrsmittel **61**; ~ **público** *m.* öffentliche Verkehrsmittel **62**

tratado *m.* Vertrag **141**

través, a ~ de durch, über **126**

tratar umgehen **94**

tren *m.* Zug **62**; **en ~** mit dem Zug **62**

triste traurig **107**

triunfo *m.* Triumph, Sieg **50**

tropical, selva ~ *f.* tropischer Regenwald **131**

tú du **9**

turco *m.* Türkisch **27**

turismo *m.* Tourismus **23**; ~ **sostenible** *m.* nachhaltiger Tourismus **70**

turista *m./f.* Tourist/in **35**

turno *m.* Schicht **40**

tutear duzen **129**

U

ubicación *f.* Lage **30**

último/-a letzte/r/s **136**

uña *f.* Nagel **129**

Unión Europea *f.* Europäische Union **30**

unirse vereinen **65**

universidad *f.* Universität **28**

universitario/-a *m./f.* Student/in **99**

unos/-as etwa **28**; **a ~os** etwa ... (entfernt) **28**

urbanización *f.* Wohnanlage **28**

urbano/-a städtisch **75**

usar benutzen **17**

usted Sie **10**

útil nützlich **96**

utilizar benutzen **50**

V

vacaciones *f. Pl.* Urlaub, Ferien **117**; **de ~** im/in den Urlaub, in den/die Ferien **117**

vale okay **10**

valoración *f.* Bewertung **105**

valorar schätzen **94**; **se valora** erwünscht sein **94**

vapor *m.*, **al ~** gedünstet **85**

vaqueros *m. Pl.* Jeans **51**

variedad *f.* Vielfalt **50**

variedad *f. hier:* Dialekt **31**

varios/-as mehrere **106**

vasco *m.* Baskisch **30**

veces → vez

vecino/-a *m./f.* Nachbar/in **61**

vegano/-a vegan **116**

vegetariano/-a Vegetarier/in **85**

vender verkaufen **42**

venir kommen **38**

venta *f.* Verkauf **50**

ventaja *f.* Vorteil **43**

ver sehen, anschauen **41**; **a ver** lass mal sehen **63**

verano *m.* Sommer **43**; **campamento** *m.* **de ~** Ferienlager **95**

Audio CDs

Track	Übung	Seite	Laufzeit
1	Copyright		00:47.69
Introducción			
2	Ejercicio 1	9	00:32.51
3	Ejercicio 1	9	00:27.10
4	Ejercicio 1	9	00:34.07
5	Ejercico 4	10	00:53.57
6	Ejercicio 6	10	00:50.04
7	Ejercicio 13	12	01:02.21
8	Ejercicio 15	12	01:05.22
9	Ejercicio 16	12	01:29.48
10	Ejercicio 17	12	00:31.13
11	Ejercicio 18	13	02:09.21
Unidad 1			
12	Ejercicio 1	17	01:35.69
13	Ejercicio 3	18	00:40.51
14	Ejercicio 3	18	00:21.22
15	Ejercicio 6	19	00:40.57
16	Ejercicio 7	19	00:56.58
17	Ejercicio 9	20	00:39.02
18	Ejercicio 9	20	00:48.69
19	Ejercicio 20	23	01:22.19
Unidad 2			
20	Ejercicio 2a	27	02:16.52
21	Ejercicio 4	28	02:12.05
22	Ejercicio 12	31	01:19.12
Unidad 3			
23	Ejercicio 3	37	01:22.44
24	Ejercicio 4	38	01:19.21
25	Ejercicio 8	39	01:09.06
26	Ejercicio 13	40	00:59.01
27	Ejercicio 15	41	01:18.31
28	Para practicar más: 3	42	00:49.30
Unidad 4			
29	Ejercicio 1	49	01:16.30
30	Ejercicio 9	52	01:11.74
31	Ejercicio 12	53	01.11.17
32	Para practicar más: 5	54	02.20.08

Track	Übung	Seite	Laufzeit
Unidad 5			
33	Ejercicio 8	62	02:02:69
34	Ejercicio 12	63	00:29.17
35	Ejercicio 14	63	01:11.25
36	Para practicar más: 1	64	01:56.15
Unidad 6			
37	Ejercicio 11	71	02:10.16
38	Ejercicio 14	72	00:59.62
39	Ejercicio 16	73	04:01.28
Unidad 7			
40	Ejercicio 2	83	1:37.21
41	Ejercicio 4	84	01:15.02
42	Ejercicio 8	85	02:09.19
43	Ejercicio 10	86	02:56.64
Unidad 8			
44	Ejercicio 2	93	03:31.26
Unidad 9			
45	Ejercicio 7	105	02:52.21
Unidad 10			
46	Ejercicio 1	115	02:14.25
47	Ejercicio 5	116	01:07.41
48	Ejercicio 7	117	0:59.11
49	Ejercicio 10	118	02:00.55
Unidad 11			
50	Ejercicio 9	127	02:04.60
51	Ejercicio 11	128	02:29.17
Unidad 12			
52	Ejercicio 5	137	01:09.31
53	Ejercicio 12	139	00:44.38
54	Ejercicio 12	139	00:35.31
55	Ejercicio 12	139	00:44.16

Studio: Clarity Studio Berlin
Regie und Aufnahmeleitung: Susanne Kreutzer
Tontechnik: Christian Marx, Pascal Thinius
Sprecherinnen und Sprecher: Mario Burbano, Roxana Carmona Viveros, Teresa Cesci, Leandro Fest, Damián Garcia, Jaime González Arguedas, Damián Martínez Foronda Antonio Méndez de Vigo, Lucía Palacios, Aday Polo Iglesias, Ares Quella, Anaïs Senli, Emili Vinagre

Quellenverzeichnis

Cover Fotolia / Maridav – **S. 9** *oben links* Fotolia / Rawpixel; *unten links* Shutterstock / wavebreakmedia; *unten rechts* Shutterstock / David Gilder; *hinten* Fotolia / krsmanovic – **S. 10** Shutterstock / Minerva Studio – **S. 11** Fotolia / Daniel Ernst – **S. 17** *oben links* Glow Images / Imagesource; *oben rechts und unten* Cornelsen Schulverlage / Angelo Rodríguez – **S. 18** Cornelsen Schulverlage / Angelo Rodríguez – **S. 21** Fotolia / Laiotz – **S. 23** *oben links* Marca España / Oficina del Alto Comisionado del Gobierno España; *oben rechts* Shutterstock / catwalker; *Mitte* picture alliance / dpa; *unten* Shutterstock / Vytautas Kielaitis – **S. 24** *oben* Cornelsen Schulverlage / Angelo Rodríguez; *Mitte* Corbis; *unten* Shutterstock / Tinseltown – **S. 27** *links* Shutterstock / Kseniia Perminova; *Mitte* Fotolia / Alen-D; *rechts* audioberlin.com / Matthias Scheuer – **S. 30** Shutterstock / Anibal Trejo – **S. 33** *oben* Fotolia / Scott Griessel; *Mitte* Fotolia / Kseniya Ragozina; *unten* Shutterstock / Yai – **S. 34** Shutterstock / Pablo Rogat – **S. 37** *oben links* Fotolia / Coloures-pic; *oben rechts* Shutterstock / pkchai; *Mitte links und rechts* Cornelsen Schulverlage / Angelo Rodríguez; *unten links* Cornelsen Schulverlage / Angelo Rodríguez; *unten Mitte* Fotolia / Christian Schwier; *unten rechts* Shutterstock / EDHAR – **S. 39** *unten* Fotolia / Julydfg – **S. 40** Shutterstock / photowind – **S. 44** Clip Dealer / LianeM – **S. 47** LinguaTV – **S. 49** *oben links* bpk / Nationalgalerie, SMB, Museum Berggruen / Jens Ziehe / VG Bild-Kunst, Bonn 2015; *oben Mitte* akg-images / VG Bild-Kunst, Bonn 2015; *unten links* Fotolia / Vladyslav Danilin; *unten Mitte* TOPICMedia Service / Martin Moxter; *rechts* TurEspaña / VG Bild-Kunst, Bonn 2015 – **S. 52** Shutterstock / MJTH – **S. 55** imago / Waldmüller – **S. 56** Colourbox.com – **S. 59** *oben* Fotolia / www.kkulikov.com; *icons* Shutterstock / ankudi – **S. 60** *links* Shutterstock / BestPhotoStudio; *Mitte* Shutterstock / Sorbis; *rechts* Shutterstock / everst; *unten* Shutterstock / Olaf Speier – **S. 65** Colourbox.com – **S. 66** Fotolia / Aamon – **S. 70** *von links nach rechts* mauritius images / Alamy; Shutterstock / Keith Gentry; Shutterstock / Anna Omelchenko; Fotolia / Lukas Gojda – **S. 71** Fotolia / Innovated Capture – **S. 75** *links* Shutterstock / Hanoi Photography; *rechts* Shutterstock / Ivica Drusany – **S. 76** Fotolia / joserpizarro – **S. 79** LinguaTV – **S. 80** Fotolia / bst2012 – **S. 81** Shutterstock / Bertl123 – **S. 82** *links* Shutterstock / mimagephotography; *Mitte* Shutterstock / sireonio; *rechts* Shutterstock / Dean Drobot – **S. 83** *1* Fotolia / contrastwerkstatt; *2* Shutterstock / Lucky Business; *3* Shutterstock / Iakov Filimonov; *4* Shutterstock / Maridav; *5* Shutterstock / StockLite; *6* Shutterstock / Monkey Business Images; *hinten* Shutterstock / Kzenon – **S. 84** *links* Fotolia / BlueSkyImages; *rechts* Shutterstock / Kzenon – **S. 85** Shutterstock / Yeko Photo Studio – **S. 87** *links* Fotolia / funkyfrogstock; *Mitte* Fotolia / exclusive-design; *rechts* Shutterstock / oliveiralila – **S. 89** Fotolia / JackF – **S. 90** *links* Shutterstock / Zurijeta; *rechts* Shutterstock / Zurijeta – **S. 93** *1* Shutterstock / Minerva Studio; *2* Shutterstock / Africa Studio; *3* Fotolia / GaToR-GFX; *4* Shutterstock / Kostenko Maxim; *hinten* Fotolia / contrastwerkstatt – **S. 95** *oben* Shutterstock / Helder Almeida; *Mitte* Shutterstock / Daniel M Ernst; *unten* Shutterstock / James Flint – **S. 97** Shutterstock / fluke samed – **S. 99** Fotolia / kasto – **S. 100** Shutterstock / Natalia Dobryanskaya – **S. 104** Shutterstock / wavebreakmedia – **S. 113** LinguaTV – **S. 115** *1* Fotolia / Kadmy; *2* Shutterstock / Michal Kowalski; *3* Shutterstock / DeshaCAM; *4* Shutterstock / michaeljung; *5* Shutterstock / Blend Images; *6* Shutterstock / Creativa Images – **S. 116** Shutterstock / Dallas Events Inc – **S. 118** Shutterstock / iofoto – **S. 121** *oben* Fotolia / Fulcanelli; *unten* Fotolia / joserpizarro – **S. 125** *1* Shutterstock / Air Images; *2 und hinten* Shutterstock / Konstantin Chagin; *3* Shutterstock / Monkey Business Images; *4* Shutterstock / Andrey_Popov – **S. 129** *von oben nach unten* Shutterstock / mangostock; Shutterstock / HconQ; Shutterstock / Stephen Coburn; Fotolia / goodluz – **S. 132** Shutterstock / Lucky Business – **S. 135** *1* Fotolia / Markus Haack; *2 und hinten* Fotolia / JackF; *3* Shutterstock / Ben Jeayes; *4* Fotolia / nerthuz – **S. 136** Shutterstock / Goodluz – **S. 139** Glow Images / Juice Images – **S. 141** *oben* Fotolia / Dantok; *Mitte* Fotolia / Rafael Ben-Ari; *unten* Shutterstock / Christian Vinces – **S. 145** LinguaTV – **S. 146** shutterstock / Dooder – **S. 150** *oben links* Fotolia / Coloures-pic; *oben rechts* Shutterstock / pkchai; *Mitte links und rechts* Cornelsen Schulverlage / Angelo Rodríguez; *unten links* Cornelsen Schulverlage / Angelo Rodríguez; *unten Mitte* Fotolia / Christian Schwier; *unten rechts* Shutterstock / EDHAR

Mis notas